普通高等教育"十一五"国家级规划教材
全国高等院校旅游专业规划教材

U0793654

中国旅游地理（第8版）

庞规荃　吴承忠　编著

北京·旅游教育出版社

出版说明

为落实教育部《关于进一步加强高等学校本科教学工作的若干意见》和《教育部关于以就业为导向深化高等职业教育改革的若干意见》的精神，加强教材建设，确保高质量教材进课堂，教育部决定制订“普通高等教育‘十一五’国家级教材规划”。

按照规划精神，我社在原有“全国高等院校旅游专业系列教材”的基础上进行了整理和提升，一方面，根据行业发展、教学需要组织新编了部分教材；另一方面，对我社出版的一些历经时间考验的精品教材进行了重新修订，在内容和编写方法上体现新意。

本版教材注意了课程设置与教材编写的科学性、针对性、规范性，使整套教材更适合学科教学和行业发展要求。在此基础上，本版教材强调了教材的研究含量，旨在倡导教材编写的严肃性、高等教育的研究性，避免教材编写中存在的简单雷同现象，体现了国家骨干教材应用的规范性与原创性。可以说，本版教材更加贴近了我国高等院校旅游专业教学实际，严格按照课程设置和教学目标设计安排教材内容，使高等教育教材的先进性与研究性得到了充分保证。

在此次增补与修订中，我们始终强调教材编写应有的学术规范，无论从选题确定，乃至注释引文、参考文献，每一个细节都力求体现教材编写应有的学术规范。为了实现这样的目标，我们先后在全国广泛遴选作者，聘请在学科研究与教学领域有所建树的专家学者担任教材的编写工作。不少作者都有相关领域的专著成果作为教材写作的支撑，为本套教材的研究含量提供了必要保障。

经过教育部组织的专家评审，这一系列中的很多品种被批准为普通高等教育“十一五”国家级规划教材，实现了行业教育与高等教育的平稳对接。

作为国内唯一一家旅游教育专业出版社，我们始终得到广大旅游院校师生的关心与帮助，在新世纪，我们更期待着大家一如既往的呵护。我们希望将出版社的教材建设成为一个开放式的园地，能始终站在学科研究与行业发展的前沿，随时反映旅游教育最新发展的动态。我们期待着教材使用者的意见和建议，更期待着潜在作者的新思路、新理念、新观点、新教学方式——我们定会“从善如流”，不断调整、完善现有教材，不断吸纳新的作者、新的观点。

旅游教育出版社

序 言

近年来，我国旅游地理学有了很大的发展：不仅在区域旅游资源开发和规划方面作出了实际的贡献，使旅游地理学被认为是旅游学中相对比较成熟的四门学科之一（其他三门是旅游管理学、旅游经济学和旅游心理学），而且由于高等院校的教学需要，出版了三本有关旅游地理学（刘振礼等、雷明德等、卢云亭）的教材。这些教材除了涉及旅游地理通论外，有的还介绍了中外区域旅游地理。与此同时，还出版过两本有关中国旅游地理（戴松年等、周进步）的教材。此外，有关旅游地理的研究论文和科普作品也日益增多。所有这些进展都标志着我国旅游地理学已进入一个开创发展时期。

旅游地理学在全国高等院校地理系常作为高年级课程，非地理系和外语系、旅游系开设此课不管其开设年限，都只能作为一般入门课开设，时常必须补讲一些基础地理知识。因此编写不同类型的教材是很有必要的。为地理系开设的教材，要着重“通论”内容，讲授风景资源分类和评价、风景结构和旅游业结构等方面内容。对外语系和旅游系常以中国区域旅游地理为主要内容，除了补充讲基础地理知识外，还要补充讲中国地理基础知识。

本书是作者根据多年来在北京第二外国语学院为各系一年级讲授的教材加以整理改编而成。鉴于学时也不多（36学时），本书力求精简扼要，内容系统全面，包括旅游地理概论，中国旅游地理总论和分区，并且在资源的类型和景观的成因等方面有重点提高，因此本书很适于未学过地理学基础知识的大学生、导游和宾馆管理人员学习和参考。

旅游系和外语系学生毕业后到旅游部门工作，也都以从事导游和管理方面为主。学习旅游地理学可培养导游具有独立编写风光导游的能力，使风光导游与科学文化解释提高相结合，并具有“即景”导游的能力。而旅游地理学中有关旅游开发的知识则有助于旅游管理人才懂得区域旅游资源结构分析，即通过了解风景结构与接待服务措施、客源市场等结构的相互关系，如何去拟定既有经济效果而又不破坏生态和社会环境的近期、中期、远期旅游开发措施。

本书作为大学一年级非地理系的入门课程，其编写是很成功的。其出版将促使导游和旅游管理人员注意和提高区域旅游地理水平，使风光导游水平有所提高，间接地促进我国旅游事业的发展，也能促使区域旅游投资结构更为合理。

北京大学地理系教授　陈传康

目　录

第一编　旅游地理概论

第二编 中国旅游地理总论

第三编 中国旅游地理分区

第一编
旅游地理概论

第1章

年轻的综合性边缘科学
——旅游地理学

一、旅游地理学的形成和发展

旅游和地理是紧密联系在一起的，“旅游几乎没有哪个方面与地理无关，地理也几乎没有哪个部门无助于研究旅游现象”[①]。古代人们的地理知识即来源于旅游，而地理知识的丰富，又有指导旅游的意义。

旅游的全部复杂性都是在一定的地理环境里表现出来的。旅游取决于一系列的地理、气候、地形和居民等因素。

旅游受地区和地区间距离的制约，旅游现象是在自然的、经济的、人文的多种地理场合发生的，因此旅游地理学的研究内容不仅涉及自然地理学的许多领域，而且广泛涉及经济地理学和社会人文地理学的范畴，并与历史、民族、考古、建筑、园林、环境等许多学科有着密切的联系。这些学科互相渗透，使旅游地理学成为一门多学科综合性边缘科学。

“观国之光”一词来源于中国古代的《易经》一书；我国最早的地理学著作《山海经》记载了中国的山川、风物;《禹贡》《史记》《水经注》……以至《徐霞客游记》等著作中，都有关于旅游地理的内容：这说明关于旅游地理的论述很早就已萌芽。但是，它们还没有从旅行游览与地理环境的关系方面去论述旅游地理

① ［美］马特勒著．国际旅游地理［M］．黄国英，译．郑州：河南人民出版社，1984.

学的基础理论和方法，使其成为一门学问。

作为一门学科，旅游地理学形成的年代不长。现代旅游地理学是随着现代旅游业的兴起、发展而形成和发展起来的。直到19世纪末20世纪初，国际上才对旅游进行专门的探讨，从理论的角度进行研究。20世纪30年代，美国地理学家克·麦克麦里发表的《娱乐活动与土地利用关系》一文，被世界地理学界公认为第一篇关于旅游地理研究的论文。后来，许多著作从不同角度对旅游下了各种定义。20世纪三四十年代，旅游地理的研究内容大致分两个方面：一是旅游地和旅游形态的个别地区的研究；二是旅游地自然环境的研究。而以研究前者的著作较多，如英国地理学家埃德蒙威、吉尔伯特等调查记述了英国海滨避暑胜地和疗养地，加拿大的罗伊·艾·沃尔夫发表了《安大略的旅游地》一文，美国的查尔斯·爱·斯坦费尔德写了《美国海滨避暑胜地》和《西印度群岛》，法国的拉·布拉萨尔描述了阿尔卑斯山，指出山区的作用及其在保健方面的意义。1963年在蒙特卡罗出版的国际词典里，旅游被解释为“旅行、参观和访问”。20世纪70年代以后，许多地理学家要求系统地研究旅游地理学的理论、方法，统一旅游地理学的术语，对旅游地类型进行分类和评价，绘制旅游地图等。旅游地理学的研究，更集中在国际旅游方面，发表的文献也大量增加，美国伊恩·姆·马特勒的著作《国际旅游地理》是具有代表性的。1976年在莫斯科召开的第23届国际地理学大会上，第一次把旅游地理列为一个专业组，从此旅游地理学作为地理学的一个分支被确立下来。

当代旅游地理学的代表性著作，有英国地理学家赫·罗宾逊写的《旅游地理学》、南斯拉夫地理学家阿姆希洛诺维奇著的《旅游地理》、苏联地理学家伊·阿·科特梁罗夫的《休憩与旅游地理》，以及日本学者浅香幸雄和山村顺次合写的《观光地理学》等。

赫·罗宾逊在《旅游地理学》里系统地阐述了旅游地理的理论体系，旅游与自然和社会的相互关系，旅游疗养胜地的发展规划与建设问题；还论述了旅游业的发展，人类需求的演变，旅游的动机、因素，旅游的质量、范围，旅游业的基本特征以及世界各国旅游地发展的基本概况，介绍了世界主要国家的旅游业状况。伊·阿·科特梁罗夫的《休憩与旅游地理》一书，阐明了休假的地域综合体形成的理论基础、发展的基本前提，旅游用地区划，休假地的自然保护与改造。

关于旅游地理学的现代课题，国内外专家认为应该从旅游地的分布、旅游资源、旅游产业构成、旅游流动形态等方面，对旅游地的性质进行精确分析和分类，对旅游自然环境进行深入的理论研究。

我国旅游地理学的研究起步于改革开放以后。40多年来，旅游地理学研究和教学队伍不断壮大，先后发表了一批关于旅游地理学、中国旅游地理及旅游开发等方面的专著和文章，并出版了一些普及性读物。1988 年中国地理学会在人文地理专业委员会下设旅游地理组，这说明旅游地理学研究已在我国地理科学领域中占有一定位置。

二、中国旅游地理学的研究任务和内容

如前所述，旅游地理学在世界上是一门新兴的应用学科，其研究内容应是与旅游业发展相关的多种地理问题，即从综合性、地域性的观点出发，去探讨这些地理事物的形成、演变和发展的基本规律，从而指导旅游业的发展。具体地说，旅游地理学的研究内容包括旅游的起因及其产生的地理背景，旅游者的地域分布和移动规律，旅游资源的类型与地域组合，旅游资源的评价与开发利用论证，旅游区（点）布局与建设规划方案的制订，旅游路线设计与旅游区划，旅游业发展对地域经济综合体形成的影响，等等。

中国旅游地理是旅游地理学的分支，它是从旅游地理学的角度来研究中国各类旅游资源，研究中国发展旅游的地理环境和地理特征，研究中国旅游区（点）布局等问题，从而正确地评价我国的旅游资源，为开发利用我国旅游资源，建设旅游区提供科学依据。中国旅游地理还将探讨中国旅游地理理论问题，探讨保持中国旅游特色和克服我国旅游业薄弱环节等方面的问题，为我国旅游业的发展作出贡献。

思考与练习

1. 旅游地理学是如何形成和发展的？
2. 中国旅游地理学研究的主要内容是什么？

第2章

旅游资源

一、旅游资源的含义

资源一般指天然的财源，旅游资源是一种特殊类型的资源。旅游资源是指旅游产业可以产生出经济价值的旅游对象物，是旅游业产生的物质基础。目前关于旅游资源还没有一个公认的定义，这里介绍几种关于旅游资源的提法。第一种提法认为：凡能为人们提供旅游观赏、知识乐趣、度假疗养、娱乐休息、探险猎奇、考察研究，以及人民之间友好往来和消磨闲暇时间的客体和劳务，都可称为旅游资源。第二种提法认为：凡能激发旅游者旅游动机，能为旅游业所利用，并由此而产生经济效益和社会效益的自然和社会的实在物，都可称为旅游资源。第三种提法认为：旅游资源是指对旅游者具有吸引力的自然存在和历史文化遗产，以及直接用于旅游目的的人工创造物。《百科全书·地理学》中，关于旅游资源的条目写道："凡是能够吸引旅游者进行各种旅游活动的自然和社会因素统称为旅游资源。"

从以上种种提法不难看出，它们有一个共同点，即把能吸引游客的一切因素称为旅游资源。这说明旅游资源范围是相当广泛的，内容是十分庞杂的；不同地区旅游资源的构成不同，而且它是只存在于旅游目的地，直接用于欣赏、消遣的因素，不包括从客源地到目的地之间的以及纯接待的因素。旅游资源的多寡、特色、赋存和分布状况，直接影响一个国家和地区旅游业的发展。

二、旅游资源的类别

旅游资源的分类是旅游决策和开发的科学依据，也是规划建设和管理的基础。但目前旅游资源分类的标准很不统一：有的按其属性分类，有的按其存在状态分类，有的按其开发程度或其本身价值分类，还有的按旅游者动机分类，等等。一般常使用属性分类法，即将旅游资源分为自然旅游资源和人文旅游资源两大类别。

自然旅游资源是由自然地理环境要素组成的自然综合体，是旅游的第一环境。

人文旅游资源是人类为了生存、发展的需要，有意识地利用自然而创造的地理景观。而在现实生活中，有很多是自然和人文两类资源有机结合、紧密伴生的景观——专家称此为“复合型旅游资源”。当前，复合型旅游资源很受旅游者欢迎。

三、旅游资源的特点

（1）旅游资源组成要素具有多样性和综合性的特点。一个地区旅游资源要素种类越多，比例越协调，联系越紧密，综合性越强，其旅游吸引力也越大。随着人类社会经济文化和科学技术的发展，旅游资源的范围将不断扩大，内容将不断丰富。

（2）旅游资源受地区自然因素和历史因素的影响，因而具有明显的地域分异现象、季节性和时代特点。

（3）旅游资源必须经过开发才能被利用，未经开发的资源是不具备任何旅游价值的。

（4）旅游资源在合理开发、利用和保护的前提下，具有永续利用的特点；同时，旅游资源还具有不可再生的特点，旅游资源是自然界的造化和人类历史的遗存，一旦遭受破坏，则不复存在；即使仿造出来，其旅游价值也会极大降低。因此要持续发展旅游业，必须做好旅游资源的保护工作。

四、旅游资源的保护

旅游业的发展，产生了一定的经济效益和社会效益，但同时也产生不少副作用，最严重的是对旅游生态系统的破坏，对旅游环境和景物的污染和破坏。自然界是一个完整的环境整体，自然界的平衡是长期自然选择的结果。当前人类生存环境面临着发展与人口的双重压力；加之人们无计划地开发，自然生态环境遭到不同程度的破坏。这些破坏也发生在旅游区，即旅游对象物及环境遭到了破坏，致使旅游效益不能保持，破坏了旅游产业的存续原则，这是产业本身的自杀行为。旅游环境的破坏也就是对生活环境的破坏，其影响是广泛而深远的。

旅游环境污染、破坏的表现是多方面的，如大气污染、水质污染、垃圾及噪声污染。其主要是因为旅游区（点）长期超负荷接待，无计划地开发旅游地和一些破坏性建设，以及游人环境意识差等方面造成的。

20 世纪 70 年代以来，环境保护已作为世界性的问题被提上日程。旅游环境保护是旅游产业持续发展的关键。旅游环境保护的目标，是通过保护风景、水源、空气、动植物、文物古迹、各类文化及限制人为过度影响、协调社会安定等，使人类达到健康和舒适的目的。为此，应从以下几方面进行工作。

首先，国家和地方政府要抓紧环保法制的建立和环保检查，逐步增加环保执法的强度和力度，杜绝盲目的开发建设。其次，要从宏观和微观两方面控制环境容量，如增加新景点，开辟新项目，修复部分景点，引导分流等。根据游客的行动类别，计算出适当的环境容量，造成游人的合适空间，同时划定旅游环境的各项物理标准，有意识地建立开发技术体系，从而确定有效的限制手段。最后，对游人进行环境意识的教育也是一个重要方面。

思考与练习

1. 认识旅游资源的含义。
2. 旅游资源是如何分类的？主要特点是什么？
3. 对旅游资源保护的意义何在？

第3章

旅游开发

一、旅游开发的概念和意义

旅游开发是旅游事业最重要的同时也是最基本的事业活动，它是将资源转换为产品市场推销的行为，其目的是积极振兴旅游业。

旅游开发的内容包括旅游资源的评价和保护，建设观光设施，整顿交通，建立有关的旅游信息体系等。通过以上工作，才能使旅游者享受旅游资源的价值。无论多么优越的旅游资源，如果没有被开发，或者不能被利用，那么对于旅游事业的发展是没有任何价值的。只有经过开发才能决定旅游资源本身的价值。也就是说，决定旅游资源实际价值的，是通过旅游开发，使其产生事业上的价值。因此，旅游开发是创造价值，同时也是提高价值。

评价旅游资源，开发旅游资源，既要掌握地区旅游资源的属性，又要充分显现旅游资源的特点。只有突出特点，才能充分发挥旅游景观的魅力；只有抓住特点，才便于开发，也才能收到事半功倍之效。旅游资源的保护也是旅游开发的内容之一。整顿交通设施和建设住宿、休养、娱乐设施的目的是谋求旅游的方便。旅游情报组织机构及其体系的确立也是不可缺少的，它能成为开拓市场、吸引游客从而维持旅游事业活动和经营活动的重要方面。

旅游开发到目前为止，人们主要着眼于经济效益。但国内外旅游开发的事实说明，伴随着旅游开发，旅游事业的振兴，必然会收到经济和经济以外两方面效益。旅游开发能促进国家经济、文化、社会教育、生活福利等多方面的发展，具有活跃地区经济和提高地区居民福利的意义。因此，旅游开发不仅是经济开发，而且是文化开发。

二、旅游开发的历史发展

旅游开发是与旅游业发展紧密相关的，它是为适应旅游需要而产生并发展起来的。第一次世界大战以前，旅游只是上流社会一小部分人的活动，是有钱人的闲暇活动，因此旅游开发是为他们而进行的。当时世界主要国家的旅游开发都是从开发休养地开始，形成了为少数人休养，以自然旅游资源为中心的旅游疗养地。欧洲 17 世纪、18 世纪开始建设的温泉疗养地，以英国的巴克斯顿、德国的巴登－巴登、法国的维希为代表。以后海水浴流行，形成了以法国南部尼斯为中心的里维埃拉海岸疗养地。19 世纪末出现了登山及冬季体育旅游活动，形成了瑞士、奥地利、法国、意大利等国的山岳休养地。日本的情况虽不完全相同，但轻井泽、箱根一带的箱南疗养地的形成进程基本上与此相似。在我国，自 19 世纪末北戴河海滨开辟为避暑疗养区以来，外国人和军阀、政客蜂拥而至，建起了各种类型的别墅，使其成为有钱阶层的乐园。

第一次世界大战以后，欧美诸国开始重视旅游开发的经济效益。到第二次世界大战以前，旅游开发的萌芽已显现出来。战后，随着经济的复苏和发展，以交通手段的变化为背景，旅游开发出现了极大的转变：那些过去仅为少数人利用的游乐地，成为广大群众旅游活动的场所；在旅游地出现了人工建造的大量设施和便利的交通；许多国家采取了以振兴国内旅游为目的的地区经济振兴政策，促进了旅游大众化。为适应这一形势，各国都在努力进行大规模的旅游开发，在世界上出现了以自然景观、文化资源的形态以及野外娱乐运动形态为主的各种类型的旅游地。

三、旅游开发的条件

旅游开发受许多条件制约，因此在开发之前，要对该地区进行调查，对其有利和不利条件进行认真分析、论证，从而决定开发与否。而且，地区条件常常影响投资效益，对旅游经营产生影响。

立地条件 包括旅游地理位置、旅游资源以及旅游地环境等方面。旅游地理位置是直接关系到组织客源市场的大问题；旅游资源的赋存状况，决定着旅游地能否开发及其开发的规模；旅游地环境优势，有利于突出旅游地景观特色，形成高水平的旅游区，同时也容易形成广泛的区域吸引力。

自然条件 包括地形、气候、水以及其他自然环境条件。自然环境是一个统一的自然综合体，一个地区自然环境的优劣直接影响投资效益，有些条件常常成为旅游开发的制约因素，为此开发前必须给予论证。

具有多样性或富于变化的自然环境，往往能刺激人们的旅游兴趣，构成旅游开发的有利条件。

社会条件 旅游业作为社会一大产业，它的开发必须和国家及当地的经济政策、社会政策相协调，以求得共同发展。旅游开发特别要严格遵守国家法律、法令以及地方性法规。而且最好能取得当地社会的赞助，符合当地居民的意愿。

四、旅游开发的原则与评价

旅游开发和其他经济开发一样，不可盲目进行。首先要进行认真的调查分析，包括对旅游资源的调查、宏观开发规模效益和环境的调查、旅游需要的质和量以及投资可能性的调查等。其次在调查分析的基础上，制定开发规划，即根据旅游资源的性质和特点，制定出适当的建设程序和具体措施。最后还要建立一整套旅游开发统计体系。

旅游开发要遵循的基本原则：①必须符合国家和地区建设的基本方针；②充分利用当地资源，不要破坏自然景观和原有氛围；③保持历史文物和古迹的固有面貌；④突出民族性和地方特色；⑤防止污染，保护生态环境；⑥讲究经济效益，要求投资少、收效快。

旅游开发评价的内容应包括效益评价，即经济效益、社会效益和环境效益的评价；价值评价，即景观有无观赏价值、历史价值和科学考察价值等；条件评价，即旅游地理位置、交通条件、景象地理组合条件、景区环境容量条件，以及投资条件和施工条件等。

五、旅游开发的类型

由于旅游资源的性质以及交通、知名度等不同，旅游开发的方式有所区别。旅游开发的类型可以分为以下几种。

充分开发自然景观型 大自然恩赐给人类的自然资源是十分丰富的：雄伟的山川、秀丽的江湖泉瀑、奇特的动植物，以及阳光、云、雾等，关键是如何开发利用，发挥其景观优势。世界上以自然景观为基础开发成优美旅游地的成功范例不胜枚举。一般来说，景观价值越优越，开发也就越容易。这类旅游地可以为游人提供自然观赏、避暑、避寒、滑雪、海水浴等游览、休养、娱乐场所。如黄山、九寨沟等风景区。

充分开发人文资源型 历史上遗留下来的古迹、文物、遗址等，可以发挥旅游资源的作用。要有计划地对其进行整顿、保护，并修建道路网及其他服务设施，使其成为旅游地。人文旅游资源是历史上人类创造的，有着明显的时代特点，体现着创造者的思想意识，是历史形象的再现，它的价值在很大程度上取决于古老的历史性。人文旅游资源可以帮助游人回顾历史，从中汲取教益、增长知识。如故宫、秦始皇兵马俑博物馆等。

充分利用交通旅游地型 旅游资源较优越的某些地方，不一定能形成好的旅游地，主要取决于交通畅达与否。在国际旅游领域，有些旅游地旅游资源的价值并不是很高，只是由于交通路线的开通，车站、海（河）港、空港的建设，以经济开发为目的，从而派生旅游开发的情况是很多的。如上海、广州等。

充分利用知名度开发型 这类地区旅游资源常常不一定优越，但由于和历史上一些名人、事件或现实的事件、人物联系在一起，因而具有知名度并吸引游人，后来渐渐发展成旅游地。如韶山、神农架，等等。

旅游对象创造型 在完全不具备旅游资源的情况下，旅游开发是困难的，但人为创造旅游对象的成功例子也很多。如美国加利福尼亚州的阿纳海姆迪士尼乐园，是很受欢迎的旅游地。还有一种情况：该地虽有优越的条件，但由于其他条件阻碍旅游开发，而人为排除阻碍、进行开发，如美国佛罗里达州奥兰多的迪士尼乐园的开发就是一例。这类开发是比较困难的，但作为一种开发类型却是最新的，有着更大的随意性。随着旅游大众化的发展，必然会有更多地区采用这种开发类型。

六、旅游开发和地区开发的关系

为了发展地区经济、提高地区文化水平而开发地区经济、扩大经济规模被称为地区开发，其重点着眼于经济开发。地区开发的概念包括对地区资源的开发利用、经济规模的扩大、提高生产力、扩大就业面，其结果使地区财政收入增多，居民收入也相应增加，居民生活环境得到改善。地区开发也是对国土一部分地区社会执行国家开发政策，以国家一级推行的开发政策为前提。

把地区差别理解为居民收入的差别，从而成为地区开发的目标，这是可以理解的。但居民的福利不仅是依靠收入的增加就能改善，还必须通过生活基础设施的建设，改善自然总体环境才能够实现。从这个意义上看，地区开发就脱离了振兴地区经济的狭隘观点，而是站在提高地区生活空间质量的综合观点上。地区生活空间是指包括地区居民的生产环境、居住环境、教育环境、娱乐环境等在内的地区社会赖以形成的整个生活体系的空间。所以，地区开发应该说是以开发环境为目标的综合开发。综合开发要有计划地进行，以免所进行的开发事业对其他部门带来不利影响。

旅游开发是以振兴旅游事业为前提的各种开发，目的是提供旅游、娱乐、休养等的环境。旅游开发是在国土一定地区把其他产业不可能开发或未开发领域内的被称作“旅游资源”的那类资源开发出来，使其在地区经济开发中发挥一定的作用。因此旅游开发的目的具有二重性，开发的结果必然有助于地区生产、消费物资的流通，地区产业的自然条件及居民生活条件的改善，也有助于居民娱乐环境的整顿和文化生活水平的提高，还有益于偏僻地区人们思想意识的改变。也就是说，旅游开发给地区社会带来非常广泛的影响。

旅游开发的开发效益是指开发事业的投资效益。它是短期的，也是不连续的。然而从地区经济效益来看，它还包括旅游消费效益。旅游消费是伴随旅游者活动而产生的支出消费，是旅游企业的直接收入。旅游企业是在收入的基础上继续其经营的，因此这种效益是长期的，而且是连续的。旅游消费一方面参与地区经济循环；另一方面从质和量上给地区经济以影响，既包括对环境有利的一面，也包括对环境不利的一面。所以，在进行旅游开发的时候，必须对它的有利影响及不利影响进行慎重的研究，确定地区社会综合开发构想，而旅游开发作为地区开发的一环，必须和综合开发统一起来。

七、我国的旅游开发

随着世界旅游大潮的发展，改革开放以来，我国旅游业已进入产业发展阶段，具备了一定的开发规模和经营规模，在宏观上呈现出良好的发展态势。入境旅游持续快速发展，国内旅游方兴未艾，出境旅游稳步发展，因此可以说，我国已实现了由旅游资源大国向亚洲旅游大国的历史性跨越。旅游业作为国民经济新的增长点在促进再就业，提高人民生活水平，促进经济和社会全面发展等方面均起到重要作用。同时，在可持续发展思想的指导下，我国提出了旅游资源开发与生态环境保护并举的方针，使旅游开发的经济效益、社会效益与环境效益统一起来。

我国高度重视旅游发展和文化与自然遗产事业的宣传工作，于1982年设立国家旅游局，并于2018年将文化部、国家旅游局的职责整合，组建文化和旅游部，作为国务院组成部门。自2006年起，每年6月的第二个星期六为中国的“文化遗产日”，自2017年起，将其调整设立为“文化和自然遗产日”，自2011年起，将每年的5月19日定为“中国旅游日”。

在旅游区（点）的开发建设方面，现已形成了以北京、西安等为主的古都城游览区；泰山、黄山、杭州西湖等一批大中型风景名胜区也初具规模；开发了以武陵源、九寨沟、黄龙为代表的一批独特自然风景游览区；重点建设了桂林漓江辟源补水工程、无锡古运河和太湖游览工程、南京秦淮河风光带、北京慕田峪长城等项目；先后对国家级旅游度假区和省级旅游度假区进行了生态和环境保护规划。与此同时，也相应地建设了一系列饭店、交通旅游服务设施，培养了一批旅游管理、服务人员。在全国涌现出一大批典型单位和典型项目。不但丰富和优化了中国的旅游产品，也为旅游业实现可持续发展积累了丰富的经验。

尽管成绩喜人，但也应看到，我国在旅游资源开发、旅游基础设施配套建设、旅游交通、管理、人才培训以及科技对产业的贡献率等方面，都与世界旅游强国应达到的水平相去甚远。因此，旅游业发展要抓住新机遇，加大开发力度，打破省界和行政区划，开发区域性联合，促进旅游业迈上一个新台阶。京津冀协同发展规划纲要的实施，就是一个重大的国家级战略，为地区旅游开发树立了一个榜样。今后，要继续推行旅游业可持续发展战略，实行“绿色开发”，强化生态保护意识；要生产“绿色产品”，发展生态旅游、农业旅游、森林旅游、草原旅游、冰雪旅游、海岛旅游、观鸟旅游、沙漠旅游、探险旅游等项目，还要推广“绿色经营”、建设“绿色体系”，努力实现从亚洲旅游大国向世界旅游强国的历史性跨越。

思考与练习

1. 理解旅游开发的意义。
2. 旅游开发应考虑哪些方面的条件？
3. 旅游开发有哪些主要类型？

第4章

旅游业规划

一、旅游规划的含义

旅游规划是旅游事业发展的纲领和旅游区建设的依据。规划的目的是保证有计划地发展旅游事业和合理建设旅游区（点），防止旅游污染及公害，提高旅游区（点）的观赏性。规划的实质是正确处理旅游需求和旅游设施容量的相互关系，促进旅游事业的顺利发展。旅游规划是一个国家和地区国土整治、资源开发和国民经济发展等规划的组成部分，因此旅游规划必须建立在全面调查区域资源状况及特点、社会经济现状的基础上，对未来游客的数量及爱好加以分析研究，特别应侧重研究旅游资源及评价和展望今后的发展趋势。

二、旅游规划的特点和制定

旅游规划的特点主要有：①内容的综合性：旅游业是个庞杂的综合体，覆盖面广，渗透性和关联性强，因此规划内容不仅应具备供游乐的风景点、娱乐场所，还应包括食、宿、交通、通信、购物等诸多方面。此外，对管理体制、政策保证、人才培训、投入产出等方面也都要做出相应规划。②指标的独特性：旅游业作为一项特殊产业，要有其反映该产业发展水平和规模，以及其社会效益和环境效益的多项指标。③发展的前瞻性：前瞻性是旅游业持续发展的重要因素。一方面要对地区经济和社会发展形势给予旅游业的支撑程度有所认识，另一方面要对世界政治形势对客源市场的影响有所分析，做出判断和预测。④实践的可操作性：规划要有实践的可能，这是实践规划与否的关键，因此规划要切实可行，并要适时地调整，使其可操作性更强。

旅游规划的步骤大体可分为以下五个方面：第一，要查明可供旅游利用的全部现有设施与潜在设施情况，包括基础结构设施和专门结构设施，选择那些基础设施齐全的地区发展；第二，要分析旅游市场和预测未来的旅游流向及流量；第三，探讨旅游区游人需求大于游览设施时需采取的措施；第四，了解国内外投资的来源和可能性；第五，探讨保护自然环境、文物古迹及社会环境的策略与措施等。

制定长远规划必须研究吸引游客的能力，对未来游客类型进行评价。为此，对自然景观、历史文物组成的各旅游区进行分析和评价是不可忽视的。而且，为防止旅游资源被滥用、污染，使旅游区保持竞争能力，对旅游资源加强保护、管理也是十分必要的。评价的依据原则主要有：①旅游吸引力应尽可能地广泛分布于全国各地，以使旅游业所带来的利益均衡分布；②作为重点发展地区的吸引力应该能够持久地、最大限度地激发游客对风景区的兴趣，即旅游区应避免局限于接待单一的游客类型、单一的社会阶层和只在某一季节才能接待；③应使容易发展并能迅速建成的旅游吸引力得到优先发展，这种发展要与潜在的游客流量和游客的可能消费取得协调；④必须兼顾当地居民今后旅游的需求，注意保护地方风俗习惯，要能促进当地经济繁荣。

旅游业发展战略的制定，应确定近、远不同时期的发展规划；要充分估计与利用现有的基础；研究旅游业在全国经济中的地位与作用，以及它和全国及地方经济发展相适应的问题；明确旅游服务业中公共行业和个体行业的不同作用，只有在公共行业提供了必要的设施条件之后，个体行业才有可能发展；还要明确投资的来源。总之，要充分论证发展旅游业能否给国家经济带来预期的经济效果。

旅游业除受经济因素影响外，还深受思想意识等非经济因素的影响，如国际政治环境、社会舆论、心理状态、形势变化等。所以，制定旅游发展策略时必须调查影响旅游发展的多种因素，树立经济观点，对远景旅游市场进行深入探讨。但由于其中有些影响因素是较难预测的，因此旅游业应较多地采取灵活策略。

三、旅游规划的类型

旅游规划的类型不同，内容丰富。从宏观来看，有从广义的到狭义的，从一般的到个别的，从构想阶段的到细部计划的。旅游规划按其性质一般可分为旅游业发展规划和旅游区（点）建设规划；按时间长短可分为远景规划和近期规划；按其内容详略可分为总体规划和分项规划等。规划的具体内容包括旅游业发展前景规划、旅游资源开发利用和保护规划、旅游点布局建设规划、旅游城市发展建设规划、旅游客源组织规划、旅游线路设计规划、旅游商品生产供应规划，以及旅游设施、人才培养等诸方面的规划。

厄斯托黎尔学术讨论会（Estoril Seminar）的报告曾指出：从长远看，世界旅游业的发展前景是十分广阔的……只要能因地制宜地做好规划工作，必将促进旅游业顺利发展。我国是一个发展中国家，旅游业起步晚，基础差，但我国具有非常丰富、独特的旅游吸引力，为我国发展旅游业提供了极好的资源条件，关键是如何制定一个既符合旅游业发展的客观规律，适应国际旅游业发展的需要和国内旅游方兴未艾的形势，又符合我国国情的发展规划，走出一条中国式的旅游发展道路，反映社会主义中国的精神面貌。这就要充分发挥我国旅游资源的优势，以观赏游览为主，发展风景观赏旅游、文物古迹观赏旅游、民族民俗风情旅游。旅游区的建设、设施，都要突出中华民族风格，具有地方特色。

四、“十四五”旅游发展规划

“十四五”时期是我国开启全面建设社会主义现代化国家新征程、向第二个百年奋斗目标进军的第一个五年，我国文化和旅游市场发展仍处于重要战略机遇期。为了能够圆满完成2035年建成社会主义文化强国的远景目标，为我国文化和旅游市场发展指明方向，2021年5月17日，文化和旅游部下发了关于印发《“十四五”文化和旅游市场发展规划》（以下简称《规划》）的通知，《规划》中提到了对我国未来五年文化和旅游发展的谋划与布局，是落实《中华人民共和国国民经济和社会发展第十四个五年规划和2035年远景目标纲要》、实现文化强国战略的具体体现，同时注入了强大的动力。

《规划》坚持以习近平新时代中国特色社会主义思想为指导，将习近平总书记关于文化和旅游工作的一系列重要指示精神贯穿于规划全篇，注重把握新发展阶段、贯彻新发展理念、构建新发展格局，突出高质量发展的主题，把中央决策部署转化为“十四五”文化和旅游发展的科学思路和扎实举措，着力推进文化铸魂、发挥文化赋能作用，着力推进旅游为民、发挥旅游带动作用，着力推进文旅融合、努力实现创新发展。

同时，《规划》还系统阐明了“十四五”期间，我国文化和旅游发展的总体要求、发展目标、主要任务、重要举措等。《规划》提出，要坚持正确方向、坚持以人民为中心、坚持创新驱动、坚持深化改革开放、坚持融合发展，大力实施社会文明促进和提升工程，加快建设新时代艺术创作体系、文化遗产保护传承利用体系、现代公共文化服务体系、现代文化产业体系、现代旅游业体系、现代文化和旅游市场体系、对外和对港澳台文化交流和旅游推广体系，提高文化和旅游发展的科技支撑水平，优化文化和旅游发展布局。力争到2025年，我国社会主义文化强国建设取得重大进展，文化事业、文化产业和旅游业高质量发展的体制机制更加完善，人民精神文化生活日益丰富，中华文化影响力在国内与国际舞台上都得到进一步提升，中华民族凝聚力进一步增强，文化事业、文化产业和旅游业成为经济社会发展和综合国力竞争的强大动力和重要支撑。《规划》坚持引领性与可操作性相结合，着眼于补短板、强弱项、增后劲，设计了62个重点工程项目作为《规划》实施的重要支撑。

《规划》从前期研究、专题调研到文本起草、征求意见，历时近两年编制完成，汇集了各方智慧，凝聚了广泛共识，是“十四五”文化和旅游发展的路线图和任务书。《规划》出台后，文化和旅游部还将陆续推出一系列专项规划，不断健全“十四五”规划实施机制，推动“十四五”文化和旅游发展的各项任务落地生根。

思考与练习

理解旅游规划的目的。

第二编
中国旅游地理总论

第1章

中国的自然旅游资源

第一节　自然旅游资源及其特点

自然旅游资源是由自然地理环境的各要素组成的，如地貌、水体、气候、动植物，等等，人们称其为旅游的第一环境。正如美国地理学家姆·马特勒所说："影响旅游活动场所的一切因素中，最重要的是自然因素。"

自然地理环境的复杂性、多样性、地带性的特点也反映在自然旅游资源的各个方面，因而自然旅游资源也具有地带性和多样性的特点，比如亚热带地区冬季温暖的气候，构成冬季避寒旅游的条件；炎热地区高山夏季的凉爽气候，又能使其成为夏季避暑佳地；而登山旅游必定要在高山分布地带；观赏岩溶地貌、丹霞地貌、黄土地貌、冰川地貌等都必须在相应的地貌环境中才可能实现。因此，自然旅游资源的分布一般是受自然地理环境制约的。

自然地理环境各要素虽然各有其特点，但它们之间的关系是复杂的、相互影响的，体现在构成旅游资源时更是互相渗透、相互补充、互为依托的。一座孤立的山峰、一条河流固然能构成一处美丽的景观，但多数山地是与江河、或与湖泊、或与海洋共同构成可供观赏的自然景观。水域具有多种吸引力，尤其在我国历来把山水作为自然风景的代名词，俗话说，山是水的筋骨，水是山的血脉，二者巧妙地结合，形成各有特点的山水风景区。植物作为山水的肌肤，在风景区中具有独特的作用。此外，一些特殊的自然现象如佛光、海市蜃楼等，也能为风景区增光添色。有观赏价值的自然风光，一般具有自然景观组合的整体美、空间的协调美和统一变化的特征。

由自然旅游资源构成的观赏游览风景区的特点，首先，表现在它具有自然美的形态、绚丽的色彩、声响、动态等美感，如桂林山水、杭州西湖风光，可供观赏游览；其次，具有休养、避暑、避寒等功能；最后，为人们提供娱乐消遣、探险、猎奇、游泳、登山、滑雪、泛舟、垂钓、狩猎等场所和条件。总之，通过对自然旅游资源的观赏、游览，可以使游人感受到大自然的壮美、神奇，丰富人们的情感，同时也能开阔视野，增长知识，让身心得到最好的放松。

我国幅员辽阔，在960万平方公里的土地上，山、河、湖、海无比壮丽，飞瀑涌泉数不胜数，并且气候多样，天气变化万千；既有地带性的森林植被和动物，又有珍稀的树木、花草和珍禽异兽……形成千姿百态、丰富多彩的自然景色和旅游风景区。

第二节　中国旅游地理区位环境的评价

我国位于亚洲东部，太平洋西岸。国土面积960万平方公里，约占世界陆地面积的1/15，仅次于俄罗斯和加拿大，居世界第三位。

我国领土东西横跨经度61度，约5 200多公里（东经135°20′~东经74°40′），南北跨纬度49度，相距约5 500公里（北纬4°30′~北纬53°33′）。陆界总长达22 000多公里，与朝鲜、俄罗斯、蒙古、哈萨克斯坦、吉尔吉斯斯坦、塔吉克斯坦、阿富汗、巴基斯坦、印度、尼泊尔、不丹、缅甸、老挝、越南14国相邻。大陆海岸线长达18 000公里，自北而南按其自然条件划分为渤海、黄海、东海和南海四大海域。沿海分布有5 000多个岛屿，台湾岛是我国第一大岛。隔海与日本、菲律宾、马来西亚、新加坡、文莱、印度尼西亚等国相望。

辽阔的国土和自然环境的差异，为旅游者提供了广阔的旅游空间，也创造了多样的旅游环境，既有较大的旅游环境容量，又可以适应不同层次游客的需要，开发多种形式和内容的旅游活动。

旅游地理位置，是指旅游地域与客源地之间的相对位置。从我国旅游地理位置看，我国距世界目前主要客源地欧洲和北美洲比较远，是我国发展旅游业的劣势。但当今航空事业迅速发展，从某种意义上说已经缩短了两地间的时间距离。而且改革开放以来，我国建立了许多经济特区、经济开发区、保税区、自由贸易区，同时相继开放了数十个进出口口岸，因而为境外游客来华提供了多方面的方便条件。

当前我国已初步形成了旅游业的国际客源市场结构，即以日本为主的东亚、太平洋地区短程旅游客源市场；以美国、西欧为主的远程旅游客源市场和以俄罗斯、东欧各国以及澳大利亚为主的中程旅游客源市场。

在改革开放的新形势下，华侨、外籍华人、港澳台胞不仅回大陆探亲访友，追根溯源，而且踊跃回乡投资，兴办各种企业、事业，他们在入境游客中占绝对多数，是我国发展旅游业不可忽视的客源市场。

第三节 中国的地貌及其旅游价值

地貌是各种地表形态的总称。它是地球内力和外力相互作用于地表物质的结果。我国地貌格局是中生代燕山运动奠基的，而现在的地势差别，主要是喜马拉雅运动的结果。

我国是一个多山的国家。山地、高原占绝对优势，同时也有许多山间盆地、低山丘陵和广阔的平原。

一、地貌轮廓的基本特征

地势西高东低，呈阶梯状分布 我国地势以西部最高，向东逐渐下降，构成巨大的阶梯状斜面。由两条山岭组成的地貌界线，明显地把大陆分成三级阶梯：第一级阶梯西面一条山岭是由昆仑山—祁连山—岷山—邛崃山—横断山脉 3 000 米等高线组成；东面一条则由大兴安岭—太行山—巫山—雪峰山组成。西部最高阶梯上是青藏高原，面积 250 万平方公里，平均海拔 4 500 米，它是由极高山、高山和大高原组成，有“世界屋脊”之称。第二级阶梯由一系列高山、高原和盆地组成，平均海拔 1 000~2 000 米，包括阿尔泰山脉、天山山脉、秦岭山脉、准噶尔盆地、塔里木盆地、四川盆地、内蒙古高原、黄土高原和云贵高原等。第三级阶梯是东部广阔的平原和丘陵，自北而南分布有东北平原、华北平原和长江中下游平原以及东南丘陵，海拔多在 500 米以下，平原地区低于 200 米。

地形多样，以山地为主 我国地貌类型齐全，但以山地、高原地形为主。广义的山地占全国总面积的 65%，而且地势很高，其中海拔 1 000 米以上的山地高原要占全国总面积的一半以上，西部的山脉海拔一般在 3 500 米以上，许多高峰超过 6 000 米，东部仅台湾山脉主峰高达 3 950 米。

我国山脉在不同的构造体系影响下，按其排列与走向可分为四个系列：一为纬向构造体系东西走向山脉，如天山—阴山—燕山、昆仑山—秦岭、南岭；二为经向构造体系南北走向山脉，有贺兰山—六盘山—横断山脉；三为华夏构造体系的东北—西南走向山脉，有大兴安岭—太行山—鄂西山地—黔东山地、长白山—山东丘陵—皖浙丘陵、台湾山脉；四为西域构造体系西北—东南走向山脉，有阿尔泰山、祁连山、喜马拉雅山等。

高原和盆地实际上是包括了山地、丘陵和平原在内的复合地貌类型。我国有著名的四大高原和四大盆地，它们皆分布在西部第一、第二级阶梯上。青藏高原是以高大山脉为骨干的山地性高原；内蒙古高原地势坦荡，有准平原化特征；黄土高原有深厚的黄土堆积，发育了特殊的黄土地貌；而云贵高原大部分属于重峦叠嶂、坎坷崎岖的山地性高原，并且发育了典型的岩溶地貌。四川盆地是一个丘陵性盆地，盆地内有丘陵、低山和平原；而准噶尔、塔里木和柴达木三个盆地均为干燥地区的山间断陷盆地，风化作用强烈，地表多由细沙和砾石组成。

我国平原面积占全国总面积的11%，约112万平方公里，分布在东部第三级阶梯上，依山连海，地势开阔，土壤肥沃，是我国重要的农耕地区。北部的东北平原面积最大，而且平原上发育了最肥沃的黑钙土；华北平原是个由西向东倾斜的坦荡平原；长江中下游平原地势低洼，河网稠密，湖泊众多。除以上三大平原外，在沿海的河流三角洲地区还有一些小面积的滨海平原，如珠江三角洲平原、韩江三角洲平原等。

二、岩石性质对地貌发育的影响

地球外表是由各种岩石组成的，岩石是地形发生和发展的物质基础。地质构造又常通过不同岩层的岩性差异而影响地貌发育，即岩石的性质在很大程度上决定着山石外观的造型特征。按岩石的产生、结构和构造，一般将岩石分为岩浆岩、沉积岩和变质岩三大类。岩浆岩占地表总重量的98%，沉积岩占地表总面积的75%。由于各种岩石的矿物成分和硬度、胶结程度、透水性、产状的不同，它们抵抗风化和其他外力剥蚀作用的程度不一样，所形成的地表形态也各具特点。

花岗岩是分布相当广泛的一种岩浆岩，它一般构成山地的核心，成为显著的隆起地形。大小兴安岭、泰山、崂山、华山（见图1）、衡山、九华山、祁连山等几乎大部或全部由花岗岩组成，形体雄伟高大。它们虽均属花岗岩山体，但因其所含矿物成分不同造成的不协调胀缩，或由于节理发育的方向不同等，而形成不同形态的山地，有的山顶比较平圆，有的形成悬崖峭壁，还有的形成球形岩块。

玄武岩是岩浆岩中仅次于花岗岩的岩石，它往往构成玄武岩高原和台地，多平顶方山和柱状山，如长白山地、海南岛北部山地等。

岩石经过风化，被剥蚀或搬运，在不同环境中沉积，经过硬结成岩作用，生成沉积岩。它有各种层理构造，有生物化石存在。石灰岩、白云岩皆属沉积岩类岩石，它们在适宜的气候条件下，常常形成岩溶地貌；红色沙砾岩岩层很厚的地方，可形成山峰陡峭、分散耸立或有各种造型的丹霞地貌；泥质页岩易被侵蚀，往往形成低山和宽谷。

图1 华山风光

变质岩是地壳内原有的岩石在结构、构造和矿物成分上发生变化而形成的新的岩石，大理岩即是一种变质岩。此外有石英岩、片麻岩、板岩等。石英岩是变质岩中最坚硬的岩石，多形成较高的山峰。片麻岩和板岩多形成低而和缓的地形。

综上所述，不同的岩石可以形成不同的地形，一般“硬岩成岭，软岩成谷”。然而，岩石在地貌形成中的作用也是相当复杂的，在长期的外力作用下，不同岩石又有可能产生十分相似的地形；而同一种岩石，在不同的气候等外力条件作用下，也可以形成极为不同的地表形态。

三、各种地貌的旅游价值

各种地貌类型都有其独特的形态和魅力，构成一种风景资源。在我国，首先由于地质历史复杂，大规模的地壳运动使地形起伏千差万别，五种基本地貌类型齐备，并都有广泛的分布，作为自然地理物质基础对我国自然景观的形成与演变有着深刻的影响，而且作为旅游开发对象的潜力巨大。其次由于各地岩性差别很大，风霜雨雪等外力条件对地表雕刻作用的程度也不一样，更增加了地貌形态的差异性。在我国还发育了大面积的岩溶地貌、丹霞地貌、风成地貌、黄土地貌、山岳冰川地貌等有价值的观赏性地貌景观。

平原地区一般地势低平，起伏和缓，自然景观比较单调。但地面坦荡，常具有强烈的视觉连续感和统一感。而且各地平原也因其成因复杂而表现出不同的自然景观特点。平原地区历来为农耕业发达、交通便利、人文景观荟萃之所，适于建造田园风光。我国黄淮海平原、长江中下游平原，都具有开发田园风光旅游的优越条件。

高原地势高亢，因高度和地貌组成物质不同，构成不同的高原景观。我国四大高原景观各有特点，可以开发不同内容的旅游活动。

山地类型众多，景观内容丰富，是发展旅游的主要资源。一般中等以下山岳、丘陵，兼有雄秀险奇的自然景观特点，宜重点开发游览、观赏、避暑等项旅游。高山和极高山是登山探险旅游的重要场所。火山地貌景观形态丰富，火山喷出物在其附近地区形成火山地貌，有各种形态的火山锥、熔岩台地、熔岩隧道、火口湖、堰塞湖、地下森林以及矿泉，等等，是绝好的观赏地貌景观资源。

为保护独特地质景观和资源，我国到 2021 年已建立了 220 个国家地质公园。

四、我国的山地旅游资源

我国是个多山的国家，广义的山地面积占国土总面积的 2/3 以上，而且类型齐全，分布在不同的纬度地带，对气候和生物都产生深刻的影响，形成的山地自然景观垂直带谱的类型也复杂多样。而且山地气候有其特殊性，具有消夏避暑的功能。

无论是远古时代的崇山、祭山，还是发展到后来的观山、游山，都对山地景观产生深刻的影响。在欧洲旅游登山，是由体育登山的诱发急剧发展起来的。日本自古以来，山岳大部分作为信仰对象被崇拜，从而形成很有特色的登山信仰群落。近代登山旅游可以分为运动登山和旅游娱乐登山两大类。大部分人把山岳作为旅游娱乐地。观赏山岳风光，得到接触大自然的机会，从这个意义上讲，登山运动大众化了，也旅游娱乐化了。各类山地在旅游事业中都发挥着不同的作用。

按山地旅游地类型，可将山地分为体育探险登山旅游地型和风景观赏山岳旅游地型。

体育探险登山旅游地型 世界上登山旅游活动很早就出现了。欧洲在 19 世纪已迎来了阿尔卑斯山登山的黄金时期，处女峰陆续被征服。随着登山装备的进步，许多险峻的高山被踩在登山者脚下，目前体育探险登山运动已成为一项很重要的旅游活动。

开展体育探险登山运动要有五六千米以上的高山、极高山山峰，山峰在登山活动中具有特殊的意义。山峰的特点是高而小，在群山簇拥之中，常由坚硬的花岗岩等组成；山体险峻峭拔，上部常年冰雪覆盖，冰川发育，风速极大，气候恶劣多变。因此登山是磨炼意志和锻炼身体的一项运动。高山地带还有丰富多彩的冰川地貌，景色壮观，而且因人迹罕至，尚保存了原始的自然景观，只有勇于探险的人，才能有幸饱览高山冰雪世界：运动着的冰川在差别消融影响下，形成冰面河流，若隐若现；冰面湖泊似冰上珍珠；冰塔成林，洁白晶莹，与冰桥、冰蘑菇、冰瀑布错落相间，构成“冰晶园林”景观。

我国能为体育和探险活动提供的登山场所很多。在我国兰州—昆明一线以西，绝大部分山地为高山和极高山，特别是青藏高原周围的山地，很多高峰在6 000米以上。全世界8 000米以上的十几座高峰，全部坐落在喜马拉雅山和喀喇昆仑山地区，珠穆朗玛峰、乔戈里峰都是超过8 000米的高峰。我国有不少高峰因坡陡、冰山雪槽之险，迄今尚未有人涉足，是各类探险、考察人员向往的理想处所。新中国成立后，我国登山队先后征服了6 000米以上的许多高峰，甚至海拔8 844.43米的珠穆朗玛峰也从北坡登顶了。与此同时，我国先后开放了十几座高峰，接待国内外登山队和探险队前来攀登、考察（见“我国开放山峰简况”表）。

我国开放山峰简况

山峰名	所在省（区）	所属山脉	主峰海拔（米）	中国第一次登山时间
珠穆朗玛峰	西藏	喜马拉雅山脉	8 844.43	1960.5.25
希夏邦马峰	西藏	喜马拉雅山脉	8 012	1963.5.2
贡嘎山	四川	横断山脉	7 556	1957.6.18
慕士塔格峰	新疆	昆仑山西部	7 509	1957.7.7
公格尔山	新疆	帕米尔和昆仑山	7 649	1961.6.17
公格尔九别峰	新疆		7 595	
博格达山	新疆	天山山脉	5 445	
阿尼玛卿峰	青海	昆仑山—阿尼玛卿山	6 282	1960.6.2
四姑娘山	四川	邛崃山	6 250	
乔戈里峰	新疆	喀喇昆仑山脉	8 611	
加舒尔布鲁姆峰	新疆	喀喇昆仑山脉	8 068	
布洛阿特峰	新疆	喀喇昆仑山脉	8 047	
加舒尔布鲁姆第二峰	新疆	喀喇昆仑山脉	8 034	

风景观赏山岳旅游地型 风景观赏山岳即所谓的风景名山。我国观赏游览风景名山遍布全国，形象生动，千姿百态。明朝文学家杨慎在《艺林伐山》一书中，早对我国南北山地的特点做了概括而形象的描绘：“玲珑剔透，桂林之山也；

巉差窳窆，巴蜀之山也；绵延庞魄，河北之山也；峻峭巧丽，江南之山也。”名山的选择反映了不同时代人们对山岳的认识和利用水平。远古时代我们的祖先有着崇尚自然的传统，把山视为仙居神府之所，人们祭祀山神。尔后山岳成为帝王封禅的对象，著名的五岳被视为天的五个方位的代表，举行祭祀礼仪活动，成为我国游览历史上最早的名山。“五岳归来不看山”，说明五岳集各名山之美，为著名的游览观赏名山。随着生产的发展，人类对山岳有了地理科学的认识，《论语》中“仁者乐山”一语表明春秋战国时期，有识之士对山岳有了最初的美学和科学的见解，即所谓“夫山者，万物之所瞻仰也”。在漫长的封建社会，名山已由自然崇拜的对象，逐渐过渡为观景览胜之所，畅情抒怀的审美对象。大量的山水诗、山水画，是诗画家游览名山的心得和产物，同时也赋予这些山岳更高的艺术效果。

现代作为一门学问对山岳进行科学的研究，使名山学的内容和含义更加充实，更为丰富。我国名山是我们祖国壮美河山的代表，不仅可供国内外游人游览观赏，也是进行山岳科学研究的基地；而且，作为民族历史文化遗产，是向广大群众进行精神文明建设和科学普及的好场所。

风景名山是指具有自然美的典型山岳景观和渗透着人文景观美的山地空间综合体。山地自然美不仅表现在地貌形态、土壤、植被、流水等方面，还表现在上至天空中的云、雾、风、雨、日、月，下至基岩、地层方面。山地自然美是种综合美，包括山地的形象美、色彩美、动态美、听觉美、嗅觉美等，其中以形象美为核心和基础。

形象美是指山岳自然景观总体形态和空间形式的美，具有雄伟、秀丽、奇特、险峻、幽深、敞旷等形象特征。所谓泰山雄、华山险、黄山奇、雁荡秀、青城幽等，都是山地形态给人的总体感受。不同的形象是由各风景区的构景要素在不同地质地理环境中形成的，因此必须联系不同的地质地理条件来认识和评价。

雄即雄伟，是地壳运动中上升比较强烈、断层比较发育的地区。其多由花岗岩组成，山体高大、山势陡峻、线条挺直，给人以气势壮观、挺拔巍峨之感。如峨眉山、泰山等，人们都以雄冠之。泰山虽绝对高度仅 1 500 余米，但雄踞于齐鲁低丘之上，相对高度较大，故产生高大、雄伟的效果。奇即奇特，指具有典型的特殊地貌类型，石、峰造型奇特，形成各种形态的造型地貌和变幻造型地貌。黄山的怪石、奇松是黄山特有的形象特征。“雁荡奇秀”“武夷山水天下奇”，这些名山都有各自的奇特形象，给人以振奋、惊叹之感。险峻的山体，壁立如削，脊高而窄，是由于垂直节理更为发育而形成的。华山整个山体陡峭险峻，千尺幢、百尺峡、苍龙岭、擦耳崖以及庐山的龙首崖、黄山的鲫鱼背等都可谓是险景的典型。险景可以激发人们的探胜心理，也可以磨炼人的意志。秀指秀丽，秀是山、水、植被三者有机结合的产物：山体形态别致、丰满，线条柔和；山林树木繁茂；水质洁净，所谓山清水秀。历来描绘山地之秀，又有雄秀、锦秀、奇秀、娇秀之分，如雁荡奇秀，峨眉雄秀等。总之，秀美能给游人以轻松、舒畅、愉快的感受。幽即幽深，或山深谷幽，或因森林茂密、洞穴深邃而形成景深、幽静、层次多的景区，无一览无余之感，因深奥而诱人前往。“青城天下幽”，崂山也以幽而闻名。幽景景区在我国常是修身养性之所。旷即敞旷，指视野开阔，一般指观赏大平原、高原以及大湖泊景色，如“天苍苍、野茫茫”的内蒙古草原，一望无际的华北平原，浩如烟海的洞庭湖，都给游人以宽阔而奔腾豪放之感。这些形象特征往往不是孤立的，而是彼此联系变化的。

影响景物色彩美的因素很多，首先，不同季节多种植物、花卉是造成山岳自然景观色彩美的主要因素。其次，天气阴晴雨雾的变化，也是构成绚丽多彩自然景观的要素，翠霭如围、山花叠锦、旭日晚霞、蓝天白云等都使景观色彩发生变化，产生更大的魅力。

动态美主要由江河、溪流、瀑布、涌泉、浮云、风以及动物活动等要素产生。所谓“山无水不活”，即是说风景区内，水无论以何种形式出现：匹练垂空的瀑布，汹涌澎湃的江河，潺潺流转的溪涧，汩汩上涌的山泉，都给景区带来活力。此外，流云飘烟、雾霓蒸腾、飞翠流丹、鱼游碧潭也都产生动态美的效果。

听觉美是视觉以外游人得到的一种音乐般的享受，如大江咆哮、溪流潺潺、山泉汩汩、瀑落深潭、松涛雨声、鸟语虫鸣以及潮声等大自然的乐章，与视觉感交织在一起，无不令人赏心悦目。

山岳美还包含着人为的因素，所谓“人化的自然”或“自然的人化”。名山是自然美和人工美的有机结合。我国名山开发历史悠久，保留了众多人类活动的遗迹，如宗教和其他建筑、文物、摩崖石刻、名人活动遗迹、碑碣、诗画、题记等，为风景山地增添了丰富的文化景观。

首先，建筑物的布局与形式，都采取利用自然、顺应自然的手法，与自然景观协调，融为一体，达到了加强自然景观原有特点的艺术效果。如在雄伟的山地，建筑物也要建得宏大，而且布置在雄险的高旷处，泰山的中天门、南天门都有加强泰山雄伟的作用。以险为特色的山地，建筑物构筑惊险，布置在悬崖绝壁处，凭险而居。以奇景突出的山地，建筑构思新奇巧妙。秀丽的江南山水，建筑小巧，依自然环境布置在依山傍水的低地或小山冈阜之上。幽景的建筑往往藏在深山茂林之中，使风景更为深奥。建筑造型美，无论在单体建筑还是群体组合布局，以及艺术装修等方面，都体现了优美的民族形式和地方风格，充分利用自然空间，因山就势，因境而成，而且就地取材，彰显了名山各自的特色。

其次，名山是我国重要的历史、艺术宝库。大量的碑刻、诗画题记、摩崖石刻，其他历史遗迹和革命文物保存在名山古刹中，与风景区长存，起着点景、润色的作用，具有很高的观赏价值、历史文化价值和科学研究价值。

五、我国名山的分类

名山的分类应以自然景观为基础，名山的成因为主要依据，即以山体的宏观形态及岩性特征为基础，综合考虑景观美学与人文特征。根据这一原则，我国风景名山可以分为花岗岩名山、岩溶山水、丹霞山地、其他以自然因素为主要成因的名山和历史文化名山等类型。

（1）花岗岩是地表最常见的酸性侵入岩。花岗岩岩体造型丰富，质坚形朴，分布面积很广，大多构成山地的核心，成为显著的隆起地形。我国名山以花岗岩构成的最多。花岗岩高山一般是断块隆起或岩株构造形成，景观特点是主峰明显，群峰簇拥，峭拔危立，雄伟险峻。花岗岩丘陵高度小，起伏和缓，岩石表面由于受到球状风化作用，形态浑圆多姿，球状岩块分布普遍，或方圆兼备，或如人如兽，或纤纤而立，景观形象生动。我国泰山、崂山、华山、黄山、九华山、大小兴安岭、衡山、贡嘎山、浙江天台山、天津盘山、辽宁千山和医巫闾山、甘肃的贺兰山和祁连山等，几乎全部或大部为花岗岩组成的山地。此外厦门鼓浪屿万石山、浙江普陀山、海南天涯海角和鹿回头等都属花岗岩名丘。

（2）岩溶山水是可溶性岩石和富有溶蚀力的流水共同塑造的山水景观。岩溶山地的岩石组成是碳酸岩类岩石，主要是石灰岩。我国碳酸岩类岩石分布面积广达 130 万平方公里，约占国土面积的 13.5%，主要分布在广西、云贵高原等地。石灰岩对于机械侵蚀和物理风化的抵抗力较强，但却容易被含有酸性的水所溶蚀。雨水中含有一定量的碳酸气，因此在湿润气候条件下，石灰岩受到溶蚀，即所谓岩溶作用，天长日久，地面就被溶蚀得面目全非，平地上出现了尖芽锐脊和深浅纵横的沟槽，斜坡上显出一条条挺直的大裂缝，水流沿着石灰岩裂隙扩大溶蚀，逐渐形成孤峰、峰林、洼地、溶洞等。石灰岩溶洞主要由地下水对石灰岩进行破坏作用而形成。溶洞迂回曲折，高低不一，成层分布。在溶洞内部由于碳酸钙发生沉淀，又形成悬钟般的钟乳石、笋状凸起的石笋，以及钟乳石与石笋相连的石柱等。

我国东南沿海地区受季风影响，岩溶作用比较强烈。南岭以南终年无冰雪，雨季长、岩溶地貌发育典型。广西桂林到阳朔一带，是石灰岩峰林谷地和孤峰平原地形，造型丰富，七星岩、芦笛岩等大型溶洞，岩溶沉积物琳琅满目，美不胜收，其山水自古有“甲天下”和“碧莲玉笋世界”之誉；云南石林县的石林是峰林地形的典型代表，形态生动，富于变幻，它们都具有很高的游览观赏价值。此外，四川、湖北、湖南、浙江、安徽等地发育的地表岩溶多为亚热带岩溶丘陵和岩溶洼地形态；广东、台湾以及西藏地区发育了热带峰林；四川兴文的石林洞乡，广东肇庆的七星岩，江苏宜兴善卷洞、张公洞，浙江金华双龙洞等地都可观赏石林洞穴奇观，是吸引游人的风景资源。

（3）丹霞山地是在红色砂砾岩上发育而成。红色岩系在我国分布面积大约30万平方公里，广泛分布在长江以南的湘、桂、滇、闽、粤等省区。早在白垩纪和第三纪早期，我国南方气候干热，沉积在低洼盆地的碎屑物——泥沙、砾石，经过强烈的氧化及钙质胶结，形成红色水平的砂砾岩层。之后，由于地壳大规模隆起，岩层产生断裂、节理，再经过侵蚀、切割和重力崩塌的综合作用，形成悬壁陡岩、孤峰、峰林等地形。红色砂岩还具有球状风化的某些特征，所以也常见浑圆的峰顶、馒头般的山形及线条流畅的岩面和岩石；也易被溶蚀冲刷成洞穴。因此红色岩系形成的山水是丰富多彩、精巧玲珑的风景资源。1928年在粤北仁化县丹霞山被发现，并命名为丹霞地貌。其景观特点是丹山碧水。广东乐昌市金鸡岭也是一处丹霞地貌景观，被列为广东八大名景之一。福建武夷山奇秀东南的景区也属丹霞山地。安徽齐云山是丹霞山地中最高的山岳，海拔超过千米，“一石插天，直入云汉，谓之齐云”。此外，福建冠豸山、江西龙虎山和圭峰等都是具有丹霞景观特征的名山。

（4）以其他自然因素构成的名山有庐山、雁荡山、武陵山等。庐山为砂页岩山体，孤峰雄峙于长江南岸、鄱阳湖滨，是我国历史上著名的避暑游览胜地。天下奇秀的雁荡山属坚硬致密的流纹岩山体，以无数造型地貌和变幻造型地貌使游人为之叹绝。以石英砂岩为主构成的湖南武陵山地，造型优美别致，具有立体山水画卷之美。由多种岩层构成的峨眉山，山体雄伟高大，向来以雄秀闻名遐迩。

此外，我国风景名山还有以林茂、石奇、泉酣、茶香著称的广西桂平西山；有“云中公园”之称的河南鸡公山；享有“神仙之宅”“灵异之府”美誉的山东崂山；“南粤名山数二樵”的广东东樵山、西樵山；保留着原始性状、有“童话世界”之誉的九寨沟景区；山高、坡陡、谷深的梵净山，以及福建的清凉山、太姥山，湖南的九嶷山，浙江的莫干山、天目山，辽宁的千山，河北的苍岩山，台湾的阿里山等都在我国名山之列，成为游览胜地。

（5）历史文化名山是以文化景观或历史遗迹为主要内容发展形成的。这类名山景观、遗迹很丰富，因形成的历史时代不一，特点各异。因开拓革命根据地而闻名的历史文化名山有井冈山、延安宝塔山等。井冈山是中国第一个革命根据地，享有“革命摇篮”之誉。这里有反映第二次国内革命战争时期的大量历史遗迹，成为井冈山风景名胜区人文景观的基本内容。同时，井冈山也是重峦叠嶂、苍秀柔润的风景名山。延安宝塔山是抗日战争时期中国革命的司令部，闻名中外的革命圣地。宝塔山下延河水边也留下了老一辈革命家的丰功伟绩，是革命传统教育的大课堂。北京八达岭因光耀宇宙的古长城，而使山色生辉。武汉蛇山（黄鹤山）因黄鹤楼屹立其巅和唐代诗人崔颢的《黄鹤楼》一诗而“文因景成，景借文传”，遂成名山。

宗教历史名山在我国历史文化名山中，占有相当重要的地位。在众多的自然崇拜中，山岳崇拜是最基本的一种。人们把山看作神灵的化身，或神仙居住的境地，把宇宙间一切不可理解或解释的现象也都归于山神所为，因而产生了封禅、祭祀之举。佛教传入我国后，在中国历史上产生过深远的影响；道教本以崇尚自然、返璞归真为主旨。僧道多以深山为家，自古就有“天下名山僧占多”之语。僧道从对寺观的选址到殿堂建筑都非常讲究，往往选择自然风景优美、树木繁茂的山地，寺观或依山或面水，背风向阳而建，故而那些山清水秀的丛林深处即为僧道所占。寺观建筑宏伟、考究，包括香客饭舍、登山道路等。这些构成了对我国名山的早期开发。

寺观作为宗教活动场所，远近教徒、香客以及文人名士纷至沓来，寺观庙堂香火旺盛；周围树木等自然景观和生态环境受到保护，于是逐渐形成以寺观为中心的宗教圣地。山西的五台山、安徽的九华山、浙江的普陀山和四川的峨眉山就是这样形成并被称为佛教名山的。湖北的武当山、河南的嵩山、山东的崂山是历史上的道教名山。今天这些圣地名山还不同程度地保留了历代建筑的寺观、殿宇、雕塑、壁画、佛像以及古代文书、佛经、碑匾、印信等文物，是我国重要的文化遗产。而对风景名胜区来说，寺观的重要性不仅在于它的宗教意义，更重要的在于它的建筑形象所具有的造景功能，建筑设计、构景与山地的自然环境十分协调，融典型的文化历史景观和自然景观于一体，这是昔日的宗教圣地成为今天游览胜地的主要原因。

在我国，有些山地因在山崖开凿宗教石窟建筑而闻名，如龙门石窟所在地洛阳伊水两岸的龙门山、香山；开凿云冈石窟的大同武周山；以莫高窟闻名的敦煌鸣沙山；天水麦积山；大足宝鼎山、北山；山西天龙山等均以开凿石窟、雕塑佛像而成为历史文化名山，如今都是我国重点风景名胜区或重点文物保护单位。

此外，我国历代帝王陵墓也多建在风景秀丽的山地，而且陵区建设规模宏大，长长的神道，可与宫殿媲美的祭祀场所，以及宝顶、地宫等一整套功能性建筑和周围绿化环境，形成一种肃穆的气氛。如南京钟山（明孝陵、中山陵）、北京昌平天寿山（十三陵）、河北遵化昌瑞山（清东陵）、西安骊山（秦陵）、陕西乾县梁山（乾陵），等等，都因帝王名人陵墓而成为历史文化名山。

第四节 中国的水资源与旅游

水以海洋水、地表水、地下水、大气水等不同形式广泛存在于地球之上，水在自然界的作用是不言而喻的。首先，水是自然环境形成和发展中最活跃的因素之一，作为最普遍、最活跃的地质营力，是地表形态的塑造者，许许多多优美的自然风景都是在水的参与下形成的；其次，水对于有机物的生命有着无法取代的意义，人类的起源和古代文明都记载着河川水域的功绩，现代生活更离不开水。水为人类提供了防旱、蓄水、灌溉、舟楫、发电和养殖之利，同时水域还能调节气候、美化环境，水经过开发具备观赏价值和娱乐价值，即具有旅游资源的意义。

水作为旅游资源是构景的基本要素。无论是江河湖泊，还是涌泉飞瀑，水在构景中都具有声、形、影、色、光、味等形象生动的特点。高山大河有汹涌澎湃之势，山涧小溪有潺潺之音，平原河流蜿蜒流淌；大湖泊有烟波浩渺之势，小湖面有秀丽娇艳之姿；微风涟漪使人感到宁静素雅，急流奔腾使人感到生机勃勃。瀑落深潭，声震数里；泉涌如轮，生机盎然。总之，水作为流动的形体，能够增加风景区的明媚和活力，即所谓“山无水不活，水无山不媚”“因山而峻，因水而秀”。水和山、水和动植物、水和建筑物组合起来，相映成趣，常构成优美的自然风景。如壮丽的峡谷风光，即是江河奔腾、青山夹峙的山水组合；桂林“山水甲天下”是清澈碧透的漓江和形态优美的石灰岩峰林、峰丛共同组成的景区；美丽的西子湖，不仅有一湖碧水，还有环峙四周然而又恰到好处的山地，塔、寺、亭、廊等多类建筑以及花草树木，构成的一个有机的组合体。

水面在现代娱乐生活中还有重要意义：游泳、沐浴、滑水、垂钓、水球、舢板、帆船、潜水等水上、水下体育运动、娱乐运动都是在水上进行的。而且，河湖在旅游中同时具有水上交通的作用。因此，在旅游区如何规划和充分利用水资源，使之与周围景物相协调，发挥水在构景中有声、有色、有影的特点，是提高旅游区价值的一个重要方面。

一、气势磅礴的江河

我国是一个山高水长，河流众多，径流资源十分丰富的国家。流域面积达100平方公里以上的河流有5万余条，1 000平方公里以上的河流有1 500余条，超过10 000平方公里的河流也有79条。河流的总长度超过42万公里，全国径流总量将近27 000亿立方米，占世界河川径流总量的6.8%，水力蕴藏量为6.8亿千瓦，通航里程长达12.3万公里。

水系和流域 我国的河流流域按水系划分为外流流域和内流流域两大区域。

外流流域包括太平洋流域、印度洋流域和北冰洋流域，分布在我国东部、南部和新疆西北部一角，其面积占全国总面积的64%。内流流域处于欧亚大陆内部、我国西部的蒙新干旱地区和青藏大高原内部，面积占我国总面积的36%。内外流域的分界线，北起大兴安岭西麓，大致沿东北—西南向南下，经内蒙古高原南缘、阴山山脉、贺兰山、祁连山、日月山、巴颜喀拉山、念青唐古拉山和冈底斯山，止于我国西端国境。这条线大部分沿山脊和山麓延伸。分水线以东，除鄂尔多斯高原和松嫩平原有面积不大的内流区外，其余均为外流流域；分水线以西除新疆西北角的额尔齐斯河流域为外流区外，其余均属内流流域。

外流流域中，以太平洋流域面积最广，占我国外流流域总面积的88.9%，长江、黄河、黑龙江、珠江等均属太平洋流域。属于印度洋流域的河流分布在青藏高原南部，面积占全国总面积的6.5%，主要河流有怒江、雅鲁藏布江、狮泉河、象泉河等，它们的下流流经东南亚、南亚地区注入印度洋。我国的北冰洋流域面积最小，只相当于全国总面积的0.5%，分布在新疆西北部，额尔齐斯河流经哈萨克斯坦、俄罗斯等地，注入北冰洋。

我国水系流域分配情况

	流域		流域面积（平方公里）	占全国总面积的百分比（%）
外流流域	太平洋	鄂霍次克海	861 151	8.97
		日本海	32 745	0.34
		黄海、渤海	1 669 153	17.38
		东海	2 044 342	21.29
		南海	827 429	8.62
		直接入太平洋	11 112	0.12
		小计	5 445 932	56.72
	印度洋	安达曼海、孟加拉湾	558 224	5.82
		阿拉伯海	66 270	0.69
		小计	624 494	6.51
	北冰洋	喀拉海	50 862	0.53
	合计		6 121 288	63.76
内流流域	内蒙古地区		327 482	3.41
	藏北及藏南地区		728 898	7.6
	松花江内陆流域		48 220	0.5

续表

	流域	流域面积（平方公里）	占全国总面积的百分比（%）
内流流域	甘新、柴达木地区	2 374 112	24.73
	合计	3 478 712	36.24
总计		9 600 000	100

我国内流流域面积也很广，包括内蒙古西北部、新疆、西藏内流流域以及松嫩内流区。

由于地形和气候的影响，我国水系的分布很不均匀，东南半壁河流众多，形成许多庞大的水系，构成我国基本的河流网，而西北半部河流稀少，水网不发达。

外流河的源地主要有三个：青藏高原的东南缘；大兴安岭—冀晋山地—豫西山地—云贵高原一线；长白山地—山东丘陵—东南沿海丘陵山地一线。

发源于青藏高原东南缘的河流，由于源地距海远，河流多源远流长，成为世界上的大河，如长江、黄河、澜沧江、怒江、雅鲁藏布江等，这些河流是构成亚洲东南部河流网的基本骨干。源于大兴安岭至云贵高原一线的河流，主要有黑龙江、嫩江、辽河、滦河、海河和西江等，虽长度较短，但仍为我国重要河流。源于长白山至东南沿海丘陵山地一带的河流，主要有图们江、鸭绿江、沂水、沭水、钱塘江、闽江、韩江等，河流短小流急，多独流入海。

我国河网密度的地区变化很大，一般来说，其分布趋势是由东南向西北逐渐减小，山区河流的河网密度都比较大。

主要河流及景观特点 珠江、长江、黄河、黑龙江为我国四大长河，它们分布在不同的纬度地带，均自西向东注入太平洋。

长江发源于青海省唐古拉山，流经青藏高原、横断山地、云贵高原、四川盆地、巫山山地以及长江中下游平原等几个不同地形区域，包括青海、西藏、云南、四川、重庆、湖北、湖南、江西、安徽、江苏和上海 11 个省、自治区、直辖市，最后注入东海。全长 6 300 公里，是我国第一长河，世界第三长河。

我国四大河流特征简表

河流名称	流域面积（平方公里）	河流长度（公里）	平均流量（秒立方米）
珠 江	425 700	2 129	11 075
长 江	1 807 199	6 300	31 055
黄 河	752 443	5 464	1 540
黑龙江	1 843 000	4 370	8 600

长江流域开发历史悠久。古代长江流域是楚、巴、蜀、吴、越诸国所在地，有着发达的古老文化。今天流域内分布着 2.7 千万公顷耕地，占全国耕地面积的 1/4。特别是中下游平原和四川盆地，土壤肥沃，气候温和而湿润，无霜期长，有利于农作物生长，因此长江流域是我国重要的农业生产基地，粮食产量占全国总产量的 2/5，棉产量占全国总产量的 1/3，淡水鱼产量占全国总产量的 2/3，森林资源仅次于东北。此外还蕴藏着锑、锡、钨等多种矿藏。流域内有“天府之国”的四川盆地，“湖广熟、天下足”的两湖平原，还有“江淮稻粱肥”的苏皖大地和“富饶甲海内”的长江三角洲。流域内拥有数十座大城市，是我国经济最发达的地区，也是旅游业发达的地区之一。大江上下自然景观和文化景观都很丰富，可以观赏雄伟秀丽的虎跳峡、长江三峡及大宁河小三峡等峡谷风光；探访巴、楚等古国遗址遗迹、古战场；还可以游览河网稠密、湖荡棋布的水乡泽国、鱼米之乡。因此，长江不失为一条黄金旅游线。

黄河是我国第二长河，全长 5 464 公里，发源于青海巴颜喀拉山，流经青海、四川、甘肃、宁夏、内蒙古、陕西、山西、河南、山东等省区，在山东东营市入渤海，流域面积 75 万平方公里。

黄河流经地区是干旱、半干旱和半湿润气候区，区内多数地区降水量在 400 毫米左右，地面蒸发强烈，因而黄河水量不大。水源主要来自上、中游，水量集中于夏秋两季，夏季往往洪峰过高，易泛滥成灾，特别是下游河段，经常受到洪水威胁。河水含沙量大，是黄河的另一特点。其含沙量为世界各大河之冠，危害极大。

黄河从祖国大西北发源，流经高原、山地和平原等各种不同的地貌区，滋润了两岸的土地，曾为古人类的生存和发展创造了良好的条件，也哺育了高度发达的原始文化。因此，黄河流域是中华民族的发祥地，黄河是中华民族的摇篮。

自有文字记载以来，中国早期活动中心以及封建社会早、中期的国家都城，都在黄河中下游地区，黄河流域是中国历史上的政治、经济和文化中心，逐渐形成了以兰州、关中、晋中南、中州、齐鲁等为中心的黄河流域文化区。在黄河流域已发现 2 000 多处原始村落遗址、仰韶文化和龙山文化遗迹；以及古代的都城遗址、帝都园林、帝王陵墓、古代文化遗存；这里还有不同风格的塔、寺等宗教建筑，石窟、壁画等古代艺术瑰宝……所有这些都是中华民族悠久历史的见证，是我们今天发展旅游业的重要资源。

发展黄河流域旅游是向游客展示我国古代灿烂文化的一条最佳旅游线路。而且，黄河也有其惊险动人的自然景色，峡谷地段壁立千仞，流急涛大，惊心动魄。上游的刘家峡，中游的龙门、壶口瀑布、三门峡都已成为著名游览区。

珠江是我国南部最大河流，以支流众多、水道纷纭而著称。珠江由西江、北江和东江三个水系汇合而成，以西江水系为主流。以西江主源南盘江为源，全长2 100公里，全流域面积42万平方公里，下游形成河道密织的三角洲。流域大部分处于南亚热带季风多雨地区，降水量充沛，河流汛期长，水量丰盈，水位与流量变化都比较稳定，而且流域内植被较好，河流含沙量很少。这些都为其利用提供了极有利的条件。水运量仅次于长江。珠江大部分流经石灰岩山地，各支流不乏峡谷急流、伏流、喀斯特湖等。峡谷区两岸层峦叠嶂，峰高入云，惊涛拍岸，古木参天，景色雄险而清秀。江上可开展竹筏、泛舟、游艇等水上旅游活动。珠江三角洲河道纵横，支汊繁杂。平原上散布着一些海拔300~500米的残丘，形成三角洲特有的风光。肇庆的鼎湖山（见图2）、南海的西樵山、博罗的罗浮山、番禺的莲花山、龙门的南昆山以及圭峰山、丫髻岭，等等，基岩裸露，节理发育，形成雄伟奇峻的山景，并兼得水、木之美，且气候宜人，因此都先后被开发为风景游览山地或避暑胜地。三角洲平原稻田密布，桑麻蔽野，果木成林，鱼虾满塘，是我国著名的鱼米之乡。

图2 鼎湖山

黑龙江是东北长河，其中段是中俄界河。主要上源有两条：北源石勒喀河，南源额尔古纳河，南北两源在漠河以西汇合，称黑龙江。黑龙江在我国境内长度为2 965公里，流域面积89万平方公里。

黑龙江支流松花江全长1 840公里，它和乌苏里江都很宽阔，江中有许多沙洲，水量丰富，具有通航之利，非冰冻期黑龙江干流及松花江等均可通航。封冻期冰层厚达1.8~2米，可行车马。黑龙江流域水产资源丰富，森林茂密，水草丰美，土地肥沃，夏无酷热，冬季长达6~7个月，是夏季疗养和冬季滑雪的旅游娱乐场所。

东南沿海河流 东南沿海河流受地形影响，河流长度多在600公里以下，独流入海，如钱塘江、闽江、韩江、瓯江及台湾省各河。其共同特点是大都流过花岗岩断层地带，上游多险滩，沿岸多花岗岩圆形山丘，形成风景游览地，如富春江、楠溪江风景名胜区；出海口一带是沉降海岸，海口大都呈漏斗状的三角江，河口附近有重要港口，河流水量相当丰富。

西南地区河流 西南部河流多数上游在中国境内，下游流入东南亚、南亚诸国，从南海或印度洋入海，如雅鲁藏布江、怒江、印度河、澜沧江和红河等。这些河流大都是纵谷，有的奔流于两断层地垒之间，有的奔流于两褶曲山脉之间，属幼年期状态，河床倾斜坡度很大，水流湍急，水力资源丰富，但不利航运。在滇西北一段，怒江、澜沧江、金沙江三江纵向并流，两岸高山夹峙，河谷下蚀作用强烈，谷底激流奔腾，形成雄险的景观，该景区已被列为国家重点风景名胜区。

西北部诸水 西北地区除额尔齐斯河属北冰洋水系外，大多数为内陆河，如塔里木河、伊犁河、疏勒河、弱水、柴达木河等。它们下游注入内陆湖，春夏之际高山融水为河流主要水源。塔里木河是西北最长的内流河，全长2 179公里，主要上源有四条，于阿克苏东南150公里处汇合，后沿塔里木盆地北缘自西向东，最后穿过沙漠，注入台特玛湖。流域内降水稀少，蒸发量大，有的河段呈间歇状。两岸人民利用河水灌溉，开辟了片片绿洲，茂密的胡杨林宛若绿色走廊，保护着绿洲农田，成为人口集中、农牧业发达的地区。历史上曾是古丝绸之路的繁华所在，今日成为访古探险的旅游之地。

二、星罗棋布的湖泊

我国是个湖泊众多的国家，天然湖泊面积在1平方公里以上的有2 800多个，总面积达8万平方公里。此外还有为数众多的人工水库。湖泊是在自然地理因素综合作用下形成的。地球的内力作用和外力作用都可以形成湖盆：由地壳运动产生断裂凹陷形成构造湖；火山口或熔岩高原的喷口可以形成火口湖；冰川作用形成冰蚀（碛）湖；山崩、熔岩流或冰川阻塞河谷又可形成堰塞湖；干旱地区风蚀盆地积水可形成风蚀湖；浅水海湾或海港被沙堤或沙嘴分开，形成潟湖；石灰岩地区还发育了岩溶湖；河流自行裁弯取直后分割成牛轭湖等。

湖泊的分类很多，按成因可分为构造湖、火山湖、潟湖、岩溶湖等；按湖水与径流的关系，分为内陆湖和外流湖；按湖水的矿化程度分为淡水湖、咸水湖和盐湖。此外还有按湖水的来源、湖水的温度等进行分类的。

我国湖泊分布相当广泛，但又有相对集中的特点。外流湖区以淡水湖泊为主，我国淡水湖泊面积占湖泊总面积的45%，其湖水可通过江河外泄，湖水充足，具备调节江河水量、发展灌溉、航运、水产养殖以及发展旅游业的有利条件；咸水湖和盐湖主要分布在内陆湖区，水量不足，蒸发旺盛，湖内产盐、碱、芒硝、石膏等化工原料。

湖泊是陆地上积水的洼地，我国各地对湖泊称谓不一，多数称湖，亦有称泊、沼、池、淀、漾、错、淖、诺尔，等等。湖泊是一项重要的自然资源，它不仅是人们生活用水的来源，也为发展农、林、牧业和工业提供了大量的水源，不少湖区历史上已成为我国著名的鱼米之乡。湖泊中水产资源丰富，水生动植物种类繁多，是湖泊的宝贵资源。此外，由于水体的性能，湖泊水面还有调节湖区气候的功能。

在我国广袤的大地上，众多的湖泊犹如镶嵌在锦绣山河中的颗颗明珠，把祖国河山点缀得更加妩媚动人。湖泊风景区是以水面为中心，突出水在大自然中具有声、形、光、影、色、味等形象生动的特点，形成观赏游览娱乐区域。由于湖泊所处的地理位置和面积大小不同，与周围山地、气候、植被等自然要素组合的状况不同，形成的湖泊景观千姿百态。大湖泊有烟波浩渺之势，小湖面有秀丽娇艳之姿；有的湖水平如镜，有的清波涟漪；环湖或青山绿树，或沃野千里；空气清新，气氛和谐、恬静，是观赏风景、游览和水上娱乐的好场所。湖中生长的大型水生植物，其花、茎、叶等漂浮在水面，红花绿叶更丰富了湖面景观；所产莲、藕、菱、芡、慈姑、莼菜、茭白等湖区特产，可供食用、药用。

我国湖泊风景名胜遍布南北，首推杭州西湖风景区。在我国，西湖还成为娇小秀美湖泊风景的通称，清代《冷庐杂识》一书记：“天下西湖，三十有六。”著名的有福州西湖、潮州西湖、惠州西湖、阜阳西湖、雷州西湖、扬州瘦西湖等。南宋诗人杨万里“三处西湖一色秋，钱塘颍水更罗浮”的诗句，说明一些湖泊的景色，可以与杭州西湖相媲美。同时，以西湖派生的名湖风景区也为数不少，如绍兴东湖、嘉兴南湖、武汉东湖、沈阳南湖，等等，都是以水饰景的风景名胜旅游地。

在我国许多城市、城郊公园中，湖泊都成为不可缺少的景区之一，它起着活化景区、美化环境的重要作用，如北京的北海公园太液池、颐和园的昆明湖，南京的莫愁湖、玄武湖，上海豫园的荷花池，济南的大明湖，广州的流花湖，保定的古莲池以及苏州各园林中的湖池，等等，也有似娇小秀美的西湖景致，是游人乐道的游览地。

我国主要湖泊一览表

湖　名	所在省区	面　积（平方公里）	湖面高程（米）	最大水深（米）	容　积（亿立方米）
青海湖	青　海	4 583	3 195.0	82.8	1 050.0
鄱阳湖	江　西	3 583	21.0	16.0	248.9
罗布泊	新　疆	3 006	768.0		
洞庭湖	湖　南	2 820	34.5	30.8	188.0
太　湖	江　苏	2 420	3.0	4.8	48.7
纳木错	西　藏	1 940	4 593.6		
呼伦池	黑龙江	2 315	545.5	8.0	131.3
洪泽湖	江　苏	1 586	12.5	5.5	31.3
奇林湖	西　藏	1 530	4 514.0		
南四湖	山　东	1 266	35.5~37.0	6.0	53.6
艾比湖	新　疆	1 070	189.0		
博斯腾湖	新　疆	1 019	1 048.0	15.7	99.0
塔热错	西　藏	1 000	4 588.0		
当惹雍错（唐古拉湖）	西　藏	825	4 502.0		
巢　湖	安　徽	820	10.0	5.0	36.0
乌伦古湖	新　疆	745	468.0	12.0	59.0
羊卓雍湖	西　藏	678	4 441.0	59.0	160.0
乌兰乌拉湖	青　海	610	4 859.0		
鄂陵湖	青　海	608	4 285.0	30.7	
哈拉湖	青　海	602	4 078.0	65.0	160.0
高邮湖	江　苏	547	527.0	1.27	12.5
扎陵湖	青　海	542	4 287.0	17.1	
滇　池	云　南	297	1 885.0	6.0	15.0
洱　海	云　南	246	2 000.0	21.0	29.5
抚仙湖	云　南	217	1 875.0	151.5	173.5
岱海	内蒙古	70	987.87	15.0	9.89
镜泊湖	黑龙江	95	350.0	62.0	16.3

大湖面积广阔，貌似大海，水天一色，富有天然风貌。大湖一般要登上高处方能一览全景：岳阳楼上眺洞庭，大孤山赏鄱阳，鼋头渚畔观太湖，攀龙门瞰滇

池。鄱阳湖是我国第一大淡水湖泊，浩瀚万顷，水天相连。湖之西北是避暑游览胜地庐山，湖中大孤山状如鞋，陡峭峥嵘，景色秀丽，登其上，匡庐山色、鄱阳水光尽收眼帘。湖出口处的上、下石钟山，临江滨湖，水石相击，声若洪钟，为琢磨山名之深蕴，使其山历代韵味不绝。洞庭湖为我国第二大淡水湖，登湖滨岳阳楼，可饱览“衔远山，吞长江，浩浩汤汤，横无际涯，朝晖夕阴，气象万千”的湖光胜景。湖中君山景色优美，且有二妃墓、柳毅井等古迹及与此相关的优美传说。

高山湖泊水面平静，雪山倒映，具有高山平湖的风姿。我国著名的高山湖泊风景区有天山天池、长白天池、台湾日月潭等。天山天池一池碧水，镶嵌在崇山峻岭之中，映照着蓝天白云，近岸葱郁的杉林，远处白雪皑皑的博格达峰，景色无比壮丽、静谧，像一幅浓彩的油画，耐人寻味。建在崇山腹地之中、峡谷之口的人工水库具有高山平湖的特点，水面如镜，四周山色尽入湖中，景色幽雅，被人称为“闪光的明珠”。再加上宏伟的大坝、船闸、电站、渠道等建筑，丰富了自然景观，具备了发展旅游的条件。如富春江千岛湖，锦山秀水，风景如画；秦皇岛燕塞湖有“小桂林”之美誉。此外，三门峡水库、刘家峡水库、丹江口水库等，业已成为风景游览地。

我国西北内陆远离海洋，气候干旱，许多湖泊水量不足，矿化度较高，成为咸水湖或盐湖。我国盐湖数量多、类型全、矿物种类多、储量丰富，湖水不能饮用，也不能作为工农业水源。但湖中富含的大量食盐、天然碱、芒硝等化工原料和稀有元素，是重要的工业原料。

干盐湖亦称固体盐湖，湖面为白色结晶盐所覆盖，耀眼夺目。由盐类沉积的巨大盐盖顽如岩石，十分坚硬，经测试，每平方厘米可承受的压力在 1 000 公斤以上，可在上面建工厂，筑公路、铁路，修机场。青藏铁路即建在察尔汗盐湖的盐盖上，与铁路平行的公路也横跨盐湖，路面平坦光滑，被称为“万丈盐桥”，是独特的干盐湖景观。

湖泊是在长期的自然演变中形成的，它是一个完整的生态系统，并处于相对平衡的状态。在开发利用湖泊资源时，应特别注意维持其生态平衡，防止污染，让湖泊为人类提供更多的物质财富，更长久地为人类精神文明服务。

三、泉及矿泉旅游资源

泉及矿泉的分类 地下水的天然露头称之为泉。泉的种类很多，分布也相当广。泉作为水源具有重要意义，许多河流和湖泊水来源于泉，因此泉有“河源”之称，是饮用水的一部分。矿泉是含有一定数量的特殊化学成分、有机物和气体，或具有较高的水温，能影响人体生理作用的泉水。温泉指水温在 34℃以上的矿泉。矿泉成因复杂，主要取决于区域岩石性质及化学成分、岩浆活动与火山作用、新构造运动的特征、沉积岩区的古今水文地质条件和生物化学作用等。矿泉水是具有旅游资源意义的泉水。矿泉一般按其化学成分、水的温度、水的渗透压、酸碱度以及理疗作用等因素划分类别。如按泉水化学成分可将矿泉分为氢泉、碳酸泉、硫化氢泉、硫酸氢钙泉、铁泉、溴泉、硅酸泉、氯化钠泉、淡温泉等；按其水温可分为冷泉、微温泉、温泉、热泉、高热泉和沸泉等；按其理疗作用又可分为饮疗泉、浴疗泉、饮浴疗泉。

我国矿泉的地理分布及特点　我国是世界上多泉的国家之一，矿泉总数约 2 000 余处，分布遍及于全国各个省区，按其地理分布可划分为几个矿泉带（区）。

西藏矿泉区：该区集中了 600 余处矿泉。由南向北分布有四个明显的矿泉带：喜马拉雅山地带、狮泉河—雅鲁藏布江地带、班公湖—怒江地带和藏新接壤处的火山区。西藏地区由于以岩浆为主的地下热源特别活跃，地热流体温度高，水热活动十分活跃，因此多温泉和高热泉，还有少见的沸泉、水热爆炸泉等。主要温、热泉有古堆温泉、那曲温泉、格各加间隙喷泉、阿里地区水热爆炸泉、拉萨北部的羊八井高热沸泉以及出露于唐古拉山口的温泉等。有的有观赏价值和理疗价值，有的已建立地热蒸汽运转发电站。

云南矿泉区：该区有矿泉 400 余处，遍及全省，更集中分布在横断山脉和腾冲一带。本区火山活动和地震较多，因此多热泉和高热泉，一般温度在 50℃以上，最高达 110℃。安宁碧玉泉早在 1 900 年前已被发现，明代已成名胜之地。

闽粤台矿泉区：该三省集中矿泉 500 余处，且都以温泉为主。福州温泉向来以水质佳、温度高而著称海内，成为福州市一大名胜，福州市也因此被称为温泉城。台湾省面积不大，但温泉有百余处，阳明山、北投、关子岭和四重溪是台湾著名的四大温泉。

除以上三大矿泉区外，山东、辽宁、四川、陕西、浙江、江西等省矿泉也很多，济南市有“泉城”之誉。

泉的旅游价值及其综合利用　矿泉无论在中国或是在欧洲、日本，在远古和中世纪就因其优异的医疗作用，而被人们广泛重视和利用。如上所述，由于矿泉中富含多种对人体有益的矿物质或微量元素，能起到预防和治疗某些疾病的作用，因此世界上重要的温泉地几乎都成了疗养地。“深知海内长生药，不及崂山一清泉”，是人们对崂山泉水理疗价值的评价。近代由于旅游业的发展，分布于山水胜景地的泉也成为一项旅游资源，泉区发展成为旅游疗养胜地。

我国各省区几乎都形成了一些以泉为中心的游览疗养胜地。比较著名的理疗泉有：广东从化温泉，云南安宁的“天下第一汤”，陕西临潼华清池，重庆的南温泉、北温泉，广西陆川温泉，东北的五大连池药泉和鞍山汤岗子温泉，南京汤山和北京小汤山温泉等。人们利用这些泉水，以饮、浴、蒸、敷等不同疗法，治疗各种疾病，得到很好的疗效。

我国的泉还以水质清冽、甘醇而负有盛名，成为以茶肆为中心的旅游点。无锡惠山泉历来被誉为“天下第二泉”，泉美、茶香，更以名曲《二泉映月》传扬五洲。杭州虎跑泉水晶莹透彻，甘洌醇厚，为西湖诸泉之首，附近盛产龙井茶，“龙井茶叶虎跑水”，乃西湖“双绝”。镇江金山寺中泠泉水质甘醇，饮之润腹，史称“天下第一泉”。济南趵突泉水清爽可口。崂山矿泉水含有大量有用元素，自古称为“神水”“仙饮”“积年之疾，一饮皆愈”，饮之可加速人体内新陈代谢，增进食欲，有强身之功效，是大自然赐予人的天然健身饮料。经加工的崂山矿泉水还远销海内外，在国际市场上享有很高声誉。以崂山泉水酿造的青岛啤酒，质佳味美，品之顿觉神清气爽，沁人心脾。

奇特的泉具有特殊的观赏价值，能引起游人兴趣。我国各地有许多性状奇特、可供观赏的泉。四川广元市羞泉，像含羞草一样，当有震动时泉水就悄悄隐退，安静片刻又会欢畅地喷涌。以珍珠命名的泉，均因水涌时泛起一串串白色水泡状若珍珠而得名，如济南珍珠泉、杭州珍珠泉、湖北当阳珍珠泉等。此外，云南大理蝴蝶泉、湖南石门县鱼泉、广西桂平的乳泉、甘肃宕昌县潮水泉、西藏的水热爆炸泉等均属观赏泉。

四、瀑布旅游资源

从河床纵断面陡坡或悬崖处倾泻下来的水流称为瀑布。形成瀑布的原因很多：地壳运动、火山活动以及差别侵蚀等均可造成一定的落差，而成瀑布。决定瀑布大小的因素，主要是水量和落差。有常年性也有间歇性瀑布，或随季节更迭而产生节律性变化的瀑布。

瀑布是自然山水结合的产物，特别具有形、声及动态的景观特点：银白的练带自天而降，雷鸣般巨响空谷回荡，飞溅的水珠雨雾蒙蒙，与蓝天、白云、青山、深潭组成一幅动态的图画。观瀑是一项诱人的观赏游览活动，许多瀑布对岸岩顶处建观瀑亭，供游人观赏、休息。

我国淮河、秦岭以南地区，由于地形的特点以及湿润的气候，形成较多的瀑布，其中尤以皖、浙、赣、闽、粤、台、桂、滇、黔、川、藏各省区为多。特别在雨季，江南山区常可见到“山中一夜雨，处处挂飞泉”的胜景。黄果树瀑布是我国第一名瀑，在徐霞客《黔游日记》中有“捣珠崩玉，飞沫反涌，如烟雾腾空，势甚雄厉，所谓‘珠帘钩不卷，匹练挂遥峰’，俱不足以拟其壮也”的描绘，现已被定为国家级风景名胜区。黄河壶口瀑布是黄河上最大的一处瀑布。黄河在晋陕交界处如利剑切穿吕梁山，河床像刀削出的一道石槽，并突然收缩到50米，奔腾的黄河水漫到壶口上方被束腰的河床聚拢，汇成一股急流，跌落在20多米深的壶口中，恰似一个巨大的“茶壶嘴”，倾泻茫茫苍天之水，激起粗壮的水柱，水花四溅，波浪翻滚，大有“黄河之水天上来”之势，景色无比壮观。

庐山瀑布多达十余处，形态不同，风格各异，如二龙吐珠的王家坡双瀑、气势磅礴的石门涧瀑、声势浩大的玉渊潭瀑、形似马尾的马尾瀑以及在诗人李白笔下“飞流直下三千尺，疑是银河落九天”的香炉峰瀑布等。但庐山瀑布之壮美还首推三叠泉。三叠泉瀑落差600余米，上下三折，飞泻而下，发出洪钟般的声响，以其博大雄奇，使人流连忘返，被称为庐山第一奇观。此外，黄龙瀑布、白龙潭瀑布、玉帘瀑布都流经峡谷，绿荫掩映，夏日游赏倍觉清凉。

雁荡山大龙湫瀑布是著名大瀑，水从190米高的连云嶂凌空泻下，其景如清代诗人袁枚的描述:“龙湫之势高绝天，一线瀑走兜罗绵。五丈收上尚是水，十丈以下全以烟。况复百丈至千丈，水云烟雾难分焉。”而且该瀑随季节、风力、阴晴等变化，呈现出不同姿色。

云南大叠水瀑布是云南最大最壮观的瀑布。它因巴江水在断层处猛跌而下形成，高90米，飘飘荡荡，势如云烟，声若霹雳，定名“叠水燕云”，成为石林县石林景区的一奇。

黄山三瀑最为著名，九龙瀑、人字瀑、百丈瀑都形同其名，令人心神激动，叹为观止。

崂山潮音瀑，声若潮得名，是画面美与音乐美的和谐结合。

东北长白山飞瀑水从长白天池凌空而下，如白绢悬空，银龙飞舞，珠飞玉溅，声如巨雷，是长白山奇景之一。镜泊湖吊水楼瀑布，是由火山熔岩壅塞牡丹江河床，河水溢越熔岩坎形成的瀑布。

此外，较小的瀑布在众多山地风景区都有分布，构成该风景区的优美景点。如福建的龙亭瀑布、九龙祭瀑布，台湾的蛟龙瀑布、绢丝泷瀑布等。

第五节　我国海岸带旅游资源

一、海岸带及其旅游

海洋是个广阔的天地，是个范围很大、内容丰富的统一整体。海岸带是海洋与陆地的接触地带，处于水、陆、生物和大气相互作用之中。这个地带，由于波浪、潮汐、海流等流水动力作用形成独特的海岸地貌。此外，海水面运动、岩石性质、入海河流、生物等因素，也对海岸带地貌形成产生影响。海岸带旅游即指在海岸带以内，包括海洋、海滨、海滩进行观赏、游览、休息以及各种海上娱乐活动（见图3）。

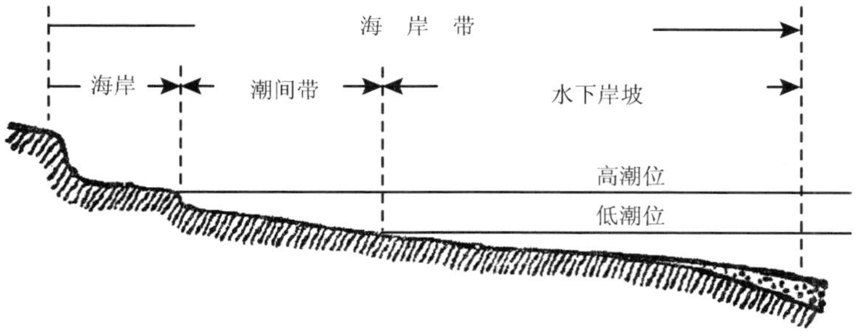

图3　海岸带略图

海岸地带作为旅游地是从海水浴的普及开始的。18世纪英国最早开始海水浴，以后逐渐向欧洲大陆发展，并从海水浴发展到海岸景观欣赏和以海岸为舞台的形形色色的旅游活动。海岸景观包括浅滩、沙滩、奇岩巨石、断崖绝壁海岸、众多的岛屿、海底景观以及海上观日出、海上观潮等自然海岸景观；又包括作为人文景观的灯塔、渔港、渔村、码头等。以海岸为旅游活动舞台的有海水浴、帆船、游艇、舢板、冲浪、滑水、垂钓以及在海滩上捡蛤蜊等活动。游人到了海滨会忘却工作中的烦恼、闹市中的喧哗，犹如走进了一个令人赏心悦目的美好天地。海滨气候温暖湿润，夏季凉爽，空气中含有碘和大量的负氧离子，空气清新，可促进人的血液循环，增进身体健康。现在以海滨疗养为中心的休养娱乐活动已风靡世界，无论是地中海沿岸还是加勒比海沿岸，都利用海滩和阳光，发展成具有完备旅游设施的旅游地，使海岸地区迅速城市化或旅游地化。近年来，我国海滨地区的旅游避暑活动也发展很快，旅游旺季时游人如织。

二、我国发展海岸带旅游的优越条件

我国东南濒临太平洋，大陆海岸线北起鸭绿江口，南至北仑河口，全长18 000公里，纵跨纬度37度，分布在温带、亚热带、热带三个气候带内。按海洋的位置，海底地形，水文及生物特征等，我国临海可分为四个海域：渤海、黄海、东海和南海。在漫长的海岸线上，发育了泥沙质海岸和基岩海岸两大海岸类型。它们错综复杂地分布着，一般以钱塘江口为界：其北以泥沙质海岸为主，个别地区如山东半岛、辽东半岛等地的海岸为基岩海岸；钱塘江口以南以基岩海岸为主，只有珠江口、钦州湾等地沿海为平原海岸。此外，北回归线以南的部分地区，还发育了珊瑚礁海岸和红树林海岸。

在不同的海岸地段，由于海浪的作用，形成各种海蚀地貌和海积地貌。在以基岩为主的海岸带，岸线曲折，岬湾交错，峭壁断崖气势雄伟，可以观赏壁立如削的海蚀崖、一丛丛的岩柱、向海岸倾斜的海蚀平台、海蚀洞穴、海蚀拱桥等各种海蚀地貌景观。台湾东海岸的断崖海岸，青岛海滨的石老人，福建笏石半岛和大陈岛的海蚀穴、海拱石，福建漳州和厦门一带、广东雷州半岛等地的海蚀台，普陀的潮音洞、梵音洞、洛伽洞等，都是海滨旅游地的观赏景观。在泥沙质海岸地区多形成海滨沙滩、三角洲、环状沙坝、连陆岛等海积地貌。沙软潮平、沙粒大小均匀的海滩，可开辟为优良的海滨浴场。珊瑚礁海岸和红树林海岸，自然景观独具特色，是优良的观赏景观。

我国沿海各省市多具备“阳光、大海、沙滩、运动、购物”等国际海洋旅游要素。目前，海滨浴场、海滨森林公园、海上旅游度假村、海上世界……融合自然神韵与现代娱乐手段于一体的新型海洋旅游业，正在我国兴起。

海上观潮也是一项海岸带旅游活动，海宁观钱塘潮已成举世闻名的奇观。潮汐是由日月对地球的吸引，而发生周期性的海面垂直涨落和海水的水平运动的一种自然现象。钱塘江口是一个典型的喇叭式三角港海岸，潮波进入三角港，受到河口地形收缩和水深骤减的影响，促使潮头涌起数米，并撞击海岸，浪花飞溅，轰声如雷，形成了“钱塘怒潮”的壮观景象，吸引了众多观潮游人。唐代刘禹锡诗“八月涛声吼地来，头高数丈触山回。须臾却入海门去，卷起沙堆似雪堆”把钱塘潮描绘得有声有色。农历八月十八是观钱塘潮的最佳时节，盐官镇东南为近代观潮胜地，筑有观海台、观潮亭、镇海塔等建筑。

三、我国主要海滨旅游资源

北方海滨避暑休养观赏胜地　北方内陆夏季气温高，而海滨地区因受海洋调节而气温变化缓和，没有酷热，是夏季避暑疗养的佳境。以北戴河为例，其最热月午后均温比北京低 4℃ ~6℃。北戴河、大连、青岛等海滨已成为久负盛名的避暑胜地。同时海滩广阔，礁石林立、树木葱郁，兼有观赏、游览价值。昌黎海滨是新开发的海滨游览地，为缓和和分流北戴河的游客起到很大作用。胶东半岛沿岸的蓬莱、烟台、威海、成山头等地，与青岛共同组成了一个以海滨避暑游览为主的胶东半岛旅游区，发展潜力很大。蓬莱海滨有“人间仙境”之誉，这里如有幸还可观赏到海市蜃楼胜景。连云港海滨山海相连，奇石奇洞遍布，是传说中孙悟空的福地洞天。以上海滨旅游地多为国家级风景名胜区。

南方海滨避寒娱乐胜地　南方海滨不同于北方海滨之处是基本无冬季，以海南岛为例，最冷月均温也在 20℃，因此可开发成冬季避寒旅游地，吸引冬季寒冷地区的游人。福建湄洲湾、厦门鼓浪屿海滨、深圳海上乐园、珠海滨海公园和海滨度假村、海南岛海口及三亚海滨（见图 4）等都已形成海滨旅游区。这些地区还具有价值较高的历史和文化景观。南方沿海岛屿众多，海岛风光别具特色，有很强的旅游吸引力，普陀岛、嵊泗列岛、台湾岛等都可根据海岸景观特点发展海滨旅游。

图 4 三亚湾海滩

第六节 中国的气候旅游资源

一、我国气候的基本特征

气候是多年天气状况的综合。影响我国气候的因素很多，主要有地理纬度、海陆位置、大气环流、地形起伏、下垫面状况等。我国疆域广大，南北跨 49 个纬度，西部距海有四五千公里之遥，地势上下高差达 8 000 多米，因此造成我国气候类型多种多样。按纬度位置，从南到北大致可划分为赤道带、热带、亚热带、暖温带、温带和寒温带六个热量带；按水分条件，全国自东南向西北可分为湿润、半湿润、半干旱和干旱四个类型。此外山区气候的垂直分异也很明显。

虽然我国气候类型很多，但决定我国气候基本格局的是温带大陆性季风气候。冬季，我国大部分地区为冷高压控制，风向偏北，气温低，降水少，多晴冷天气；夏季风来自低纬太平洋，风向偏南，温度高，并带来丰沛的降水天气。

气温 我国气温分布总的特点是北冷南暖；平原暖，高原冷。年平均气温由南向北逐渐降低，1 月，基本上由太阳辐射梯度决定了气温的南北差异，因而南北温差很大，0℃等温线大致从青藏高原东缘沿秦岭、淮河一线向东。漠河地区 1

月均温在零下30℃左右，而两广沿海、海南岛和云南南部等地，1月均温仍可高达15℃~16℃；广州和哈尔滨1月温差高达33℃。而且我国冬季气温比全球同纬度其他地区为低，以中部黄河流域为例，一般偏低10℃~14℃。夏季全国普遍高温，气温一般在22℃~28℃，南北温差很小，而且与世界同纬度地区相比，气温偏高。吐鲁番盆地绝对最高温度达47.8℃，为全国最高气温纪录。

在四季分配上，南北差别也很大，南岭以南长夏无冬，春秋相连；东北北部又长冬无夏；只有中部地区四季分明。

降水 我国大部分地区受季风环流影响，降水比较丰富，全国平均降水量650毫米，而且多数地区是雨热同季。但在降水分配上，存在着地区间的不均匀性、时间上的不平衡性和年际之间的不稳定性。夏季降水一般占全年降水量的50%以上，越向北集中程度越高。

降水的地区分布，由东南向西北逐渐减少，我国台湾、东南沿海各省及湘、赣、桂、川、滇、藏的一部分地区，年降水量可达2 000毫米以上，降水量最高纪录的是台湾的火烧寮，其最高年份1942年达8 408毫米。西北地区的新疆、内蒙古西部、宁夏、甘肃、青海和西藏北部等地，年降水量在100毫米以下，为我国最干旱地区。

我国各地四季的分配（根据候温） （℃）

地区	月数 \ 季	春	夏	秋	冬	春秋
华南			6~8			4~6
云南					2~3	9~10
福建	南部		5~6			
	北部	3	4.5	2.5	2	
	岛屿	3~3.5	4.5	2.3~5	2.5~3	
华中	长江上游	2.5~3	3.5~5	2.5~3	2.5~3	
	长江中游	2~2.5	4~4.5	2~2.5	3.5	
	长江下游	2~2.5	3.5~4	2	3.5~4.5	
	岛屿	2.5~3	3~4	2~2.5	3~4	
华北	大陆	1.5~2	3~4.5	1.5~2	4.5~5.5	
	沿海	2~3	2~3	2	5~6	
内蒙古		2~3	1~3	2	5~6	

续表

地区 \ 月数 \ 季		春	夏	秋	冬	春秋
东 北	南 部	2~2.5	1~2.5	2	6~7	
	沿 海	2~3	1.5~2.5	2	5.5~6	
	北 部	—	—	—	8	4
新 疆		2~3	2	2	5~6	

二、气候与旅游的关系

气候、天气和人类生活、生产的关系极为密切。同样，气候也直接或间接地影响着人们的旅游活动，良好的气候条件本身就是一项旅游资源，而且各种气候经过开发都可以成为旅游资源。现在许多国家都充分利用优越的气候资源发展旅游业，西班牙就是以地中海沿岸和煦的阳光和温暖的气候发展旅游的，每年接待比其本国人口还要多的游客，从而拯救了西班牙的经济。由于人们长期居住地的气候条件不同，因而人们对旅游气候环境的要求也不一样，正如众所周知的，西北欧一带的居民长期居住在冷湿的气候环境中，他们渴望到南欧、地中海沿岸享受那里温暖的天气、和煦的阳光；而生活在夏季炎热地区的人们，又要到山地、海滨去避暑消夏。作为游客，除了以探险为目的的旅游活动外，总是选择最佳的旅游季节和最舒适的气候环境进行旅游。

一般认为，地理上适于开展旅游的地带是亚热带和温带地区。这里气候温和，雨量适中，水文与植被条件都很优越。就气温而言，经测定认为气温在15℃~18℃时，能使人心情舒畅，精力充沛，即所谓康乐气候；气温过高使人感到疲倦，甚至心情窒闷，四肢无力。在气候学上一般采用候（每五天为一候）平均气温来划分四季：候均温在10℃~22℃的时期定为春季或秋季，这两个季节是适于旅游活动的季节，在旅游业中称为旅游旺季，候均温在10℃以下为冬季；22℃以上为夏季，这两个季节是旅游淡季。不过人对温度的感受还受空气湿度的影响。湿热指数是在不同温、湿度组合下人体实际感觉的炎热度，如气温37.8℃、湿度50%时的炎热感，与湿度0%、气温48.9℃时人的感觉一样，说明湿度过大，人会感觉更不舒服。

山地两侧往往气候状况相差很大，如秦岭、天山和南岭南北，大兴安岭两侧，气温和降水明显不同：南与东南温暖湿润，北和西北寒冷干燥，所谓“山南山北两重天”。气候本身还有随高度上升气温递减的垂直变化，形成垂直带谱。

如峨眉山海拔超过 3 000 米，山麓是亚热带常绿阔叶植被，山腰为温带植被，而七八月山顶气温也只有 11℃左右。黄山 7 月山麓和山顶气温相差 10℃左右。因此登山旅游可以观赏四季景观，的确是“一山有四季”，夏季山上还可以形成避暑旅游地。而且，山区空气中灰尘和其他有害物质较少，而负氧离子含量高，研究表明负氧离子具有消毒、杀菌、净化空气的作用，对人体消除疲劳、增进健康十分有利，故山区气候对旅游疗养有特殊意义。海滨气温变化和缓，夏季凉爽宜人，空气清新，尘埃少，也有利于疗养避暑。

秦岭南北坡气温差异

	积温（℃）	极端最低气温（℃）	无霜期（天）
北坡：西安	4 329	−20.6	207
南坡：汉中	4 497	−10.1	238
安康	4 951	−9.5	249

气候除其本身所表现的冷暖干湿直接影响旅游活动和旅游区的建设外，它还通过水文、土壤、动植物等间接影响一个旅游区的质量，同时气候也影响地区间的旅游交通、旅游设施建设等诸多方面。春夏秋冬四季的更迭，造成植物、水面景观的变化：植物“春发、夏荣、秋萧、冬枯”，水面“春水绿而潋滟，夏津涨而弥漫，秋潦尽而澄清，寒泉涸而凝沚”，形成四时律动节奏，使自然景观表现出“春山澹冶而如笑，夏山苍翠而如滴，秋山明净而如妆，冬山惨淡而如睡”，因而间接影响一个地区的旅游效果。

三、大气构景及其观赏

大气是构景因素中最活跃、最富于变化的因素，常常形成宇宙奇观，如沧海日、赤城霞、峨眉雪、巫峡云、洞庭月、彭蠡烟、潇湘雨、广陵涛、庐山瀑，等等。有的变幻莫测，有的瞬息可见，有的虚无缥缈，有的扑朔迷离。这些天气景观与天气变化、气象因素变化及区域地形特点有密切关系，而日、月、风、云、雨、雾、霜、光等为主要因素。晴朗的天气、明媚的阳光、蒙蒙的春雨、纷纷扬扬的大雪，山区云海、云瀑以及淡云薄雾的朦胧景、“入暮晴霞一片红”的晚照景、神奇莫测的海市蜃楼、瑰丽多姿的极光、银装素裹的树挂，都具有造型美、色彩美、动态美的特点，观之使游人振奋，更能激发丰富的想象力。高山和海边观日出，气势磅礴，绚丽壮观。岱顶观日出为泰山四大自然景观之一，著名的夕照景点有临潼“骊山晚照”、承德“磬锤夕照”、北京“金台夕照”。黄山云海历来遐迩闻名，庐山云雾也颇动人，瞬息万变，时隐时现，故有“不识庐山真面目”之说。海市蜃楼和佛光都是因光线折射而产生的神奇景观，特别是海市蜃楼，出无定时，既虚无又实在，既清晰又缥缈，并伴有祥光彩云，一般在沿海或沙漠地区出现，山东蓬莱和浙江普陀有过多次观赏记录。

四、我国的气候旅游资源

我国气候对开展旅游既有有利方面，也存在不利因素。首先，我国大部分地区处在适于旅游活动的温带和亚热带地区，从气温和干湿状况来说气候条件十分优越；其次，我国从南到北，从东南到西北，气候类型很多，还有不同高度的山地气候和海滨气候，因此可以开发多种气候旅游。

华北平原四季分明；云贵高原四季如春；南岭以南终年少见霜雪，长夏无冬；东北北部冰封雪盖，长冬无夏……各地气候的差异，便于组织与气候条件相适应的多种旅游活动。即使在同一季节，也可以在全国开展多种气候旅游；隆冬季节在海南岛可以避寒，还可以进行滑水、帆船等水上娱乐活动；而在哈尔滨可以观赏“千里冰封，万里雪飘”的北国风光，也可以组织滑雪、冬猎、观赏冰雕等旅游。

对于全国大部分地区来说，秋季都是最好的旅游季节，因为秋天大气层结构稳定，多秋高气爽的好天气，被称为黄金季节，即使是西北干旱地区或青藏高原也是如此。新疆地区虽然气候干旱，风沙大，但日照充足，气温日较差大，有利于瓜果糖分的积累，秋季正逢瓜果成熟季节，能为游客提供美味瓜果，增加一项饶有兴味的旅游内容。

我国许多风景游览地，因与气候、天气变化融合在一起而组成独特的自然景观，耐人寻味。如香山红叶、洛阳牡丹、断桥残雪、三潭印月、骊山晚照，等等，都有特定的观赏季节、时间和方位。利用气候条件开发体育运动的旅游活动项目越来越多，其中特别突出的是利用冰雪资源，开展山地滑雪、冰橇、冰帆以及冰雕等活动。

当然，在我国也存在着不利于发展旅游的气候环境，如春旱大风沙，在北方各省和西北地区十分严重，风沙弥漫，能见度降低，直接影响观赏效果，同时对景物也产生一定的破坏作用。长江中下游地区有的年份副热带高压持久不移，造成长时间高温天气；东南沿海及岛屿夏秋之际常受到强台风的威胁，旅游活动常被迫中止。

根据多年统计表明，我国客流量存在着季节性变化规律。以客流量高峰为标准，基本有双峰型、单峰型、无峰型和突发型四种模式。双峰型即一年内客流量出现两个高峰期，主要分布在东部沿海地区。这里春秋两季气温适中，天气晴朗，游客增多，秋季更为突出，如北京、杭州。单峰型指一年客流量只有一个高峰期，主要分布在内蒙古和西北干旱地区，8月形成高峰，这时温暖多雨，是旅游佳期，如乌鲁木齐、呼和浩特。无峰型指游客量没有显著增多的季节，如四季如春的昆明，客流量全年比较稳定。突发型是因某一特殊活动形成客流量在固定时间猛然增多的现象，如哈尔滨冰灯活动造成一二月突发高峰，洛阳4月中下旬因观赏牡丹也造成突发高峰。

第七节　中国的动植物资源及旅游

一、我国的植物资源

（1）我国是世界上植物资源最丰富的国家之一。在我国各个不同的自然地带，自然植被种类极为丰富，种类之多，居世界第三位。森林树种，有各种针叶树、落叶阔叶树、常绿阔叶树和热带季雨林及它们之间的各种过渡类型，其中有质地优良、经济价值极高的乔木。还保留了一批古老和稀有的孑遗树种，水杉、水松、银杉、珙桐、银杏、台湾松，是残存于我国的古老树种，被称为“活化石”。我国天然植被由于长期被乱砍滥伐，原始森林已经很少，森林覆盖面积占全国土地面积的21.6%，它们保存于兴安岭及长白山地、川西亚高山地区以及一些较高的山地。我国天然草地面积广达约3.53亿公顷，包括温带草原、干旱荒漠草原和高寒草原。其中温带草原面积广阔，形成许多优良牧场。

除自然植被外，在长期的生产实践中，劳动人民把许多野生植被培育成栽培植物，同时还引进和推广了国外许多农作物和栽培作物，其中有粮食作物、纤维植物、油料作物、药用植物、果类植物以及工业用各种植物等。饮料植物中的茶树原产于我国，种类很多，是传统的出口商品。现在茶叶已成为世界三大饮料之一，受到许多国家人民的喜爱。

此外，在我国各地普遍栽培着数以千万计的花卉植物，梅、菊、荷等都为我国名花，牡丹更有国花之称。

（2）我国植被的分布有着明显的水平地带性和垂直分布规律。植物受地形、气候因素的影响，从东南向西北依次出现森林、草原、荒漠三大基本区域。大致从大兴安岭经黄土高原东南边缘到横断山脉，止于藏南，此线以东为森林区域；从内蒙古自治区中部向西南到青藏高原西部一线以西为荒漠区域；以上二线之间为草原（见图5）和高山灌丛、草甸区域。

图 5 呼伦贝尔大草原

东部的森林区域约占全国总面积的 1/2，受气温和雨量变化的控制，从北到南，具有明显的纬度地带性，大约北纬 50° 以北的大兴安岭北部，年均温仅 –22℃ ~–5.5℃，年雨量 500 毫米左右，属寒温带山地落叶林、针叶林带，分布着大面积耐寒的兴安落叶松林、次生白桦等。从小兴安岭到沈阳以北的东北大部分地区，年均温已升高到 2℃ ~8℃，年雨量增加到 500~800 毫米，其东部长白山地可达 1 000 毫米，属针阔叶混交林带，低山区主要树种有红松、槭、桦等，山麓平原生长蒙古栎。沈阳以南到淮河以北，包括辽东半岛、山东半岛、华北广大地区属暖温带落叶阔叶林带。秦岭、淮河以南直到南岭以北的华东、华中、西南和华南北部，主要受太平洋季风和海洋性气流的影响，气候温暖而湿润，出现了世界上特有的亚热带常绿阔叶林、针叶林和竹林。而在偏南的闽、粤、桂、滇的南部、海南省及台湾中北部，年均温高达 22℃ ~26℃，年降水 1 200~3 000 毫米，这里生长着季雨林或季节性雨林。赤道雨林仅存在南沙群岛。

在一定水平地带内，山地随海拔高度的上升，构成植被的垂直带谱。一般来说，山地越高，相对高差越大，垂直带谱也越完整，植物组成也较复杂。东部地区山地基本上以各种类型的森林为主；西北部山地一般为荒漠、荒漠草原、山地灌木草原或草甸草原、森林亚高山草甸。

二、我国的动物资源

我国的动物种类多，数量大，仅脊椎动物有 4 400 种，兽类 420 种，哺乳动物占世界的 11.2%，鸟类 1 186 种，占世界的 15.5%；两栖及爬行类 520 种，占世界的 8%。在我国动物中，不少珍禽异兽是目前世界上特有的种属，如野马、东北虎、牛羚、金丝猴、大熊猫、丹顶鹤、绿孔雀、扬子鳄、白鱀豚等，已被列为国家重点保护动物。皮毛兽是我国最主要的有用野生动物，主要有鼬科和獾、豹、虎等以及紫貂、水獭、猞猁等。

在地区分布上，东部属耐湿动物群；蒙新地区是耐旱动物群；青藏高原是耐寒动物群。草原荒漠地区的黄羊、羚羊、野牛、野马、野骆驼等为重要食用肉的来源。温带森林及森林草原地区，包括寒温带森林地带，主要动物有麝、驼鹿、狼、獾、猞猁、紫貂、雷鸟等。青藏高原上的牦牛、野牛、藏羚、岩羊是我国特有的抗寒有蹄类动物。高地森林草原地区，生活有大熊猫、小熊猫、金丝猴、牦牛、藏羚、白唇鹿、雪豹等。亚热带和热带森林草原生活着水栖哺乳动物——白鱀豚、爬行类的扬子鳄以及长臂猿、叶猴、熊猴、野象、野牛、绿孔雀等。鸟类中的孔雀、鹦鹉、八哥都属珍禽。海洋生物中的近海鱼类有 1 500 多种，对虾是中国近海特产。

三、动植物资源与旅游活动

动植物是自然界中最活跃、最有生机的因素。它们是自然生态环境的主体，也是自然景观的主要标志。地带性植物及其栖息的动物是各地带自然风光富有生气的组成部分。它们的存在可以美化、净化和活化环境：植物具有装点风景区的功能；动物是园林构景要素之一，还是发展观赏、采集、垂钓和狩猎旅游的重要条件。在现代国际旅游中，观赏奇异的动植物，采集、狩猎、垂钓都已成为重要的活动。世界许多公园内设有动物园区，使园林生态构景更为丰富，不少国家建立了天然动物园。近年来，观赏大熊猫、金丝猴等珍稀动物的旅游风靡世界。

我国历史上就很重视植树种草，以及园中放养动物。杭州西湖八景之一的柳浪闻莺、北京香山红叶、洛阳牡丹等，都是以观赏植物而闻名的风景区；古代的“畋猎园”就是将“野兽蜚鸟置其中”的帝王苑囿，清朝承德离宫内曾放养麋鹿，峨眉山猴子与人同游也早有记载。一些旅游区点还以养殖或种植的动植物为原料，制作具有地方风味的食品，以飨四方游客，更增添了一项受游客欢迎且富有生趣的旅游内容。

植物的种类数以千万计，而且枝、叶、花、果实、种子的形态、色彩等均不相同，其观赏价值很高。植物在风景区以其特有的五彩缤纷的色彩，千变万化的形态，妩媚诱人的芳香，以及声、影等美的素质，构成山水风景的肌肤、风景区的容貌，使山青青、水秀美，环境生机勃勃。各种树木花卉构成的风景林和景点的景观特点是不同的。从造型看，高大的古树树干粗壮，枝繁叶茂，能产生雄伟苍劲与永恒的景观效应；松、柏、杉、桧类林木给人以挺拔、坚强之感；柳树、榆树、银桦等又显得柔和多姿；棕榈、椰子等大叶树林以及竹林等有潇洒的景观效应。色彩的景观效应主要是由花（也有部分叶）的季相特征而产生的。春季的玉兰、桃花，夏季的荷花、榴花，秋季的菊花、桂花，冬季的蜡梅花，以及不同季节挂满树上的石榴、枇杷、柿子等果实，以不同的形状、艳丽的色彩，与绿叶组成诱人观赏的景观。同时芳香还能扩大对景观的观赏面，加深游人对景物的感受。因此在风景区（点）植树造林，栽花种草，是有着重要景观意义的。当然为了达到景观美的意境，植物无论在布局上或在树种配合方面，都要认真研究，恰到好处。如在古刹古寺附近应以高大树木为主，打造密林景观，衬托出环境清幽，增加一层神秘感；为衬托古塔刚劲挺拔的气势，塔周应种植较矮的常绿或落叶灌木丛；书院内外宜植竹林、桃李，造成清静、高洁的环境气氛；湖池边以栽植柳树为宜。

林木也可以说是绿色的水体，它在防风、防沙、水源涵养、调节气候以及维系大自然生态平衡方面的巨大作用，早被人们所认识并充分利用。林木具有吸收二氧化碳、氟化氢、氯气及含铅、汞、锌、镉等有毒气体的功能，还可吸滞烟尘和粉尘，杀灭细菌，从而净化空气。经研究发现森林、树木的环境功能价值远远超过其产品价值。有的国家认为，森林的直接产品价值与间接环境功能价值之比是 1 ∶ 9，因此其环境价值功能是毋庸置疑的。植物对人类环境及人体的卫生保健作用，已被人们广泛重视，许多国家开发了森林浴等森林旅游，让游人到森林中去领略森林绿野、鸟语花香的自然景色，使人迅速恢复体力，保持旺盛的精力。这已被公认为一种最好的休憩与健身活动。

目前我国已开发森林公园 800 余处。森林旅游以其独具魅力的名山胜景、幽雅的环境及清新的空气，吸引着越来越多的游客。森林旅游业作为一大产业正在我国兴起。

观赏珍禽异兽已成为国内外游客甚感兴趣的旅游活动之一。动物以其体形、色态、动态、鸣叫等不同特征，使景观生动活泼。不论是峨眉山的猴子、弹琴蛙，还是动物园中的大熊猫、金丝猴，无不为游客带来无限乐趣。大型天然动物园更能为游客增添野趣。当前狩猎与垂钓旅游已形成世界潮流。我国黑龙江小兴安岭南坡桃山狩猎区面积 1.2 万公顷，成为第一个对外开放的狩猎区。广东乳源县建立了韶关狩猎中心。承德地区也开发了狩猎场。青岛海滨、无锡太湖等地早已开发了垂钓旅游。

第八节 风景名胜区和世界遗产

一、我国的风景名胜区

1982年国务院审批并公布了我国第一批国家级风景名胜区（原称国家重点风景名胜区）共44处，分布于我国22个省区，面积约6 000平方公里，占我国国土总面积的0.6‰。它是我国壮美山河的精华，中华民族的瑰宝，也是人类文明的一部分。继其之后，1988年国务院又公布了40处第二批国家级风景名胜区。与此同时，省、市（县）各级也都审定和命名一批省、市（县）级风景名胜区。这样，在我国初步建立了风景名胜区体系。1994年初，国务院再次审定、公布了第三批国家级风景名胜区35处。之后连续审批了第四批至第九批国家级风景名胜区。因此截至目前，全国获国家级风景名胜区的景区已达244处。

风景名胜区是以具有美感的自然景观为基础，渗透着人文景观美的地域综合体。它既具有典型性和代表性的自然景观，又保留着珍贵的历史文化胜迹。因此，它具有很高的美学、生态学、历史学、文学艺术、科学以及旅游观赏和经济等价值。在国家级风景名胜区中，泰山、黄山等风景名胜区，已被联合国列入世界自然与文化遗产，具有世界观赏游览意义和研究价值。

我国风景名胜区按其内容可概括为以下几个类型。

自然山川风景型：安徽黄山、山东泰山、江西庐山、湖南衡山、浙江雁荡山、辽宁千山、陕西华山，台湾阿里山、长江三峡、桂林漓江、云南三江并流、武夷山九曲溪。

湖泊风景型：杭州西湖、无锡太湖、昆明滇池、大理洱海、天山天池、黑龙江镜泊湖、肇庆星湖、武汉东湖、青海湖、台湾日月潭。

海滨风景型：青岛海滨、大连金石滩、旅顺口海滨、秦皇岛—北戴河海滨、普陀海滨、厦门鼓浪屿万石山、海南三亚热带海滨。

森林风景型：辽宁长白山、福建武夷山、广东鼎湖山、浙江天目山、广西花坪、云南西双版纳、湖北神农架、四川卧龙。

石林溶洞瀑布风景型：云南路南石林、四川兴文石林洞乡、贵州织金洞、黄果树瀑布、壶口瀑布。

历史古迹名胜型：北京古都、西安古都、长城、承德避暑山庄、曲阜三孔、西夏王陵。

历代宗教名胜型：山西五台山、安徽九华山、四川峨眉山、浙江普陀山、湖北武当山、敦煌莫高窟、麦积山石窟、洛阳龙门石窟、山西大同云冈石窟。

革命历史纪念地型：井冈山、延安、中山陵、遵义。

二、风景名胜区的建设与保护

风景名胜区是在特定的地质、地理、气候和生物的自然演变过程中，以及人类长期经营的过程中逐渐形成的。它们展现了优美的形态、绚丽的色彩、良好的生态环境，同时再现了当时的社会经济、文化状况，建筑风格和技艺，具有诗和画的意境、史的魅力，有极高的观赏游览价值，因此对游人有着很强的吸引力。

建设风景名胜区，是为游人提供一些高水平的休养、游览场所。风景名胜区不仅可以消除人们的疲劳，增进身心健康，更重要的是能够丰富人民的文化精神生活，给人以科学的启迪，提高美的鉴赏能力，陶冶高尚的情趣，激发爱国的热情，鼓励人们奋发前进。同时，这些美的景观也是文学、艺术创作的源泉。在向国外游人介绍我国自然、历史、文化风貌的同时，增进了外国朋友与我国人民的相互了解和友谊。

为保护风景名胜区的资源，满足人民物质文化生活的需求，发展旅游业，风景名胜区确定之后，首要的问题是对风景名胜区资源进行调查、鉴定和评价工作。在此基础上做出全面规划，做到有计划地保护和开发建设。风景名胜区资源是亿万年自然遗产和千百年文化遗产汇集而成，它不是一朝一夕形成的，也不能人工再生和创造，有些资源一旦遭到破坏，根本无法修复；有些即便仿造出来，也只能是仿古产品，很难如故，其价值会极大降低。特别是历史文物是无价之宝，绝不允许破坏。因此建设风景名胜地，首先要重视环境效益，不能为追求经济效益而破坏景观的完整性和一致性。开发、建设景区要突出景区特色，特色就是优势，是景区存在的魅力，如黄山奇、华山险、雁荡秀，这就是这些景区的特色，围绕其特色，才能使景区建设得更好，也能收到事半功倍之效，没有特色就失去了景区旅游吸引力。风景名胜区内应以自然风景为主，建筑景观为辅，建筑设计要在与环境密切协调的情况下，因地制宜，因景而异，既反对破坏性建筑，也要防止建设性破坏。只有保护好，才能建设好。保护好的意义在于让这些风景名胜更长远地为人类服务，具体地说，就是要保护好风景名胜区的景物、景观、环境和意境，即不仅要保护山川、林木、建筑古迹本身，而且要保护好景物存在的空间环境和环境氛围，保护好人类赖以生存和享用的自然环境，这是荫及子孙后代的大事。

目前，我国风景名胜区遭受破坏的情况是普遍的，如开山取石，挖沙取土，滥伐林木，围湖垦荒，滥捕野生动物，甚至拆毁古建筑，毁坏古迹，乱修公路、停车场、索道，在景区内建设宾馆、疗养院、商店等服务设施。这一切既破坏了景观的完整性和环境风貌，也破坏了生态环境，使水质和大气都受到污染。因此保护工作应提上日程，把保护作为开发建设的一环，给予十分的重视。应统一思想，明确方针，协调步骤，制定有关法规，建立健全管理体制，实行统一领导，搞好科学研究，制定可行规划，把我国的风景名胜区建设得更美好，使风景名胜区发挥其应有的生态学、美学、科学、历史、文学、艺术及旅游观赏等价值，用环境效益促进社会效益和经济效益。

国家级风景名胜区（共 9 批 244 处）

省区	国家级风景名胜区
北京	八达岭—十三陵①　石花洞④
天津	盘山③
河北	承德避暑山庄外八庙①　秦皇岛北戴河①　野三坡②　苍岩山②　嶂石岩③　西柏坡—天柱山④　崆山白云洞④　太行山大峡谷⑧　响堂山⑧　娲皇宫⑧
山西	恒山①　五台山①　黄河壶口瀑布②　北武当山③　五老峰③　碛口⑧
内蒙古	扎兰屯④　额尔古纳⑨
辽宁	千山①　鸭绿江②　兴城海滨②　大连海滨—旅顺口②　大连金石滩②　凤凰山③　本溪水洞③　医巫闾山④　青山沟④
吉林	松花湖②　八大部—净月潭②　防州④　仙景台④
黑龙江	五大连池①　镜泊湖①　太阳岛⑦　大沾河⑨
山东	泰山①　崂山①　胶东半岛海滨②　博山④　青州④
江苏	南京钟山①　太湖①　蜀岗瘦西湖②　云台山②　三山⑤
浙江	杭州西湖①　雁荡山①　普陀山①　富春江—新安江①　天台山②　楠溪江②　嵊泗列岛②　莫干山③　雪窦山③　仙都③　双龙③　仙居④　江郎山④　浣江—五泄④　方岩⑤　百丈漈—飞云湖⑤　方山—长屿硐天⑥　天姥山⑦　大红岩⑧　大盘山⑨　桃渚⑨　仙华山⑨
安徽	黄山①　九华山①　天柱山①　琅琊山②　齐云山③　巢湖④　采石④　花山谜窟—渐江④　太极洞⑤　花亭湖⑥　龙川⑨　齐山—华天湖⑨
山东	千佛山⑨
江西	庐山①　井冈山①　龙虎山②　三清山②　仙女湖④　三百山④　梅岭—滕王阁⑤　龟峰⑤　高岭—瑶里⑥　武功山⑥　云居山—柘林湖⑥　灵山⑦　神农源⑧　大茅山⑧　瑞金⑨　小武当⑨　杨岐山⑨　汉仙岩⑨
河南	嵩山①　洛阳龙门①　鸡公山①　王屋山—云台山③　石人山④　林虑山④　青天河⑥　神农山⑥　桐柏山—淮源⑦　郑州黄河⑦
湖北	武当山①　武汉东湖①　大洪山②　隆中③　九宫山③　陆水④　丹江口水库⑨
湖南	衡山①　岳阳楼洞庭湖②　武陵源②　韶山③　岳麓山④　崀山⑤　猛洞河⑤　桃花源⑤　紫鹊界梯田—梅山龙宫⑥　德夯⑥　苏仙岭—万华岩⑦　南山⑦　万佛山—侗寨⑦　虎形山—花瑶⑦　东江湖⑦　凤凰⑧　沩山⑧　炎帝陵⑧　白水洞⑧　九嶷山—舜帝陵⑨　里耶—乌龙山⑨
广东	肇庆星湖①　丹霞山②　西樵山②　白云山④　惠州西湖④　罗浮山⑤　湖光岩⑤　梧桐山⑦

续表

省区	国家级风景名胜区
广西	桂林漓江① 桂平西山② 花山②
福建	武夷山① 鼓浪屿—万石山② 清源山② 太姥山② 金湖③ 冠豸山③ 鸳鸯溪③ 桃源洞—鳞隐石林③ 海坛③ 鼓山④ 玉华洞④ 十八重溪⑤ 青云山⑤ 佛子山⑦ 宝山⑦ 福安白云山⑦ 灵通山⑧ 湄洲岛⑧ 九龙漈⑨
海南	三亚热带海滨③
陕西	华山① 临潼骊山① 宝鸡天台山③ 黄帝陵④ 合阳洽川⑤
甘肃	麦积山① 崆峒山③ 鸣沙山—月牙泉③ 关山莲花台⑨
宁夏	西夏王陵② 须弥山石窟⑧
新疆	天山天池① 博斯腾湖④ 库姆塔格沙漠④ 赛里木湖⑤ 罗布人村寨⑧ 托木尔大峡谷⑨
四川	峨眉山① 青城山—都江堰① 黄龙寺—九寨沟① 剑门蜀道① 贡嘎山② 蜀南竹海② 四姑娘山③ 西岭雪山③ 石海洞乡④ 邛海—螺髻山④ 白龙湖⑤ 光雾山—诺水河⑤ 天台山⑤ 龙门山⑤ 米仓山大峡谷⑨
重庆	长江三峡① 重庆缙云山① 金佛山② 四面山③ 芙蓉江④ 天坑地缝⑤ 潭獐峡⑧
云南	大理① 西双版纳① 路南石林① 昆明滇池② 三江并流② 玉龙雪山② 腾冲地热火山③ 瑞丽江—大盈江③ 建水③ 九乡③ 普者黑风景区⑤ 阿庐风景名胜区⑤
贵州	黄果树瀑布① 织金洞② 红枫湖② 㵲阳河② 龙宫② 赤水③ 荔波樟江③ 马岭河峡谷③ 都匀斗篷山—剑江⑤ 九江洞⑤ 黎平洞乡⑤ 紫云格凸河穿洞⑥ 平塘⑦ 榕江苗山侗水⑦ 石阡温泉群⑦ 沿河乌江山峡⑦ 瓮安江界河⑦
青海	青海湖⑤
西藏	雅砻河② 纳木错—念青唐古拉山⑦ 唐古拉山—怒江源⑦ 土林—古格⑧

注：表中①②③④⑤⑥⑦⑧⑨为批次。

三、《世界遗产名录》

有价值的文化景观和优美的自然景观是人类的共同遗产。但随着世界工业化进程的加速，这些宝贵的遗产遭到不同程度的损坏。为了确定、保护和恢复这些文化遗产和自然遗产，联合国教科文组织于1972年11月在巴黎通过了《保护世界文化和自然遗产公约》，公约准确地阐述了文化和自然遗产的定义，指出保护人类共同遗产是世界人民、各国地方政府和联合国义不容辞的责任和义务。同时设立了“世界文化和自然遗产委员会”和“世界遗产基金”。委员会审核、论证各缔约国申报的文化与自然遗产项目，并可决定向列入《世界遗产名录》的项目提供援助。

世界遗产包括五大类型，即世界文化遗产、世界自然遗产、世界文化与自然双重遗产、世界文化景观遗产、人类口述与非物质文化遗产。其中前四类总称物质遗产（有形遗产），最后一类称非物质遗产（无形遗产）。

我国于1985年加入该公约，并开始申报项目。到2023年9月，我国已有57项项目被列入世界自然或文化遗产名录，是名副其实的遗产大国（见下表）。此外，2005年我国昆曲、古琴、蒙古族长调民歌和新疆木卡姆艺术被纳入世界非物质文化遗产名录。2009年又有22项入围人类非物质文化遗产名录，另有3项进入急需保护的非物质文化遗产名录。截至2022年12月，我国以43项非物质文化遗产，成为拥有名录项目最多的国家。

将这些项目列入世界遗产名录，有助于该项目本身和所在地区环境的保护，使中国在遗产的保护意识和保护实践方面，进一步与世界接轨。同时，对我国旅游业的健康发展与繁荣都将起到积极作用。

中国列入《世界遗产名录》项目表（物质遗产）

序号	省区	项目名称	类别	列入时间	扩展项目
1	北京	长城	文化	1987.12	
2	北京	周口店北京猿人遗址	文化	1987.12	
3	北京	故宫	文化	1987.12	清沈阳故宫
4	山东	泰山	文化与自然	1987.12	
5	陕西	秦始皇陵及兵马俑坑	文化	1987.12	
6	甘肃	敦煌莫高窟	文化	1987.12	
7	安徽	黄山	文化与自然	1990.12	
8	湖南	武陵源国家级名胜区	自然	1992.12	
9	四川	九寨沟国家级名胜区	自然	1992.12	
10	四川	黄龙国家级名胜区	自然	1992.12	
11	河北	承德避暑山庄及周围寺庙	文化	1994.12	
12	山东	曲阜的孔庙、孔府及孔林	文化	1994.12	
13	湖北	武当山古建筑群	文化	1994.12	
14	西藏	布达拉宫	文化	1994.12	大昭寺、罗布林卡
15	江西	庐山风景名胜区	文化景观	1996.12	
16	四川	峨眉山—乐山风景名胜区	文化与自然	1996.12	
17	江苏	苏州古典园林	文化	1996.12	沧浪亭、耦园、狮子林、退思园、艺圃
18	山西	平遥古城	文化	1997.12	

续表

序号	省区	项目名称	类别	列入时间	扩展项目
19	云南	丽江古城	文化	1997.12	
20	北京	天坛	文化	1998.11	
21	北京	颐和园	文化	1998.11	
22	福建	武夷山	文化与自然	1999.12	
23	重庆	大足石刻	文化	1999.12	
24	河南	洛阳龙门石窟	文化	2000.11	
25	四川	青城山和都江堰	文化	2000.11	
26	安徽	古村落——西递、宏村	文化	2000.11	
27	湖北、河北等	明清皇家陵寝：明显陵、清东陵、清西陵	文化	2000.11	明孝陵、明十三陵、沈阳盛京三陵
28	山西	大同云冈石窟	文化	2001.12	
29	云南	三江并流	自然	2003.7	
30	吉林	高句丽王城、王陵及贵族墓葬	文化	2004.7	
31	澳门	澳门历史城区	文化	2005.7	
32	四川	大熊猫栖息地	自然	2006.7	
33	河南	安阳殷墟	文化	2006.7	
34	云南、贵州、重庆	中国南方喀斯特	自然	2007.6	
35	广东	开平碉楼与古村落	文化	2007.6	
36	福建	永安土楼	文化	2008.7	
37	江西	三清山	自然	2008.7	
38	山西	五台山	文化	2009.6	
39	闽粤等	中国丹霞	自然	2010	
40	河南	登封天地之中	文化	2010	
41	浙江	杭州西湖	自然	2011	
42	内蒙古	元上都遗址	文化	2012	
43	云南	澄江帽天山化石地	自然	2012	
44	新疆	天山	自然	2013	
45	云南	哈尼梯田	文化景观	2013	

续表

序号	省区	项目名称	类别	列入时间	扩展项目
46	北京、天津、河北、河南、安徽、江苏、浙江、山东	中国大运河	文化	2014	
47	河南、陕西、甘肃、新疆	丝绸之路 长安—天山廊道路网	文化	2014	
48	湖南永顺老司城、湖北唐崖土司城、贵州海龙屯	土司遗址	文化	2015	
49	广西	左江花山岩画文化景观	文化	2016	
50	湖北	湖北神农架	自然	2016	
51	青海、西藏	青海可可西里	自然	2017	
52	福建	鼓浪屿：国际历史社区	文化	2017	
53	贵州	梵净山	自然	2018	
54	江苏	中国黄（渤）海候鸟栖息地（第一期）	自然	2019	
55	浙江	良渚古城遗址	文化	2019	
56	福建泉州	宋元中国的世界海洋商贸中心	文化	2021	
57	云南	普洱景迈山古茶林文化景观	文化景观	2023	

第九节　自然保护区及旅游活动

一、自然保护区及其建立

自然保护是保护具有原始性状，或受人类破坏较小的自然生态系统，使之维持生态系统内部各要素的平衡。自然保护区亦称“禁伐禁猎区”，国家把一些能揭示自然界内在规律的、具有典型意义和价值的森林、草原、水域、湿地、荒漠等各种生态系统类型以及自然历史遗迹地，作为保护自然资源和开展科学研究工作的基地，也可用于游览。在自然保护区内，禁止任意采伐植物，捕捉动物或变更地形、地貌。建立自然保护区可以使人类准确地认识物种间的制约关系，从而最大限度地利用物种资源，保护、挽救和储备物种资源，为农业生产打下雄厚的物种基础。而且对研究合理的生态结构，积极保持生态平衡有重大意义。因此自然保护区是人类认识自然的基础，改造自然的起点和进行专业研究的天然实验室，同时也是对群众进行科学普及的大课堂。

自然保护包括保护自然环境和自然资源两方面。自然保护就是保护人类生存的环境和这个环境中的一切资源，保障人类生存的物质条件。自然资源是自然环境中可被人们直接用于生产和生活的一部分物质及能量。自然资源的形成过程是十分缓慢的，它的生成远远赶不上消耗的速度。所谓资源问题，主要指自然资源短缺，以及随着自然资源不合理开发而引起的环境恶化。目前世界有关组织对生物调查的情况表明，由于生态平衡遭到破坏，现存的生物物种只有 35 亿年前的 10%，最近 300 年平均约两年有一个物种生物灭绝，这是相当严重的问题。科学家认为最好的保护自然环境和生态的办法是建立自然保护区。自然保护思想一般认为始于 19 世纪工业高度发达以后，1872 年美国建立了黄石公园，成为世界上最早的自然保护区。一个世纪以来，美国已建立几百处自然保护区，占国土面积的 10% 左右。自然保护区面积和国土面积的比例，以及自然保护工作开展的状况，往往作为衡量一个国家现代化水平的标志。目前世界上已有 100 多个国家划定了自然保护区，其中日本、奥地利、美国等 8 个国家保护区面积已占国土面积的 10% 以上，日本高达 21%，居世界之首。这些保护区的保护范围已由最初的保护动植物等地表资源发展到综合性的立体保护，即从大气、地表直到地下矿产和水资源。因此它们对维护大自然的生态平衡和旅游环境质量都发挥了重要作用。

二、我国自然保护区的建设与发展

长期以来，我国生态环境和资源的破坏十分严重。为了维护生态环境，保护动植物资源，中华人民共和国成立以后，国家即着手自然保护工作，于 20 世纪 50 年代先后颁布了《狩猎管理办法》《天然森林禁伐区划定草案》等法令。1956 年在广东肇庆建立了第一个自然保护区，1957 年在福建建瓯市建立了万木林自然保护区。20 世纪 60 年代我国又颁发了《关于积极保护和合理利用野生动物资源的指示》及《森林保护法》等，随之陆续建立了一批自然保护区。截至 2021 年 5 月，我国已建立的各级各类自然保护区有 2750 处，几乎遍布各省市自治区，地跨寒温带、温带、暖温带、亚热带和热带，分布比较均衡，包括森林、草原、湿地、海洋、荒漠、野生动植物、地质遗迹、古生物遗迹等各种类型，基本上形成了一个自然保护区网。建设好自然保护区，可以发挥它们在国民经济中的作用，同时也为旅游者提供更丰富的观赏对象和旅游地。

我国自然保护区大致可分四大类型，即生物型：重点保护珍稀动植物，如重点保护大熊猫的卧龙与王朗自然保护区，重点保护东北虎的黑龙江七星砬子自然保护区，四川金佛山银杉自然保护区等；综合型：以保护完整的自然生态系统为主，如长白山、阿尔金山等自然保护区；自然风景型：如鼎湖山、庐山、九寨沟等自然保护区；自然历史遗迹型：以重点保护各种有价值的自然或历史遗迹地，如蓟县上元古界地质剖面、天津滨海贝壳堤古海岸遗迹、各地木化石群等。

我国还参加了联合国“人与生物圈”计划，成立了我国的“人与生物圈”国家委员会，并确定长白山、卧龙、肇庆鼎湖山、梵净山、武夷山以及锡林郭勒、博格达峰、神农架、江苏盐城滩涂9个自然保护区加入联合国组织的世界自然保护区网，成为世界永久保护地。

截至2021年2月，我国共34处自然保护区加入联合国“人与生物圈保护区网”。

国家公园是保护区的一种类型，最早起源于美国，后为世界大部分国家和地区所采用。2017年9月，中共中央办公厅、国务院办公厅印发《建立国家公园体制总体方案》。到2017年，我国已设立10个国家公园体制试点，分别是三江源、东北虎豹、大熊猫、祁连山、湖北神农架、福建武夷山、浙江钱江源、湖南南山、北京长城和云南普达措国家公园体制试点。2021年10月，我国正式设立三江源、大熊猫、东北虎豹、海南热带雨林、武夷山首批5个国家公园。

思考与练习

1. 全面理解自然旅游资源及其特点。
2. 何谓旅游地理位置？认识当前我国旅游业国际客源市场状况。
3. 正确理解风景名山的基本概念。了解我国风景名山的主要类型和代表名山。
4. 岩溶地貌和丹霞地貌是如何形成的？
5. 开发探险登山旅游的山地应具备哪些条件？
6. 我国以江河湖泊为主景的旅游区及主要景观。
7. 认识泉、矿泉和温泉的区别，我国各类名泉风景区有哪些？
8. 什么是海岸带旅游资源？我国主要的海滨风景名胜区有哪些？
9. 认识植物和动物在旅游区（点）的作用和意义，掌握我国主要的珍稀动植物。
10. 什么是康乐气候？我国应如何利用气候环境开发旅游项目？我国主要的天气景观有哪些？
11. 如何理解风景名胜区？我国风景名胜区按其内容可分为哪几大类型？列出代表景区。
12. 熟悉我国已列入《世界遗产名录》的项目。
13. 认识建立自然保护区的重大意义，熟悉我国自然保护区的类型。

第2章

中国的人文旅游资源

第一节　人文旅游资源的特点

人文旅游资源也称文化景观旅游资源，它是自人类出现之日起，由人类活动所产生、经过开发达到引起旅游者兴趣和滞留目的的一切事物。因此它涉及的面很大、范围很广、类型也很多。大致分为历史文物古迹、古代建筑、现代建筑、民族民俗以及文化艺术和古典文学旅游资源等几个方面。

一、文物

文物泛指各个历史时期，人们在生产、生活中遗存在社会上或埋藏于地下的历史遗迹、遗址。它可以作为实物史料，或证实、校正、补充历史文献。因此是具有极重要的历史价值、科学价值和艺术价值的历史文化遗存。同时它还可以为人们提供一个学习历史和科学文化的园地，是今天旅游观赏的重要资源。

1982年国家颁布了《中华人民共和国文物保护法》，把对文物的收藏、管理和保护纳入法治轨道。全国已查明不可移动的文物史迹点约35万处，可移动的馆藏文物千余万件。与此同时，国家还确定了全国和地方各级文物保护单位和全国重点文物保护单位。截至2006年，国务院先后公布了六批全国重点文物保护单位，共计2351处。2013年国务院再次审核公布了第七批全国文物保护单位1943处。截至2019年10月16日，国务院已公布八批全国重点文物保护单位，总数为5058处。

根据《中华人民共和国文物保护法》规定，受国家保护的文物可分为以下五类：①具有历史、艺术、科学价值的古文化遗址、古墓葬、石窟寺和石刻；②与历史事件、革命运动和著名人物有关的具有重要纪念意义和史料价值的建筑物、遗址、纪念物；③历史上各时代珍贵的艺术品、工艺美术品；④重要的革命文献资料以及具有历史、艺术、科学价值的手稿、古旧图书资料等；⑤反映历史上各时代、各民族社会制度、社会生产、社会生活的代表性实物。此外，有科学价值的古脊椎动物化石和古人类化石也受国家保护。

二、人文旅游资源的特点

人文旅游资源的特点主要有：

一是历史性。对于历史文物来说，它们都是历史上先人创造的物质文明和精神文明的物质遗存，国际上叫文化遗产。它必须是已成为历史的，有其产生的社会历史背景和地理条件因素。并且从结构、形式到内容、格调都打着时代的烙印，在人类进化或社会发展史上有一定的代表性，特别是代表了当时最先进的生产力。

二是民族风格和地方特色。世界上的文化物质遗存是不同民族人民创造的，它们与民族和民族感情不能分割，在风格、造型和色调上，明显地表现了一个民族的特征和意志。同时，各地人文景观也因所在地的自然地理环境不同而形成显著的地方特点。

三是强有力的生命力。人类已有几千年的历史，众多的文化景观能够长久地保留下来，经受住时间的考验，说明它们是符合科学原理的，具有很强的生命力，延续至今，耐人寻味。

四是活跃性。人文旅游资源是人类创造的，包含着人类的思想意识，体现着创造者（个人或集团）的思想意识。而且，这种创造在人类历史发展中从未停止过，今天人们还在不断地创造出新的资源，新的旅游项目。

我国是个有 5 000 年历史的文明古国，在漫长的各历史时期，勤劳智慧的各族人民创造了辉煌绚丽的文化，为后人留下了浩如烟海的历史文物。它们生动地记载着我国从史前直到近现代各个历史时期所发生的重大历史事件，也是各族人民生活生产活动的艺术成就和文化结晶，具有突出的中华民族的特点，因此是中华民族的宝贵财富，也是人类的共同财富。它们为人们了解学习前人的历史和科学文化提供了场所和园地，人们可以从中获取教益，丰富文化生活，提高文化素养。它们是创造社会主义新文化、新文明的源泉和力量，在陶冶人的高尚情操和两个文明建设中都有重要意义。人文景观旅游资源，特别是一些历史文物，还可为科学研究提供实物资料，作为历史的佐证或补充原有文献的不足。

通过旅游可以使中国文化走向世界，使世界人民更具体、形象地了解古代的东方文明，了解我国的历史、民族、文化和艺术。因此，发掘人文景观旅游资源，是我国走出一条日益兴旺发达的中国式的旅游道路的关键。

第二节　万里长城和旅游业

一、历史上长城修筑简况

“长城和大运河是中国文化在中华大地上所刻画的两条有形的线，它们的长和大，存在的恒久，功能的显赫，影响的深远，是世界上任何其他文化遗留所无可比拟的。”① 长城是人类历史上罕见的伟大工程，是我国劳动人民智慧与创造性的见证。多少年来，长城吸引着无数游人，世界各国人民为一睹长城的雄姿，来中国者不计其数。

长城修筑的历史相当久远。《通典》记载魏万雍上表云：“周命南仲，城彼朔方；赵灵秦始，长城是筑；汉之孝武，又踵其事。”西周末年，周幽王烽火戏诸侯的故事，说明当时长城与烽燧等都已先后萌芽。公元前 7 世纪到公元前 3 世纪的春秋战国时期，齐、楚、梁、魏等诸侯国疆域交错，互相猜忌，各立防寨，以相窥伺。楚国约在公元前 7 世纪，为防御北方的秦、魏、齐、鲁等国，在今湖北、河南一带修方城。《括地志》云：“故长城在邓州内乡县七十五里，南入穰梁，北连翼望山，无土之处，累石为固，楚襄王控霸南土，争强中国，多筑城于北方，以遏华夏，号为方城。”《太山记》云：“太山西有长城，缘河经太山，余一千里，至琅玡台入海。”此为齐长城。中山国为防赵、魏在今河北望都、定州一带修筑长城。和匈奴邻接的赵、燕、秦三国，为防范匈奴南侵，在北边修筑了长城。《史记·匈奴列传》载：“赵武灵王亦变俗胡服，习骑射，北破林胡、楼烦。筑长城，自代并阴山下，至高阙为塞，而置云中、雁门、代郡。”燕长城在今河北宣化向东北至辽宁一带。秦长城起于甘肃临洮，北行经兰州向东北直达黄河之滨。这些诸侯国所修长城长度不一，形式各异，工程结构简单，是我国历史上最早修的长城，称为“先秦长城”，亦叫“战国长城”。

秦始皇统一中国后，即把秦、赵、燕北面的长城连接起来，这就是中国原始的万里长城。《史记·蒙恬列传》：“始皇二十六年……秦已并天下，乃使蒙恬将三十万众，北逐戎狄，收河南，筑长城，因地形，用制险塞，起临洮至辽东，延袤万余里……”贾谊《过秦论》也载：“北筑长城而守藩篱，却匈奴七百余里，胡人不敢南下而牧马。”秦长城西起甘肃临洮向北到内蒙古狼山，循阴山山脉向东，再沿西辽河，直达朝鲜半岛，今遗迹仍断续可见。

汉代边塞大体承袭秦制，但所修长城向东、西均有延长，西段自酒泉向西延至新疆楼兰、罗布泊一带；向北延伸至今内蒙古居延海附近；向东以浿水为界，

① 引自陈正祥《中国文化地理》。

总长度超过 2 万里，汉之边塞遍设城垣、列城、亭障、烽燧等，《居延汉简》记载："汉长城五里一燧，十里一墩，三十里一堡，百里一城……" 共同组成一个完整的防御体系，起到了保护中原地区的生产和人民生活安定的作用。

魏、晋、南北朝以至辽、金各少数民族入主中原后，也都不同程度地修筑过长城，如北魏、北齐、北周、东魏等，但规模较小。隋代再统一中国后，又开始比较大规模地修筑长城。《隋书》载："开皇元年四月，发稽胡修筑长城，二旬而罢"；"六年二月丁亥，发丁男十一万修筑长城，二旬而罢"。

唐朝国力强盛，疆域辽阔，但对长城修建很不重视，从唐到明初，长城对中国历史的影响甚少。明朝建立后，形势发生了根本的变化。明朝为彻底清除北方元蒙贵族残余势力的侵扰，为阻止东北女真族的南下，多次大规模修筑长城，从而加强北方的军事防御。明长城路线和秦汉长城有很大差异。明长城较之秦汉长城向南收缩，东段退缩。其走向大致西起甘肃省嘉峪关，沿河西走廊经张掖、武威至景泰县，顺黄河西岸曲折东行，至宁夏中卫，又折回向东及北，沿贺兰山到银川三关口，再折向东，在银川东黄河岸的横城伸向东南的盐池入陕西，经定边、靖边、横山、榆林、神木、府谷，过黄河入山西，然后向东北行，经保德、河曲、偏关、右玉、左云等晋蒙边界一线，再南行至大同，入内蒙古，继续东北行，进入河北张家口、怀来，再经北京、天津，止于辽东。沿途经过九个省、自治区、直辖市，全长 12 700 里，巍然屹立在我国北方。其中接近京师的一段十分坚固，修筑了内三关和外三关。沿线设九镇分段划区设防，称为"九边"。每隔一定距离建烽火台，以迅速传递军情。明长城大部分用砖砌筑，工程极为浩繁，不仅城墙高大、坚固，而且设计了不同用途的敌楼。长城的体积包容 1.5 亿立方米的砖和石块，无疑是人类历史上空前浩大的工程。因此明代成为我国历史上修筑长城的最高峰。

长城从建筑开始至明末，在延续 2 500 多年的历史中，20 多个王朝和诸侯国都曾对其进行修筑，使其总长度达到 10.8 万里。它穿行于戈壁、沙漠、草原、高原、山地、海滩等复杂的地理环境中，遍布新、甘、青、内蒙古、宁、陕、晋、冀和北京、天津、辽、吉、黑、鲁、豫、鄂、湘等十几个省、自治区、直辖市，今天在以上一些地区还能见到明代以前长城的遗迹，而今天保存下来的长城基本上是明代建筑的。长城经过 2 000 多年的不断完善，已形成一个从中央到最基层守城戍边的完善防御体系。长城是以城墙为主体，包括关口、敌台和烽燧等工事。城墙高度一般在 3~8 米，截面呈梯形，下大上小，顶部宽过 5 米以上；敌台建于城墙之上，间隔 30~100 米不等，一般为拱形结构，用于瞭望、射击，空心敌台底部还可驻兵。关口是长城内外的军事孔道，常设在山势险峻的交道咽喉地带，附近设置营堡、烽燧。烽燧是一种墩台式的报警建筑，以烽主夜，以燧主昼。因此长城是一个可攻可守、可传递军情的防御工事。

长城的修筑情况，各个朝代不同，而且各地也因地制宜，有的地段高筑坚固的城墙，有的利用天险地物，以险制塞，不建地物，有的则“仅间置以城障，烽燧”。在建筑材料上更是多种多样，有“砖石砌者”；有的“无土之处，累石为固”；有“积薪草杂以土而为之者”。

长城是我国历史上各族劳动人民共同创建的一项伟大工程，是前人为我们留下的一份珍贵遗产。长城沿线居住着十几个民族，历史上长城成为一条地理上的界线——有形的文化界线，也是一条自然和人文混合物——草原游牧和定居农耕的分野。因此长城本身及其沿线的名胜古迹、民俗风情，是最有吸引力的旅游资源之一。

2019 年 7 月 24 日，中共中央总书记、国家主席、中央军委主席习近平主持召开中央全面深化改革委员会会议，审议通过了《长城、大运河、长征国家文化公园建设方案》。长城国家文化公园，包括战国、秦、汉长城，北魏、北齐、隋、唐、五代、宋、西夏、辽具备长城特征的防御体系，金界壕，明长城。涉及北京、天津、河北、山西、内蒙古、辽宁、吉林、黑龙江、山东、河南、陕西、甘肃、青海、宁夏、新疆 15 个省区市。

二、长城在旅游业中的价值及重点游览地段

长城以其中华民族灿烂文化的象征，世界建筑史上的伟大奇迹，强烈地激发着国内外人们的旅游兴趣，人们都以“不到长城非好汉”的气概登临长城，赞美长城的雄姿，倾吐对中华民族的爱慕与尊敬的心声。“长城热”推动着我国旅游事业的发展。

目前，明代以前所修长城保留下来的极少，而且都是一些残留的遗迹，但作为研究长城的修筑历史是很有价值的。今天人们见到的长城为明代所修。长城不但以其修筑年代久远，工程浩大、险峻而闻名于世，而且长城本身的一砖一石都是珍贵的文物，具有很高的观赏价值和研究价值。作为旅游资源开发的长城旅游点，主要有山海关长城、八达岭长城和嘉峪关长城等段。

山海关关城和附近长城　山海关位于河北省东端，北依燕山，南临渤海，形势险要，风景优美，是关内外交通咽喉，历来为兵家必争之地，有“两京锁钥无双地，万里长城第一关”之说，明洪武十四年（1381 年）派大将徐达在此依山临海修筑长城，设关屯兵，故名山海关。

山海关关城为四方形，辟四门，各门上均筑城楼。东门建有两层城楼，楼上悬有“天下第一关”的匾额。城外有护城河环绕。长城自东门向南北延伸。北上燕山，南下渤海。登临城楼，南望大海波涛浩渺，北眺长城蜿蜒山巅，无比壮

丽。关城周围有各种军事设施和建筑物，并与附近的南海口关、南水关、北水关、旱门关、角山关、三道关、寺儿峪关等共同构成一个军事防御体系，成为历史上重要的军事重镇。万历七年（1579 年），戚继光在城南海滨增筑入海石城七丈，是为长城的起点，其名“老龙头”。

关城附近还有许多游览点：姜女庙、姜女坟、望夫石和悬阳洞，以及燕塞湖风景区等。

山海关因所处位置优越，临近北戴河避暑胜地，旅游旺季时游人络绎不绝。

八达岭长城和居庸关　八达岭长城建在北京西北大约 60 公里的军都山之巅，随山岭起伏而蜿蜒，是观赏长城最好的地段，现已成为北京著名的游览点，是全国第一批风景名胜区。

八达岭长城原系北魏年间修筑，后北齐、北周、隋等都曾修筑过，明洪武二年（1369 年），朱元璋派大将徐达驻守居庸关，并修长城，“居庸之险在八达岭”。八达岭长城是长城的一个隘口，其关城有东西二门，东门门额上刻有“居庸外镇”四字，西门额刻有“北门锁钥”四字。从北门锁钥城楼左右两侧延伸出的长城墙体为巨大条石砌成，墙顶平均宽 5.88 米，十分平整，每隔三五十米有一个凸起的台子，有墙台、敌台和城台之分，敌楼上层有供瞭望和射击用的垛口。

“居庸叠翠”金时已有之，明清时列为燕京八景之一。关沟七十二景，均有其来历和传说，望京石、十八盘、云台、六郎饮马泉、拴马桩、詹天佑铜像和纪念碑等，今还可供观赏。

八达岭长城经过维修，一直是登游长城最拥挤的地段。由于有的墙体已遭破坏，城台倒塌，可供登临的旅游地段狭窄，特别是旅游季节，游人蜂拥而至，不利于古迹的保护，也影响游客的游兴。为保护古迹，发展长城旅游，北京市批准成立了八达岭特区。1985 年社会各界发起“爱我中华，修我长城”活动，得到国内外人士的广泛支持。近年来，经修复，扩大了八达岭长城的环境容量，游人也可登临更高的地段俯瞰八达岭全貌。

为进一步缓解八达岭长城的旅游拥挤状况，北京市和河北省在北京及附近又开发了两处新的长城旅游点——怀柔慕田峪长城和古北口金山岭长城。

慕田峪长城位于北京市东北怀柔区境内。城墙高一般 7~8 米，顶宽 4~5 米，墙体基部大多以 13 层青色花岗岩条石砌筑，其上建砖砌女墙，两侧均有垛口。用料精细，工程极为坚固。慕田峪关的构造在长城建筑中比较罕见，为三座敌台并矗，关之右翼长城陡然上升到山脊后，出现了三道长城汇于一楼的奇特景观，这就是著名的“秃尾边”；关之左翼，经过 2 000 多米平缓段后，在“牛角边”“鹰飞倒抑”等段，山势陡峻，城墙沿悬崖峭壁上下飞腾，气势磅礴，十分壮观。

嘉峪关长城　嘉峪关为万里长城西端的终点，其南为祁连山，北为龙首山、马鬃山等。关城高踞其间，形势险要，自古为军事重地。关城建于1372年，周长733米，高10米，东西城垣开门，城门上建有三层高大城楼，城角有角楼，城外有瓮城，长城自祁连山上直抵关下，又从关北转折而东。

刻有“天下雄关”四字的石碑置于西门外一里处，嘉峪关附近有魏晋壁画和黑山石刻画像及酒泉名胜等古迹。

第三节　陆上和海上“丝绸之路”

一、陆上“丝绸之路”及开辟

所谓“丝绸之路”，是指历史上贩运丝绸的贸易商路。此路自西汉开辟以来，已有2 000多年的历史。它东起当时的都城——长安，经过泾渭河流域，穿过河西走廊，在敦煌分成南北两条路西行：北路出玉门关向西行，到楼兰，沿孔雀河谷西行，进入焉耆盆地，经库尔勒后沿塔里木河北岸与天山南麓之间的通道再西行，经库车、阿克苏等到喀什，继续向西，经过费尔干纳和撒马尔罕等地到中亚；南路出阳关，沿阿尔金山、昆仑山北麓西行，经若羌、和田、莎车，然后越过帕米尔高原，沿阿姆河上中游继续向西，经过伊朗、伊拉克等地直达地中海东岸，由此改海路，转达罗马等欧洲各地。唐代在天山北麓又开辟了一条到达中亚的碎叶道，称为北道。此道由河西走廊向西北行到伊吾（今哈密），沿天山北麓经木垒、吉木萨尔（北庭）到乌鲁木齐，再向西到伊犁，过伊塞克湖到托克马克（碎叶），到达中亚细亚各地。此时将原北道改称中道。因此到唐朝时丝路在新疆就有三条几乎平行向西的道路。这条丝路横贯欧亚大陆，总长度约7 000公里，其中一半左右在中国境内。

我国是世界上最早养蚕和织造丝绸的国家，传说早在黄帝时代已有养蚕、缫丝之业。从夏商等3 000多年前出土的文物中，发现当时的丝织技术已达到相当高的水平，而且开始向外传播。秦汉时期丝织业更加发达，公元前4世纪西方人称中国为“赛里丝”，意即丝国。美丽的丝绸、锦缎运到中亚、西亚、南亚以至欧洲，轰动了西方世界，昂贵的价格更进一步刺激了丝绸的西运。

公元前138—公元前115年，汉使张骞两次出使西域，先后到达当时的大宛、康居、大月氏、大夏、乌孙、安息、身毒等国，打开了通往西域的道路，与西域各国建立了友好往来，促进和扩大了中西经济与文化的交流，出现了东西方经济、文化交流的高潮，因此，“丝绸之路”不仅是贩运丝绸的道路，也是一条东西方经济文化交流的重要通道。这条几乎贯通东半球的通路，把古代的希腊文化、罗马文化、阿拉伯文化、印度文化和中国文化联系起来：中国的四大发明，以及养蚕、织绸、医药、农业等重大成就相继西传；与此同时，西方的古代文明、科学成果、宗教及其艺术，乃至一些农作物品种也沿这条路传入中国。“丝绸之路”从西汉开辟以来，至唐朝达到了兴盛时期，元朝以后由于海路的发展等原因而逐渐衰落下来。然而这条横跨欧亚大陆的商道，被近代法国学者命名为“丝绸之路”，各国人士都乐于接受和使用这一名称，使“丝绸之路”这一美丽的名字享誉世界。

二、陆上“丝绸之路”与旅游

“丝绸之路”本身并不像其名字那样美丽动听。丝路在中国境内长三四千公里，这条看不到尽头的长路，沿途自然条件十分恶劣：漫无边际的沙漠、戈壁；艰难崎岖的道路；气候干旱，风沙猛烈；水源缺乏，村落稀疏。但千余年来这条商路上也曾出现过富庶的绿洲，繁荣的贸易中心和名闻中外的古代城镇。张掖、酒泉、居延、黑城、敦煌、古楼兰以及吐鲁番、库车、库尔勒、龟兹、喀什、且末、和田、莎车等都曾在中华民族文化、经济发展中起过重要作用，在中西经济、文化交流中作出了巨大贡献。然而，由于自然的变化和历史的原因，今天有些地方已沉没在漫漫黄沙之中，成了荒漠深处的废墟。这条遥远而艰难、充满神秘、传奇色彩的商路，给历史学家留下了无数的谜，也强烈地吸引着人们去旅游，国际上的“丝绸之路热”，犹如“长城热”一样，方兴未艾。

2 000 年沧海桑田，昔日的西域，今天已改变了古老的面貌。但古代丝路遗迹依然存在：古城、故国遗址、遗迹依稀可辨；秦砖汉瓦、古代钱币、丝绸残片随手可得；历史文物丰富而独特，富有浓厚的东方韵味和民族色彩，是当年古“丝绸之路”繁荣的历史见证。几个世纪以来，中外考古学者、探险家都致力古丝路的探索。他们在塔什库尔干境内发现了古丝路驿站遗址——土石筑成的巩拜孜（圆顶房子），出土了大批汉唐文物，发掘了历时千年的高昌和交河故城遗址和几百座古代墓葬，给人们展现了古代龟兹国的精美壁画艺术等。

作为佛教东传的前站，丝路沿线大大小小几十座山崖上开凿了洞窟形佛寺：4 世纪库车附近的克孜尔千佛洞、敦煌莫高窟、炳灵寺石窟、麦积山石窟等。它们所存的壁画、雕塑，造型明显地表现了印度的艺术风格和犍陀罗式艺术的影响。

历史上在这里居住的匈奴、回鹘、月氏、乌孙、柔然、契丹、吐蕃、蒙古等民族，经过长期的民族融合，形成了今天的哈萨克、维吾尔、柯尔克孜、乌孜别克、塔吉克、锡伯、蒙古等少数民族，他们具有生活在高山、草原地区居民的特点：剽悍、勇敢、豪放、淳朴、真挚，有着古老的传统民族风格。在他们中间流传着许多神奇美妙的传说，这也是构成探寻丝路神奇色彩的所在吧！

以上种种都是发展“丝绸之路”沿线旅游的雄厚基础。近年来已有不少中外游人踏上了这条旅游之路，探索丝路的奥秘。展望丝路旅游的前景，无限广阔，不久的将来，这条以古老、传奇吸引游人的商路，必然会以年轻、壮美的神采展现在人们的面前。

三、海上“丝绸之路”

我国历史上除了陆上的丝路之外，还有一条海上丝路，也有称其为“瓷器之路”的。海上丝路从福建泉州起始，经东南亚、印度、波斯湾，最后到达非洲的埃及、肯尼亚等国。

早在汉代，我国远洋航运已能抵达日本、东南亚地区。唐代又有发展，海上贸易更为活跃，向西南到阿拉伯地区。唐代时日本 13 次派“遣唐使”来华，我国使臣、僧侣也不断东渡日本，鉴真 6 次东渡，最后到达日本。宋代由于指南针广泛应用于航海，又因北方被异族侵入后陆上丝路中断，国家政治经济中心南移，由海上与国外联系的海上丝路有了更快的发展。泉州作为海上丝路的起点，海运业蓬勃发展起来。从泉州南航可达菲律宾；西航经东南亚、阿拉伯海直达波斯湾和非洲东海岸各国；向北航至朝鲜半岛和日本，可与世界 70 多个国家和地区通商。

泉州作为海上丝路的起点，港阔水深，早在汉唐时期就是对外交流的重要港口。到宋代成为对外贸易大港，也是世界最大商港，设有市舶司和来远驿，专门受理海外交通贸易，接待贡使、外商。主要输出品是丝绸、瓷器、茶叶、纸张、酒、糖、麝香、铜、铁器等。

泉州城内至今还保存一些这个时期的文物。清净寺是一座建于宋代的伊斯兰教堂，是当年阿拉伯侨民举行宗教礼仪的地方。另一开元寺石柱上刻有印度教图腾，是印度工匠留下的作品。小天使、十字架是信奉基督的外侨留在泉州的墓碑。此外，还有古叙利亚文的石碑，以及外国摩尼教和景教的遗迹。现在泉州古船陈列馆展出宋代中型远洋货船的残壳。

明初，郑和 7 次出使西洋，到达印度洋的 30 多个国家和地区。其船队规模之庞大，航海技术之高超，都是举世无双的，成为世界航海史上的伟大创举。船队所到之处，与当地政府和人民建立了友好往来，进行通商贸易。船队所绘制的《郑和航海图》，对航向、停泊港口、暗礁、浅滩的分布等都做了比较可靠的记录，是我国早期有关海洋地理的珍贵地图。马欢的《瀛涯胜览》、费信的《星槎胜览》和巩珍的《西洋番国志》都记录了沿途所到之国的山川道路、风土人情及居民的生产与生活等情况，是研究当时各国历史的珍贵史料。

因此，从某种意义上说，海上丝路持续的时间更长，通达的范围更广，贸易的规模更大。海上丝路在中外海路交通史上是有重要意义的。海上丝路沿线各国保存的历史文物，瓷器、古钱、船骸、碑文、雕像等，都是活生生的历史见证。千百年来，在各国人民中流传的传说、故事、逸闻、趣事，更是生动的活材料，有些已成千古佳话永存人间。

四、“一带一路”促旅游

“一带一路”是丝绸之路经济带和21世纪海上丝绸之路的简称。它发端于中国，东连亚太经济圈，西入欧洲经济圈。是世界上跨度最长的经济大走廊。可以说它是对古丝绸之路的传承和提升，获得了沿线许多国家广泛的认同。

2015年3月28日国家发展改革委、外交部、商务部联合发布了《推动共建丝绸之路经济带和21世纪海上丝绸之路的愿景与行动》，提出：加强旅游合作，扩大旅游规模，互办旅游推广周、宣传月等活动，联合打造具有丝绸之路特色的国际精品旅游线路和旅游产品，提高沿线各国游客签证便利化水平。推动21世纪海上丝绸之路邮轮旅游合作。积极开展体育交流活动，支持沿线国家申办重大国际体育赛事。2017年9月11日至16日四川省成都市举行的联合国世界旅游组织（UNWTO）第22届全体大会期间，国家旅游局与联合国世界旅游组织共同举办“一带一路”国家旅游部长圆桌会议，倡议成立“一带一路”国家和地区旅游合作共同体。2021年4月21日，博鳌亚洲论坛2021年年会圆满落幕。习近平在视频致辞中指出：“共建‘一带一路’追求的是发展，崇尚的是共赢，传递的是希望。”

“一带一路”的建设将为沿线国家发展与合作提供一个开放包容的巨大平台，沿线国家的交通、经贸往来、教育等方面的合作将面临新的发展。同时，也推动和促进沿线国家和地区旅游业的发展，如加强旅游合作，扩大旅游规模；互办旅游推广周、宣传月等活动，联合打造具有丝绸之路特色的旅游线路和旅游产品，更好地造福各国民众。

第四节　著名的古代水利工程

我们的祖先很早就开始治理江河和利用江河资源。其中有些工程至今仍保留和发挥着经济效益，它们充分显示了我国古代劳动人民在水利建设方面的才华，作为一项旅游资源是有深远意义的。

一、京杭大运河

京杭大运河是历史上中国南北水路交通的通道。它北起北京通州，向南经天津、河北、山东、江苏、浙江等省市，止于杭州，全长 1 782 公里，沟通了海河、黄河、淮河、长江和钱塘江五大水系。

京杭大运河是中国最早开凿的运河，也是世界上最古老的运河之一。公元前 487 年，吴王夫差调遣民夫，从江都（今扬州）到淮水末口（今江苏淮安市北五里北神堰地区）开一条运河，称为邗沟，长约 150 公里。南段引长江之水，中段利用射阳湖，北段引射阳湖水达于淮河。《玉海·漕运》（卷一八二）记载“吴城邗沟，通江淮，于邗江筑城穿沟，东北通射阳湖，西北至末口入淮，通粮道也”，说明邗沟在春秋战国之际已成为沟通江淮的水运干线。吴王修筑邗沟的目的主要是运兵运粮，欲称霸主。隋统一中国后，为了加强对江淮地区的控制，解决京都的用粮，同时也为了便于东北用兵，于 7 世纪初先后开挖了洛阳连接邗沟的通济渠，洛阳向北直达涿郡的永济渠，改邗沟为山阳渎，并向南自京口（今江苏镇江）至余杭开凿了江南运河，形成了西通洛阳、北抵河北平原、南达太湖流域的运河系统。

大运河的南北贯通始于元代。当时以洛阳为中心的隋代运河已不能适应元朝建都北京的需要，元世祖忽必烈重用水利专家郭守敬修筑运河。郭守敬首先引昌平水开凿了大都到通州的通惠河，这样，不仅使漕运直抵北京，而且解决了大都城用水问题；后在山东境内开凿了会通河（临清—东平湖）和济州河（东平湖—济宁），将隋代运河裁弯取直，从江淮直穿山东，北接御河（今南运河），奠定了今天南北大运河的基础，缩短航程 500 余公里，运河在元朝的漕运中起到了重要作用。但运河沿线地势也有高低差异，水的流向、来源不一，特别是山东境内运河缺乏水源，致使航运困难。

明代初年，疏浚了元朝的会通河，筑坝阻遏汶水，至南旺分水，北达卫河，南出济宁，使山东段运河航运畅通。为了便于漕运，又疏浚了淮河一带河道，建造坝闸，定时启闭，南面由仪征、瓜州二口入长江，北由黄河入会通河，出临清，北接现今南运河达直沽（今天津），再向西北经通州，终于北京。当时南北粮食的运输，几乎全靠漕运，每年运粮三四百万石，运河对明代经济发展起到了十分重要的作用。明中期以后，由于黄河决口，冲毁运河堤岸，运河本身也淤沙高积，朝廷又不加以治理，终使运河无法通航。（见图 6）

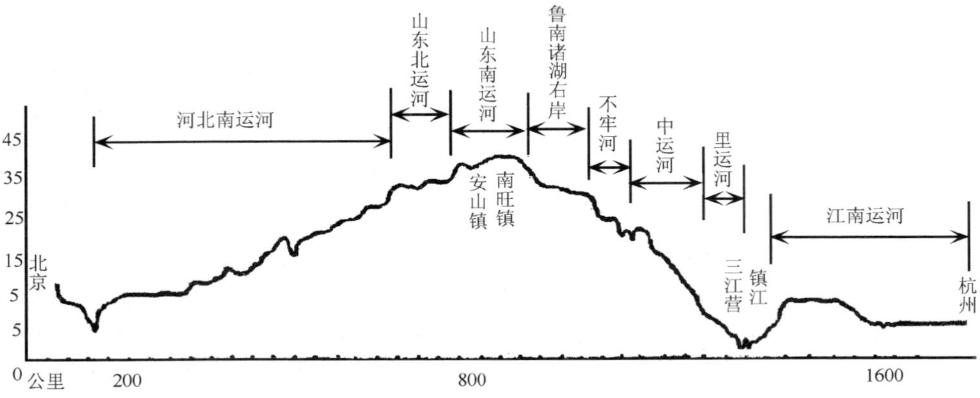

图 6　京杭大运河河底纵断面示意图

新中国成立后，荒废了几百年的运河得到改造。改扩建工程在不断进行，部分河段恢复通航，又发挥了它沟通南北经济的作用。南段江南运河已开展了旅游业务，运河联系了杭州、苏州、无锡、常州、宜兴、镇江、扬州等城镇，沿途水乡泽国，风光秀丽，很受旅游者欢迎。2014 年，中国大运河已被列入世界文化遗产。这将会进一步加强对运河的保护和管理，从而带动运河生态建设，旅游开发等共同发展。

2019 年 7 月 24 日，中共中央总书记、国家主席、中央军委主席习近平主持召开中央全面深化改革委员会会议，审议通过了《长城、大运河、长征国家文化公园建设方案》。大运河国家文化公园包括京杭大运河、隋唐大运河、浙东运河 3 个部分，通惠河、北运河、南运河、会通河、中（运）河、淮扬运河、江南运河、浙东运河、永济渠（卫河）、通济渠（汴河）10 个河段。涉及北京、天津、河北、江苏、浙江、安徽、山东、河南 8 个省市。

大运河分段表

段　别	起　　讫	通　　称	长度（公里）
京津段	北京　天津	北京、通州间称通惠河 通州、天津间称北运河	166
津黄段	天津　黄河	天津、临清间称南运河 临清、黄河间称鲁北运河	636
黄淮段	黄河　淮阴	黄河、韩庄间称鲁南运河 韩庄、淮阴间称中运河	460
淮江段	淮阴　长江	里运河	180
镇杭段	镇江　杭州	江南运河	340
共计长度			1 782

二、都江堰

成都地区岷江都江堰灌溉工程乃战国时期秦国太守李冰父子主持修建，至今已有 2 200 多年的历史。其规模之宏大，治水方法之科学，技术成就之高超，在当时水利技术史上是罕见的。经历代整治维修和新中国成立后的大规模改建，使其至今仍灌溉着数百万亩良田。因此，它是世界上最古老、发挥效益时间最长的水利工程之一。（见图 7）

图 7　都江堰全景

都江堰工程在四川岷江中游，都江堰市，地处山地与平原相连的咽喉，西面高山万重，东面平原千里，大江中流。主要工程有鱼嘴、宝瓶口、飞沙堰和金刚堤等。都江堰的修建变岷江水害为水利，使川西平原千百年来成为“水旱从人，不知饥馑，沃野千里，世号陆海”的天府之地。人们世代都称颂李冰父子的功绩，附近建有二王庙、伏龙观等纪念性建筑。今天，这项焕发青春的古老水利工程，连同庙宇、碑文、石刻等，已构成一处优美的风景名胜区。青城山都江堰风景名胜区已被列入《世界遗产名录》。

三、灵渠

灵渠即湘桂运河，在广西兴安县境内，所以也称兴安运河。运河长 34 公里，沟通了湘漓二水，把长江和珠江两大水系联系起来。主要工程是南渠、北渠、铧嘴、大小天平石堤、秦堤、陡门、泄水天平。通过铧嘴状分水工程、大小天平，将湘江支流海洋河分成南北二渠，分别注入湘江和漓江，并建多个陡门，提高水位，通行船只。灵渠是 2 000 多年前，秦始皇为统治南疆而派史禄主持开凿的。它促进了中原和岭南经济、文化的交流。唐、宋、明各代相继修筑，使其航行和农田灌溉系统愈臻完善。经过新中国成立后的改造和建设，形成以灵渠为主干、四通八达的灌溉网。（见图 8）

图 8　桂林兴安灵渠景区风光

灵渠水流湍急、清澈，多座石桥横跨渠上，两岸垂柳成行，景色幽静宜人。渠中可泛舟，渠岸有三将军墓，堤上有四贤亭、飞来石，有许多唐宋以来题词碑刻，因此灵渠是桂林市风景佳丽的游览地之一。

四、坎儿井

坎儿井是一项有 2 000 多年历史的水利工程，它集中分布在新疆的吐鲁番盆地和哈密盆地。由于那里气候干旱，地表径流缺乏，为发展农业，当地劳动人民利用自然地形，开挖出一条条地下水渠和竖井，把山上融化的雪水和地下水引出地面灌溉农田，使“八百里火焰，寸草不生，连铜头铁躯也要烧化成汁”的吐鲁番火州，出现了片片绿洲，培育出世界上有名的吐鲁番葡萄和哈密瓜。（见图 9）

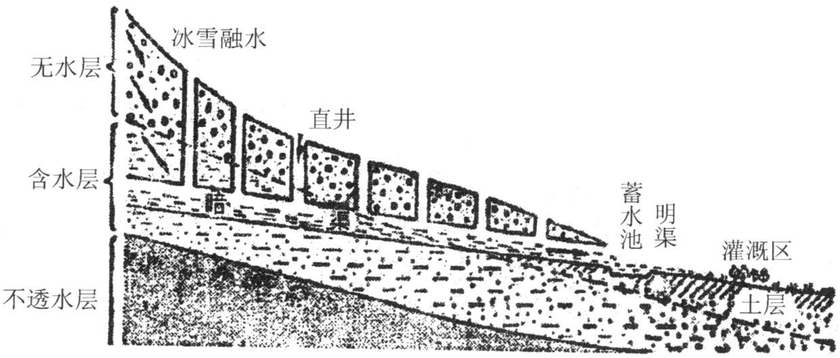

图 9 坎儿井

据统计，坎儿井的总长度已达 3 000 公里以上，由于它具有用水省、蒸发量小、渗漏不大、不易污染等在干旱地区其他水源无法替代的优点，至今仍在灌溉中发挥着重要作用。而且，坎儿井水量稳定，水温适中，冬季不冻，四季长流，附近地区树木成荫，景色优美，并可调节气候，因此，可开发为干旱地区一项独特的旅游资源，来此既可参观古老的水利工程，又可观赏干旱地区绿洲的自然风光。

第五节 我国的古代建筑旅游资源

古代建筑是历史的载体，我国历史久远，故古代建筑内容庞杂，种类繁多，数量可观。它从各个侧面反映出社会某一发展阶段生产关系和生产力、经济基础和上层建筑相互作用的状况，以及艺术成就。因此，从这些古建筑可以了解当时社会的政治、经济、文化的特征和变化，是研究社会发展史的实物资料，本身起着博物馆的作用。今天也为旅游发展服务，提供观览的对象和休憩的场所。亭台楼阁廊榭可谓是古建筑中的佼佼者。它们形式各异，造型优美，结构精巧，工艺精湛，体现了我国古代人民高超的建筑技艺，在风景点更为景色增辉。同时也是文人学士雅集之所，不少亭台楼阁因文人墨客的诗作联匾而名扬四海。它们既有观赏价值，也有使用价值，深受游人喜爱。

一、名楼伟阁

楼在《说文解字》中解释为“重屋”，即重叠起来的房屋。中国古已有之，而且形式很繁多，如有高楼，有曲折的围楼，还有城楼、角楼、钟鼓楼等。历史上不乏高楼佳构，但早期的多已被毁。黄鹤楼、岳阳楼、大观楼、烟雨楼等都属名楼之列。此外，山东聊城光岳楼、济宁太白楼、沈阳故宫凤凰楼等也都飞檐斗拱，围廊彩绘，崔巍壮观。

黄鹤楼在古代三大名楼中最负盛名，更因唐人崔颢题《黄鹤楼》诗而千古闻名。不幸的是100年前毁于火灾。1985年在旧址附近重建。楼为五层及一葫芦形宝顶，总高51.4米，轩昂宏伟，辉煌瑰丽。岳阳楼因范仲淹的《岳阳楼记》而传名。该楼立于岳阳城西门城楼，最早建于唐开元四年（716年），长方形体，木构三重飞檐，四周环以明廊，气势雄伟。大观楼坐落在昆明滇池北岸，为四方形三层建筑，登楼远眺，波光云影，远山如黛，景色甚佳。楼前门柱上孙髯所撰长联，180字，上下贯通，情景交融，书法遒劲，被誉为“海内长联第一佳者”。烟雨名楼在我国南北各有一座，一座在嘉兴南湖中，四周烟波浩渺，有楼在烟雨中的意境，成为江南名楼；另一座在承德避暑山庄澄湖青莲岛上，雨打湖面，烟雾迷蒙，更有人间仙境意味。

我国古代建城的同时，在城中心或高地上多建一种钟鼓楼，内置钟鼓，是古代城市作报时的指挥性建筑，故有“晨钟暮鼓”之说。北京城内的钟楼和鼓楼，初建于明代。西安城中心的钟楼、河北蓟县鼓楼等也都建于明代。河北正定开元寺钟楼为唐代所建，平面正方，二层青瓦歇山顶楼阁式建筑，形制古朴。甘肃陇西县城威远楼为元朝所建。此外还有太谷鼓楼、宁波鼓楼、兴城鼓楼等。关楼、城楼、角楼、箭楼均属防卫性的建筑，长城及许多城市均有所建，如山海关、嘉峪关关城城楼、明北京城城门楼、箭楼、角楼等。北京紫禁城角楼更是造型别致，玲珑而壮观。

阁的建筑历史悠久。起初是四周有壁，为储物之用，后在造型上逐步发展。按其造型不同，分别建成储物、藏书、供佛以及登高游览之用的巨型建筑。建筑形状上有方形、长方形、八角形、圆形等，结构分木构或砖石构，具有很高的艺术价值。历史上名阁很多，如滕王阁、蓬莱阁、齐云阁、云汉阁、天一阁、倚天阁等。天津蓟州区独乐寺观音阁是现存最早的一座木构阁，建于辽代，造型稳重庄严，为我国木构楼阁建筑杰作。南昌滕王阁为唐代初建，阁高30米、三层，有“瑰丽绝特”之称，最近一次于1926年被烧毁，现已重建，其规模堪称三大名楼之首。北京颐和园佛香阁是我国现存古阁中的最高者，八面三层四重檐，成为颐和园的标志，登阁可饱览全园风光。广西容县真武阁建于明万历年间，木构三层，以3 000条大小不等的构件，用杠杆原理串联吻合，组成一个稳固的统一整体，布局精巧，风格特异，为建筑史上罕见。蓬莱阁建于北宋，阁高15米，重檐八角，绕以回廊，登临其上，北望长山列岛，虚无缥缈，东北海疆碧波万顷，故有“仙阁”之称。崖下即古水城，是中国最早海军要塞之一。

天一阁于明嘉靖年间所建，是我国历史上最早建的一座藏书阁，木构六开间二层楼阁建筑。此外，文源阁、文渊阁、文津阁、文溯阁内廷四阁和扬州文汇阁、杭州文澜阁、镇江文淙阁的江南三阁，均为仿天一阁所建的藏书阁。

除以上楼阁外，北京天坛祈年殿可称为我国古代建筑的一颗瑰宝，在世界建筑史上也享有极高的声誉。该殿为一镏金宝顶三层檐，攒尖式屋顶的圆形建筑，整个建筑不用大梁长檩，28 根木柱和枋、棁、桷、欀相互衔接，技巧高超，造型精美绝伦，而且色彩、形式等也与周围环境十分协调。

二、亭、水榭和游廊

这三项建筑物都可称为我国古典园林建筑的小品，但它们有不同的发展历史和建筑形式、特点。

在风景园林中玲珑剔透、轻盈多姿的亭子是随处可见的。亭的历史十分悠久，最早的亭并不设在园林和风景区，即不属观赏性建筑。周代亭是设立在边防要塞的小堡垒，设有亭吏。秦汉时代亭已扩大到各地，成为维护地方治安的基层组织。以后亭制基本废弃，但民间形成在交通要道筑亭的习俗，以作旅途歇息之用，也成为迎宾送客的礼仪之所，约十里五里之遥设一亭，所谓“十里为长亭，五里为短亭”。同时亭也开始出现在园林和风景地，作为点景建筑。

亭子不仅供人休憩，本身也是观赏对象物。在园林中，一亭布置得当全园皆活，反之则徒增凌乱。观亭在于美丽多姿的轮廓，入内则观其周围景物。古时园林造亭多为衬托景物，增添意趣，因此亭的大小、形式、用材、色彩等都必须在整体构思布局中，求统一和巧变：一般高处筑亭取居高临下之势，以统率全景；土阜山脚边筑亭，以衬托盘石山势的高耸；江湾河汊临水建亭，与水中倒影相映成趣，有渚洲平远意境；林木深处筑亭，既含蓄又平添野趣。

亭的造型大都取尖顶和翼然翘角的古典型式，曲线夸张，造型优美。平面以方形常见，简单大方；圆亭显得秀丽；水中曲桥间多筑六角、八角等多角亭；而扇形、梅花形更显古雅。

北方帝王园林，景物开阔，亭也建得较大，如颐和园十七孔桥东端的廓如亭，面积 130 平方米，是我国现存最大的亭。顶为八角，重檐攒尖式，体形舒展而稳重，气势壮观。又如北海公园五龙亭、景山万春亭等，均是有一定体量的大亭。江南园林以小中见大著称，为衬托出池面的宽阔，假山的雄峻；建亭或于水边，或于山上，宜于小巧，如苏州怡园荷花池西的螺髻亭，平面六角各边仅宽 1 米，高 2 米多，小巧玲珑。

中国古亭还与文学名篇、诗句有多种联系，使亭成为重要文化遗迹。如以白居易诗句“更待菊黄家酿熟，共君一醉一陶然”命名的陶然亭，亭基较高，有登临眺望之胜。爱晚亭则概括了杜牧之名诗“停车坐爱枫林晚，霜叶红于二月花”

的意境。因铭事志喜而筑的纪念亭，如滁县醉翁亭，因欧阳修撰《醉翁亭记》使亭驰名久远。观赏这类亭，常使人发思古之幽情，得到艺术美的享受。

我国古亭中还有两大著名铜亭：一座在北京颐和园万寿山西坡上，清乾隆时为喇嘛念经，用铜铸的佛殿，号称“金殿”，俗称铜亭；另一座在云南昆明鸣凤山顶太和宫内，当地人称“金殿”。

榭在古代是一种坐落在高台上的木构建筑，《尔雅》说：“阁谓之台，有木者谓之榭。”又说：“无室曰榭，四方而高曰台。”春秋时期，榭是国家大臣谋划军政的地方，或国君用以观看狩猎、比武的场所。后人把榭与亭台楼阁等园林建筑相提并论，足以说明榭已成了园林中不可缺少的建筑。园林中的榭指平台挑出水面，供游人游憩、观赏、凭临远眺的建筑物，同时它本身也为一个风景点，即所谓“以山水为面，以亭榭为眉目”，极力使榭与水融为一体，与周围景物达到和谐一致。水榭的屋顶形式也有很多种类，有歇山顶、卷棚、重檐，也有平顶，还有如北京陶然亭公园三层楼式水榭。总之，北方水榭端庄稳重，南方水榭轻巧妩媚。

我国许多园林都有水榭建筑。北京中山公园水榭、承德避暑山庄湖堤上的水心榭、苏州怡园耦香榭、拙政园芙蓉榭、桂林芦笛岩水榭等，有的部分伸出水面，以石柱架于其下，使之凭临水上，给人一种凌空之感；有的完全置于水中，以“步莲”为桥与岸相接，给游人以一种踩水上岛的乐趣。

廊庑在古建筑中占很大比重。廊庑分两种：一种是殿阁门堂本身的廊庑，分前檐廊、三面廊、周围廊等；另一种是宫殿寺庙中轴线上门殿两旁的廊，还有围绕的廊庑，叫两庑或东西庑。园林中的廊多为游廊，它不仅使建筑物相连，使风景点贯穿一体，而且本身是一条导游线，既可分割空间，又可组合景物，人随廊转，景依廊变，引人入胜。园林中廊按地形有廊庑、桥廊、水廊、爬山廊等。按其造园形式可分为半廊、空廊、复廊、长廊等。北京颐和园长廊全长 728 米，共 273 间，成为全国最长的长廊。廊中间有四座八角重檐亭，东西各有短廊伸向湖岸，依山临水，以排云门为中心，向东西两边对称展开，把万寿山前的建筑连成一气。枋梁上绘有各种彩画 8 000 多幅，神话传说，人物花鸟，生动感人。漫游在长廊，远处的湖光山色与廊内的彩画交织在一起，一步一景，景随步转，给人带来无限美感。而江南苏州拙政园的水廊轻盈婉约，美感强烈。

三、古代石拱桥遗存

石拱桥是我国古代建筑工程中很重要的一部分。我国石拱桥的建筑已有一千六七百年的历史，《水经注》记载“旅人桥”约在公元 282 年建成，是有记载以来最早的石拱桥。古代石拱桥造型优美，稳重坚固，建筑形制多种多样：有长虹卧波的长拱桥，似玉带浮水的多孔拱桥，驼峰突起的陡拱形，宛若皎月的坦拱形。至今在我国还能观赏到隋唐宋元等各代古桥，是研究我国桥梁史的重要实物例证。许多古桥已被列为我国重点文物予以保护。

安济桥俗称赵州桥，在河北省赵县城南洨河上，为隋代所建，是我国现存最古老的石拱桥。该桥为敞肩式单孔圆弧弓形石拱桥，长50.82米，宽9.6米，跨度大，弧形平，全桥仅一个大拱，由28道拱圈构成，桥洞为弓形，大拱两肩各有两小拱。其优点是节约了石料，减轻了桥的重量，同时在河水暴涨时还可增加桥洞的过水量，减轻洪水对桥身的冲击。全桥结构匀称，庄严壮丽。桥上石栏板、望柱雕刻古朴美观，“望之如初月出云，长虹饮涧”。

与大石桥并称为“燕赵奇胜”的小石桥（名永通桥），坐落在赵县城西门外清水河上。始建于唐代，其结构形式和艺术风格与安济桥极为相似。两侧栏板和望柱有浮雕，河神飞马形象生动，可与大石桥媲美。现已修复并向游人开放。

卢沟桥建于金代（1189年），桥长265米，由11个长度不一的半圆形石拱组成。每两个石拱间有石砌桥墩，将石拱连成一个整体，故称“联拱石桥”。桥上每侧有140根望柱及石栏板，柱头雕刻大小石狮485个，其神态各异，活泼可爱，具有极高的艺术观赏价值，“卢沟晓月”为清代北京十景之一。

福建泉州晋江的安平桥，居中国古桥中长桥之首，也是中古时期世界最长的梁式石桥。桥长2 251米，横卧晋江、南安二县交界处的海湾上，宛若长虹。以巨型石板铺架，结构严谨，至今已有800多年历史，古风犹存。泉州洛阳江上的洛阳桥，建于北宋嘉祐四年（1059年），处于江海交汇之处，造桥工程十分艰巨：先以磐石铺遍桥址江底，后在磐石上遍种牡蛎，起胶结锁固作用。这种全桥整体基础是世界桥梁筏形的开端；利用生物使水下基础起联结和保护作用的做法，也属世界首创。

苏州城外的宝带桥，因最初由唐代苏州刺史王仲舒鬻卖所束宝带助资修建而得名，为一长317米，53孔的联拱桥，有如玉带浮水。

有“桥都”之称的绍兴古城，在不足18平方公里的城区，有唐、宋、元、明、清各代古桥229座，连同四乡桥的数目可达5 000座以上。而且如题扇桥、复盆桥等，都有各自的逸闻趣事。其中“八字桥”被列为省重点保护文物。该桥始建于宋代（1256年），是座跨三河、通三街的梁式石桥，结构巧妙，造型别致，形似“八”字而得名，在桥梁建筑上很有借鉴价值。

此外，上海青浦的普济桥、放生桥，江苏吴江县垂虹桥等，都是有几百年历史的石拱桥。

我国古代名园和风景区中的各种桥梁更是仪态万千：有的平卧水面；有的曲

折回转；有的桥上构筑屋宇楼亭，使园林景区更加优美。“波光柳色碧溟蒙，曲渚斜桥画舸通”。

第六节　我国的古城与城市旅游资源

一、我国城与都城的发展

中国的城出现很早，早在夏、商、周时期，中国已开始筑城，《吕氏春秋》曰：“夏鲧作城。”郑州附近及安阳小屯古城遗址，分别为商代中、晚期城池遗址，故安阳被列入我国七大古都之一。周人灭殷以后，为统治东方，决定选择在全国位置适中的洛阳筑城，陆机《洛阳记》载：“洛阳城周公所制，东西十里，南北十三里，城上百步，有一楼橹，外有沟渠。”《括地志》云：“洛阳故城在洛州洛阳县东北二十六里，周公所筑，即成周城也。”这是中国最早有详细记载的城。但直到春秋时代，列国都城都是封建领主所居的城堡，城的规模都很小，“千丈之城，万家之邑，相望也”（《战国策·赵策》）。随着国之兼并，列国疆域扩大，城的规模也不断扩大。战国以来，出现了比较大的城，如齐国的临淄、赵的邯郸、燕之下都、楚国的纪南、秦的咸阳、宋国的陶、山西侯马的晋、魏古城等。

中国城市最初是以农产品集散中心而发展起来的，面积也远较欧洲、日本的城市为大，不但包括民居，还有农田、园圃、山林、川泉；不仅在中原地区汉人建城，在少数民族地区也模仿中原建了不少城。《水经注》引《晋书》云：“凉州城有龙形，故名卧龙城，南北七里，东西三里，本匈奴所筑也。”

城市是社会生产发展的产物，居民聚居的中心，在我国城主要是行政和文化的载体和象征，因此自古我国城就很多，《水经注》载：上起上古，下至北魏，城邑数达 3 000 处左右，其中古都约 180 处。这些城市遍布南北，各有其产生和发展的历史，具有不同的功能：有的形成国家或一个地区的经济或文化的中心，在人类经济、文化发展史上曾占有重要地位；有的在政治历史上起过巨大作用。古代都城是历代君主统治的中心。都城有逐渐自然发展而成的，也有因特定目的而新建造的。《管子·立政篇》规定：“凡立国都，非于大山之下，必于广川之上。高毋近旱，而水用足。下毋近水，而沟防省。”因此历朝开国都很重视都城的选址，一般选择在位置适中，水源充足，交通方便，物产丰富的地方。而且古代的都城，都具有明显的防御功能，城有城墙，城外有池，合称城池，外城称廓。城门为交通商旅往来和守卫所用。在我国历史上因经济的发展，民族的融合，诸侯分封割据，朝代更迭等原因，曾做过都城的地方很多，如大同、苏州、临淄、郑州、偃师、曲阜、太原、户县、咸阳、安阳、沈阳、杭州、南京、洛阳、大理、成都、广州等。但均因年代久远，多已毁坏，或湮埋地下，或被洪水淹没圮毁，故保留下来的古都城建筑很少。

二、六大古都的建设规模与形制

古都是历史上帝王的统治中心，自秦始皇开始，各个朝代都大搞都城建设和皇城、宫城建筑。西安、洛阳、开封、杭州、南京、北京因建都朝代多、时间长、建筑宏伟，而被称为历史上的六大古都（七大古都中，安阳因年代久远，并无地面建筑，本节不论述），它们对世界的政治、经济和文化曾有过贡献。

都城的建设一般包括皇城、宫城、园林、陵墓、寺庙等建筑。王方形是中国城的传统形制。三重城墙，层层包围，外城是老百姓的住宅区和商业区，皇城为中央衙署和官吏住宅区，宫城则为皇宫所在。所谓“筑城以卫君，造廓以守民”。多数城墙都造得高大。一些重要的城，城门外加筑瓮城，以增强防御力量。瓮城多呈半圆形，也有长方形的。中国古都在规模和形制等方面都有一套规定。古代理想的都城见于《周礼・考工记》：“匠人营国，方九里，旁三门；国中九经九纬，经涂九轨，左祖右社，面朝后市。”“凡国都之境，有沟树之固。”《玉海》记载：“王城面有三门，凡十二门……每门有途，男子由右，妇人由左，车从中央，南北之道为纬，途阔十二步。”城中十字路口或附近，建有报时报警的钟楼鼓楼，其规模颇大，有居高临下之势，具有防御作用。此外各类建筑在用材、色彩、装饰等方面也有严格规定，不得越制。

历史上各朝代因历史、地形、水源、交通等条件，在都城建筑规模和风格上也不尽相同。古长安地区在历史上有 12 个朝代建都，但各朝代都城建设的位置不一，规模大小不同，形制也不完全一样。以唐长安城规模最大；汉长安城北面受渭水所限，称为斗城；目前西安城墙和城楼等均为明代建筑，规模远小于唐长安城。开封城是在原旧城基础上发展起来的。南京城和杭州城，皆依山而筑，因此形状都不正方。北京城作为封建王朝的统治中心是从金开始。元大都基本上是按完整的规制建造的，它第一次把中国古代营建都城的理想，结合实际的地理环境，在最近似的程度上富有创造性地表现出来，成为显赫一时的“大汗之城”。今虽地面建筑所剩无几，但在我国城市规划建筑史上却占有重要的地位。今天保留的宫城是明清两代的建筑，庞大的建筑群威严壮观，肃穆端庄，成为我国古代建筑的瑰宝。

古都在国家的政治、经济上曾起过重要的作用。它的建筑反映了当时国家的政治、经济状况以及思想文化面貌，也反映了当时的建筑风格和艺术水平。古都是帝王和显贵的享乐中心，各种人才的荟萃之所，因此多历史遗迹、艺术收藏品和名人旧居等，这些都是我国的珍宝，也是一项我国有别于西方国家的珍贵的旅游资源。

三、现代城市建设与旅游

新中国成立后，我国城市建设发展迅速，截至2021年已建地、县级城市680余座，其中百万人口以上的大城市和中等城市不断增多，还兴起了一批工矿城市，像黑龙江的大庆市、河南的平顶山市、湖北的十堰市、四川的攀枝花市等。另外，在一些大城市周围建设了卫星城，如北京的昌平、通州、黄村、房山；上海的金山卫、嘉兰、闵行等，使城镇人口的比重逐年增长。总之，这些城市都因其地理、历史、政治、经济等多方面原因，形成了各个城市的不同风格。北京是我们社会主义祖国的首都，又是有800多年历史的古都城，至今还保留着明清两代都城的建筑；西安是座历史名城；昆明为一高原春城；杭州是冠以天堂之美的花园城市；重庆具有山城的特点；厦门以热带海滨城市著称。我国的城市历史上常因特殊的物产、传说而得雅名，例如，四季如春的昆明称为春城，北国的哈尔滨称为冰城，多泉的济南称为泉城，福州因遍植榕树而得榕城之名，广州是南国花城，又因五羊的故事而称羊城，拉萨是有名的日光城。

随着我国经济改革的发展和旅游事业的崛起，城市规划已提上日程。城市规划首先要具体拟定城市发展的方向和规模，这对于一个城市的建设具有指导性的意义。1982年国务院公布了24座城市为我国第一批历史文化名城。这些城市反映了各种不同的类型和风貌，有的是我国古代政治、经济、文化的中心，有的是近现代中国革命运动的策源地……总之，在我国历史上曾占有一定的地位，拥有大量的历史遗迹或革命文物，是我国悠久历史的缩影，也是民族灿烂文化的橱窗，构成重要的旅游城市。1986年继第一批历史文化名城之后，国务院又公布了38座城市为第二批历史文化名城。1994年初国务院再次批准公布了37座城市为第三批历史文化名城。2002年以后又将山海关、凤凰古城、濮阳、安庆、泰安、海口、金华、绩溪、吐鲁番、特克斯、无锡、南通、雷州、敦煌、北海、嘉兴、宜兴、中山、太原、蓬莱、会理、库车、泰州等城市列为历史文化名城。之后又陆续进行了增补。截至2023年3月，国务院定为历史文化名城的城市共有142座。这样，对名城的保护就从单个的文物保护转向对历史革命文物的整体保护，从静止的文物保护转向对名城传统风格的保护，标志着我国城市规划建设和历史革命文物保护发展到一个新的高度，为旅游业开辟了一个新的内容。同时保护历史文化名城也是社会主义精神文明建设的重要内容。

根据中央对内搞活、对外开放的经济政策，1984年中央确定14个沿海城市为对外开放城市。许多城市都根据中央的指示制定了发展规划，如桂林、杭州、承德将发展成我国的风景旅游城市。宁波、湛江是以港口功能为主的港口城市。城市规划首先要突出它的特点。其次，城市规划包括环境改造，消除环境污染，克服和避免各类天然工程病害和自然灾害的影响，从而构成一个适合劳动和消费，包括娱乐、旅游、休息等的舒适环境。同时，也应使城市有美学观赏价值，把城市建成有利于康乐活动的园林环境。为此城市绿化是城市建设中的重要一环。

城市是一个综合性的载体，城市景观是城市的自然环境、文物古迹、建筑群及城市各项功能设施，给人们的综合印象，也是物质文明在城市建设中的具体体现。建筑是城市景观的主要部分，而且与旅游活动有着直接的联系。作为一个旅游城市，不能满足于有几处名胜古迹，而要通过城市建筑景观功能与艺术特征，包括城市建设景观、建筑风格、绿化系统、市区入门景、建成区侧景、街景、广场、市中心、风景点和游览区等，来满足居住者和旅游者的行为和观赏要求。往往一些特殊的景观和建筑构成一个城市的主要标志，这些标志性建筑和游览区，都成为旅游者进入这个城市的必游之地，如北京天安门、上海的外滩、南京长江大桥等。

重点风景旅游城市应将市容建筑风格，即城市建筑物的规格、形式、高度、色彩、建筑密度等，给予适当的规定和限制，力求与风景区风格协调起来。在风景区内严禁建设一切与旅游观赏无关的建筑，包括各类疗养院、休养所等。综上所述，旅游城市的建设应使旅游社会效益、旅游环境效益和旅游经济效益三者统一起来。

我国自 1998 年开始评定优秀旅游城市，目前已连续评定九批 337 座城市为优秀旅游城市。

2021 年文化和旅游部发布第一批旅游行业标准《旅游休闲街区等级划分》，将旅游休闲街区划分为两个等级，即从高到低依次为国家级旅游休闲街区和省级旅游休闲街区。目前我国有较为严格的旅游休闲街区标准。旅游休闲街区（tourism leisure street blocks）是具有鲜明的文化主题和地域特色，具备旅游休闲、文化体验和公共服务等功能，融合观光、餐饮、娱乐、购物、住宿、休闲等业态，能够满足游客和本地居民游览、休闲等需求的城镇内街区。国家级旅游休闲街区年接待访客量应不少于 80 万人次，而省级旅游休闲街区年接待访客量应不少于 50 万人次。旅游休闲街区等级划分标准应注重街区的文旅特色、环境特色、业态布局、服务设施等。标准还显示，旅游休闲街区也应从综合服务方面进行等级划分，进行休闲街区的安全、卫生以及设施设备的管理。

第一批历史文化名城（24座）

城市名	所属省区	历史意义	主要胜迹
北　京	直辖市	元、明、清都城	明清故宫、天坛、北海、颐和园、雍和宫、国子监、天安门城楼、八达岭长城、明十三陵
大　同	山西省	曾为北魏都城——平城，北方军事重镇	云冈石窟、九龙壁、华严寺、善化寺
承　德	河北省	清朝第二个政治活动中心	避暑山庄、外八庙
南　京	江苏省	吴、东晋、宋、齐、梁、陈、南唐及明初都城，太平天国建天京，孙中山领导的临时政府所在地	石头城遗址、明孝陵、中山陵、南唐二陵、南朝石刻、雨花台、天王府遗址、灵谷寺
苏　州	江苏省	春秋战国时吴阖闾都城，江南运河航运中心、丝绸之乡	虎丘、阖闾墓、拙政园、狮子林、寒山寺、西园寺、玄妙观、三清殿、太平天国忠王府遗址
杭　州	浙江省	吴越国都城，南宋都城	西湖风景、灵隐寺、六和塔、保俶塔、岳王庙、宋都城遗址
绍　兴	浙江省	古越国国都	禹陵、禹庙、越王台、兰亭、鲁迅故居和博物馆、秋瑾故居、沈园
泉　州	福建省	南宋时对外大港、宋元时代造船中心	海外交通史博物馆、天后宫、开元寺、老君岩、清净寺、九日山摩崖石刻
延　安	陕西省	抗日战争时党中央所在地	王家坪革命旧址、枣园、杨家岭革命旧址、延安宝塔
景德镇	江西省	北宋景德元年朝廷遣宫监造瓷器充贡品、古代名瓷产区	湖田古瓷窑地、瓷窑博物馆
扬　州	江苏省	春秋时邗城、汉时广陵郡治所、五代十国时为吴国都城	隋炀帝陵、唐城遗址、大明寺、鉴真纪念堂、史可法墓、瘦西湖、竹园、个园
曲　阜	山东省	春秋战国时鲁国都城	孔庙、孔府、孔林、鲁国故城遗址
洛　阳	河南省	东周、东汉等九朝古都	龙门石窟、白园、白马寺、关林、古墓博物馆、王城公园
开　封	河南省	魏、北宋等七朝古都	繁塔、铁塔、相国寺、宋城一条街、龙亭
荆州（江陵）	湖北省	楚国纪南城——郢	荆州古城、三国胜迹、龙泉书院、开元观、元妙观、楚纪南故城
长　沙	湖南省	吴楚古城、秦时长沙郡所在地	楚汉古墓、岳麓书院、船山学社、麓山寺、爱晚亭、第一师范
广　州	广东省	近代革命策源地、汉唐时大港口	光孝寺、六榕寺、怀圣寺、镇海楼、黄花岗烈士陵园、中山堂、陈氏书院、广州农民运动讲习所遗址

续表

城市名	所属省区	历 史 意 义	主 要 胜 迹
桂 林	广西壮族自治区	古代百越地、秦始皇三十三年设桂林郡，隋、唐以来的游览地	古南门遗址、明代靖江王王城、花桥、唐宋以来摩崖石刻造像、山水风景及亭阁观楼、灵渠
成 都	四川省	三国蜀汉、十六国成汉、五代前蜀、后蜀都城	武侯祠、王建墓、杜甫草堂、望江楼、青羊宫、都江堰
遵 义	贵州省	1935 年遵义会议所在地	遵义会议会址、湘山寺、桃溪寺、娄山关战场遗址
西 安	陕西省	西周、秦、西汉、隋、唐等十朝古都	大雁塔、小雁塔、明城、临潼秦陵、半坡博物馆、兴庆宫公园、大清真寺、碑林、钟楼
昆 明	云南省	汉时益州郡	龙门、三清阁、圆通寺、大观楼、筇竹寺、滇池景区
大 理	云南省	南诏、大理等国都、云南高原政治中心	崇圣寺三塔、蝴蝶泉、太和城遗址、南诏德化碑、石钟山石窟
拉 萨	西藏自治区	公元 7 世纪松赞干布统一西藏后的首府	布达拉宫、大昭寺、罗布林卡、哲蚌寺、色拉寺

第二批历史文化名城（38 座）

城市名	所属省区	历 史 意 义	主 要 胜 迹
上 海	直辖市	中国共产党诞生地、对外贸易大港	豫园、玉佛寺、龙华塔、中共一大会议旧址、鲁迅墓
天 津	直辖市	元朝以来畿辅之门户	天后宫、古文化街、广东会馆、独乐寺、黄崖关长城
沈 阳	辽宁省	清人建国初期的都城、入关后的陪都	沈阳故宫、福陵、昭陵
武 汉	湖北省	楚国所在地、辛亥革命起义中心	黄鹤楼、归元寺、东湖风景区、辛亥革命政府旧址、武昌起义广场
南 昌	江西省	富有革命传统的英雄城市	八一起义指挥部旧址、第四军军部旧址、革命烈士纪念堂
重 庆	四川省	古代巴国都城、抗战时期国民政府临时陪都	大足石刻、缙云山风景区、红岩革命纪念馆
保 定	河北省	冀中古城、北京的南大门	古莲花池、大慈阁、清苑地道、满城汉墓、白洋淀、鸣霜楼
平 遥	山西省	明代古城	文庙、双林寺、平遥古城、镇国寺、慈相寺
呼和浩特	内蒙古自治区	有 400 年历史的古城，原名归绥	大召、万部华严经塔、乌素图召、昭君墓、金刚舍利宝塔

续表

城市名	所属省区	历　史　意　义	主　要　胜　迹
镇　江	江苏省	东汉末年孙权曾迁都于此	焦山、金山寺、天下第一泉、北固山、甘露寺
常　熟	江苏省	苏南文化名城	虞山、兴福寺、徐霞客墓、言子墓、读书台
徐　州	江苏省	古称彭城，历代军事重镇、淮海战役主要战场	云龙山、兴化寺，淮海战役烈士纪念塔、馆
淮　安	江苏省	周恩来总理故乡	周恩来故居、镇淮楼、文通塔
宁　波	浙江省	我国最早的藏书中心之一，东晋开始建城，唐以后成繁华的港口	天一阁、保国寺、天封塔
歙　县	安徽省	皖南古代重镇	许国石舫、绿绕亭、新安碑园
寿　县	安徽省	五代时的寿春古城，后为沿淮重镇	孙叔敖祠、芍坡、报恩寺
亳　州	安徽省	商朝成汤所建亳都，曹操、华佗故里	汤陵、城父故城址、华佗庙、曹操家族墓群、古地下道、花戏楼
福　州	福建省	古老的外贸港口、秦统一中国后闽中郡的中心之一	鼓山、于山及摩崖刻石、西湖、戚公祠、西祥寺、严复墓、林则徐祠堂
漳　州	福建省	早期对外贸易港口	南山寺、石松关、文庙碑刻、郧山讲堂
济　南	山东省	春秋时齐国的军事要地，以泉多著称的游览城市	大明湖、李清照纪念馆、辛弃疾纪念馆、千佛山、灵岩寺、趵突泉
安　阳	河南省	中华文化重要发祥地	小屯殷墟出土文物、天宁寺塔
南　阳	河南省	古为申、吕之国，春秋时宛	武侯祠、宛城遗址、医圣祠、汉画像馆、张衡墓
商　丘	河南省	相传商代阏伯在今商丘县为火正，后被祭为火祖	阏伯台、文雅台、壮悔堂
襄　阳	湖北省	诸葛孔明家乡	古隆中、襄阳城、夫人城
潮　州	广东省	隋开皇十一年（591 年）设潮州，粤西古城	韩祠、葫芦山摩崖石刻、广济桥、凤凰塔、开元寺、西湖、黄埔军校潮州分校旧址
阆　中	四川省	秦置阆中县	张飞墓、永安寺、铜钟、华光寺
宜　宾	四川省	川南重镇	旧州塔、翠屏山、忠山、赵一曼纪念馆、白塔、流杯池
自　贡	四川省	古代井盐产地、恐龙之乡	西秦会馆、盐业历史博物馆、桑海古盐井、恐龙博物馆
镇　远	贵州省	黔东古城、宋宝祐六年（1258 年）置镇远州	青龙洞、万寿宫、大佛堂、玉皇殿、藏经殿、莲花亭

续表

城市名	所属省区	历　史　意　义	主　要　胜　迹
丽　江	云南省	战国时属秦国蜀郡	玉龙雪山、五凤楼、丽江壁画、丽江古城
日喀则	西藏自治区	历代班禅所在地	扎什伦布寺、那当寺、夏普寺
韩　城	陕西省	司马迁故里	龙门，司马迁祠、墓，文庙
榆　林	陕西省	汉代龟兹县、明置榆林寨	红石峡、镇北台、新明楼、戴兴寺
武　威	甘肃省	十六国时前凉、汉凉、北凉先后建都于此，汉时河西四郡之一——凉州	文庙、西夏碑、大云寺铜钟、铜奔马、天梯石窟、罗什寺塔
张　掖	甘肃省	西汉时河西四郡之一——甘州	大佛寺、木塔、西来寺、黑水国汉墓群
敦　煌	甘肃省	佛教东传第一站，西汉时河西四郡之一——沙州	莫高窟石窟、大方盘城、玉门关、沙州古城遗址、阳关
银　川	宁夏回族自治区	西夏都城兴庆府	西夏王陵、玉皇阁、承天寺塔、海宝塔
喀　什	新疆维吾尔自治区	古丝绸之路我国最西端城镇、典型的维吾尔族城市风光	艾提尕尔清真寺、阿巴和加麻札墓、三仙洞

第三批历史文化名城（37 座）

城市名	所属省区	历　史　意　义	主　要　胜　迹
正　定	河北省		古城墙、隆兴寺、开元寺钟楼等
邯　郸	河北省	战国时赵都	赵故城、响堂山石窟
新　绛	山西省	古代州、府治	龙兴寺、钟楼、鼓楼、古园林遗迹
代　县	山西省	古代郡州、县治	古城、边靖楼、关帝庙、文庙
祁　县	山西省	北魏县治	文庙、乔家大院、镇河楼
哈尔滨	黑龙江省	唐代忽汗州辖区	极乐寺、东正教堂、天主教堂
吉　林	吉林省	清代重镇	文庙、坎离宫、临江摩崖石刻
集　安	吉林省	唐、辽时州治	洞沟古墓群、长川壁画墓
衢　州	浙江省	东汉始为县治	先圣遗像碑、孔氏家庙图
临　海	浙江省	三国始为县治	古城、千佛塔、表功碑
长　汀	福建省	西晋置县	古城文庙、中央苏区旧址等
赣　州	江西省	西汉设县	舍利塔、文庙、通天岩石窟
青　岛	山东省	明代设浮山备御千户所	欧式建筑、日式建筑
聊　城	山东省	古齐国城邑	光岳楼、山陕会馆
邹　城	山东省	孟子故乡	孟府孟庙、摩崖石刻

续表

城市名	所属省区	历 史 意 义	主 要 胜 迹
临 淄	山东省	古齐国都城	齐故城、田齐王陵等
郑 州	河南省	商城遗址	城隍庙、清真寺、二七塔
浚 县	河南省	西汉置县	千佛寺及石窟、天宁寺、大石佛
随 州	湖北省	炎帝神农故里	古文化遗址、古墓葬群
钟 祥	湖北省	楚国都城	文风塔、元佑宫、阳春台
岳 阳	湖北省	春秋时楚地	岳阳楼、文庙、礁氏塔
肇 庆	广东省	汉设县	崇禧塔、梅庵、西礁楼
佛 山	广东省	隋代开始发展	祖庙、孔庙、古窑址
梅 州	广东省	宋代为府治	千佛塔、灵光寺、民居
海 康	广东省	西汉始设县	真武堂、三六塔、唐代窑址
柳 州	广西壮族自治区	自汉朝已发展	柳侯祠、东门城楼、白莲洞
琼 山（已与海口合并）	海南省	秦始设县	王公祠、琼州文庙大成殿
乐 山	四川省	自北周后为州府治所	宋城址和炮台、乐山大佛
都江堰	四川省	古代水利工程	文庙、都江堰水利工程
泸 州	四川省		报恩塔、奎星阁
建 水	云南省	元初设建水千户	双龙桥、燃灯寺、东林寺
巍 山	云南省	汉代设县	文庙、书院及古城
江 孜	西藏自治区		宗山抗英遗址、白居寺
咸 阳	陕西省	古秦国都城	秦咸阳城遗址、西汉诸帝陵
汉 中	陕西省	战国时置郡	古汉台、拜将台、净明寺塔、武侯祠
天 水	甘肃省	汉置郡	伏羲庙、玉泉观、麦积山石窟
同 仁	青海省	1929 年设县	隆务寺、清真寺、二郎庙

增补（43 座）

城市名	所属省区	历 史 意 义	主 要 胜 迹
山海关	河北省	明朝创建	老龙头、长城、角山、燕塞湖、孟姜女庙
凤凰古城	湖南省	建于明代嘉靖三十五年	沈从文故居、奇梁洞、南方长城、南华山、山江苗寨

续表

城市名	所属省区	历　史　意　义	主　要　胜　迹
濮阳	河南省	黄帝与蚩尤大战之地	戚城遗址、仓颉陵、将军渡
安庆	安徽省	东周时期古皖国所在地	天柱山、迎江寺、振风塔
泰安	山东省	西汉初设郡	泰山、摩崖石刻、岱庙、太阳部落
海口	海南省	宋代称海口浦	骑楼老街、五公祠、海瑞墓园
金华	浙江省	秦代建县	双龙洞、永康方岩、百杖潭、诸葛八卦村
绩溪	安徽省	南朝梁设县	龙川、徽杭古道、千年仁里
吐鲁番	新疆维吾尔自治区	古丝绸之路重镇	高昌故城、交河故城、火焰山、葡萄沟
特克斯	新疆维吾尔自治区	古乌孙国所在地	八卦城、乌孙夏都
无锡	江苏省	西汉置县	鼋头渚、灵山胜境
南通	江苏省	东晋置县	濠河风景区、啬园
北海	广西壮族自治区	清代设北海镇标	普度寺、北海近代建筑群
宜兴	江苏省	宋代置县	善卷洞
嘉兴	浙江省	中国共产党诞生地	嘉兴南湖中共“一大”会址、乌镇、西塘、茅盾故居、王国维故居
太原	山西省	西汉置郡	晋祠园林、永祚寺、凌霄双塔、龙山石窟、蒙山大佛、祭孔文庙、晋阳古城遗址
中山	广东省	孙中山故乡	中山故居、孙文西路旅游文化步行街、南区马应彪纪念公园
蓬莱	山东省	唐代置镇	蓬莱阁、戚继光祠堂
会理	四川省	西汉建市	会理古城、金江书院
库车	新疆维吾尔自治区	古龟兹国所在地	克孜尔石窟、库木吐拉千佛洞、库车王府、苏巴什古城
伊宁	新疆维吾尔自治区	清天山南北政治、经济中心	伊犁将军府、陕西大寺、拜都拉大寺
泰州	江苏省	南唐建州	施耐庵墓、郑板桥墓、光孝寺
会泽	云南省	唐初设县	会泽古城
烟台	山东省	商、西周、春秋时为莱国地	蓬莱阁、八仙过海·三仙山、昆嵛山
青州	山东省	古九州之一	范公亭、云门山
湖州	浙江省	建制始于战国	南浔古镇、莫干山、莲花庄、飞英塔

续表

城市名	所属省区	历 史 意 义	主 要 胜 迹
齐齐哈尔	黑龙江省	清代建城	寿公祠、望江楼、关帝庙
常州	江苏省	隋始有常州之称	陈渡草堂、天宁寺、舣舟亭
瑞金	江西省	中央苏区时期党中央驻地、中华苏维埃共和国临时中央政府诞生地、中央红军二万五千里长征出发地之一	中央革命根据地历史博物馆、红井、叶坪革命旧址群、罗汉岩
惠州	广东省	隋唐已是“粤东重镇”	平海古城、叶挺故居、归善县学宫
温州	浙江省	东晋建郡	玉海楼、蒲壮所城、南阁牌楼群
高邮	江苏省	帝尧故里、尧文化发祥地	盂城驿、龙虬庄遗址、高邮当铺、高邮明清运河故道、镇国寺塔、平津堰
永州	湖南省	西汉始置侯国	柳子庙、浯溪碑林、上甘棠村
长春	吉林省	扶余国都	伪满皇宫博物院
龙泉	浙江省	唐代建县	大窑国家级重点青瓷古窑址、源口青瓷古窑址
蔚县	河北省	东魏始置蔚州	蔚州古城、暖泉古镇
辽阳	辽宁省	辽东国首府	辽阳白塔、东京城城址、广佑寺
通海	云南省	唐代置镇	三圣宫、白龙寺、通海文庙
黟县	安徽省	“徽商”和“徽文化”的发祥地之一	西递村、宏村、塔川村
桐城	安徽省	“桐城派”的起源地	桐城文庙、六尺巷、龙眠山风景区
抚州	江西省	才子之乡，文化之邦“江右古郡”	文昌里历史文化街区、黎川古城、大觉山风景区
九江	江西省	历史上中国三大茶市和四大米市之一	白鹿洞书院、鄱阳湖、浔阳楼
剑川	云南省	明代剑川县	沙溪、宝相寺、石宝山

第七节　我国的园林资源

一、我国古代园林史

中国最早的园林出现于“商殷”，其形式曰“囿”。《史记》载：商纣王“好酒淫乐……益收狗马奇物，充牣宫室，益广沙丘苑台，多取野兽蜚鸟置其中”。西周时已有了正式的园林。文王建灵囿，方七十里，其间草木丰茂，鸟兽繁衍，可谓是我国最早的畋猎园。商周还建台、掘沼。以后赵武灵王筑灵台，其上有“天桥雪洞”“花园庄阁”诸景，成为阅兵享乐的古丛台。

秦汉时期园林由囿发展到苑。秦始皇在渭南营造上林苑，所谓“醴泉涌于清室，通川过于中庭”，开始将宫殿与御苑结合起来，并“作长池、引渭水，筑土为蓬莱山”，开创了凿池堆山造园的纪录。汉武帝曾仿照云南滇池建造了太液池，池中堆蓬莱、方丈、壶梁、瀛洲诸山，象征东海神山。魏文帝在洛阳筑了凌云台以游乐。

魏晋南北朝时，贵族官僚的私园也发展起来。汉袁广汉私园中“构石为山”“激流水注”；梁孝王刘武筑免园；大将军霍光、梁冀等所造私园规模也相当大，“采土筑山，十里九坂，以象二崤”，其间奇树异草，珍禽怪兽，无所不全。魏人王元琛园、晋人石崇的金谷园、张伦的山池园等一批私人园林的建成，使以土山水池为基础的造园风格确立起来。

隋唐时期皇室造园兴盛。隋不仅在长安大建苑囿，如大兴苑等，而且在其东都洛阳营建大规模的西苑，周二百里，苑内有海，及蓬莱、方丈、瀛洲诸山，山下建有台观殿阁。唐朝在大力营建宫殿的同时，在长安营建了南苑、北苑、大明宫内苑，还营造了园林性质的兴庆宫。兴庆宫内殿阁相映，绮丽豪华。骊山的温泉宫（华清池的前身）也为唐时所建。此外，唐朝还在洛阳修建东都苑。唐朝达官贵戚之园，一部分建在长安城南，占据泉石优胜之地；一部分建在东都洛阳附近，以自然山林景色为主，富于自然意趣。五代时期，江南园林发展起来，苏州开始出现了造园的兴盛期。

北宋统治阶级造园风气更盛。史书载：“城都左近，皆是园囿，百里之内，并无闲地。”以艮岳规模最大，周围十余里，建有亭台楼馆，修雁池，开曲江，中央建起蓬壶岛。北宋私园多在其西京洛阳唐代旧园基础上，改建成“园池”“园囿”，如董氏的“东园”“西园”，富郑公园等。因此北宋的洛阳“园囿亭观之盛实甲天下”。

南宋迁都临安后，皇家御苑和官宦朝贵私园占尽了西湖及周围山区，大量亭台楼阁，寺庙精舍，纷纷建造起来，形成了“山外青山楼外楼”的风景布局，使西湖十景初具规模，出现了游客云集，歌舞遍野的局面。

金元入侵中原后，即在都城兴筑园林。金的大宁宫，元改建为太液池，即是现今北海公园的前身。

明朝利用北京西北部的自然山水建园。明中叶以后，私园之风又兴起，北京、南京、苏州及太湖周围，园墅麇集。北京海淀的勺园和李园等，虽规模不似皇家园林，但以奇峰阴洞取胜，技艺更趋成熟，精雕细琢，清秀典雅。

清朝是我国历史上造园最多的朝代之一，皇家园林总数不下十余处，都属大型御园，如畅春园、静明园、圆明园、承德避暑山庄等。私人造园到乾隆时达到高潮，苏州的留园、怡园、补园、耦园都为此时兴建或重建，扬州瘦西湖至平山堂一带，更是“楼台画舫，十里不断”。

纵观我国古代园林发展历史，不难看出，园林是作为帝王和统治阶级享乐的场所而建造起来的，挥霍了大量的金钱和人力。帝王苑囿不仅数量多、规模大，而且装饰华丽，并设置用途不同的离宫、别墅、厅堂等建筑。历代皇帝除在园内游乐外，有的还在园内长期居住，甚至处理朝政，召见大臣，清朝最为突出。上行下效，历代官僚、贵族也建起一批私园，虽规模不似皇家园林，但也堪称小巧精细之作。与此同时，在历代造园实践中，也造就了一批造园专家和工匠，如计成、张涟等，通过他们的总结提高，创造了我国独特的古代园林风格和造园艺术。计成的《园冶》一书，较为全面地阐述了他的造园主张和明末江南一带造园技艺，是我国古代最完整的造园著作。

二、中国古代园林的特色

园林是在一定空间，由山、水、动植物和建筑物等共同组成的一个有机综合自然整体。因此园林是一种空间艺术，是自然美与人工美高度的统一。园林建筑风格及其艺术表现手法，受自然、历史、民族习惯、民族风格等因素制约。中国园林与西方园林的构筑风格不同：西方一般是几何图形式的园林设计，强调整体的形式美；而中国是建造自然式山水风景园，强调意境情趣，采取人造山水的手法，以拳石代替名山巨岳，移山缩地，把自然风景的优美在园林中集中地表现出来。

中国古代园林在取材、建筑布局、艺术创作等方面深受我国文学、艺术的影响，形成寓情于景的特点。许多题材取自山水画、山水诗和文学作品的名句或神话传说，着重表现个人的思想感情，所以中国古代园林是诗与画的物记，有所谓“无处不可画，无景不入诗”的意境，耐人寻味。而且，将中华民族的性格和文化传统在园林中表现出来，即端庄、含蓄、幽静、雅致，多数园林淡妆素裹、古朴盎然。同时达到可望、可行、可游、可居的美学效果。

园林建筑在形式上分为厅堂、轩馆、楼阁、桥廊、亭台、榭舫等。它们形式不同，各有不同的作用。主要为木构架结构。屋顶多采用举折和屋面起翘、出翘，形成如鸟翼伸展的檐角和屋顶各部分的优美曲线。园林中各类建筑的布局、方位、体量大小、形式等均与山石、湖池等自然景物搭配协调，相得益彰。在园林中，建筑物常占有重要位置，不少建筑物起着既是观赏对象物，又是风景观赏点的作用。

在造园艺术手段上，充分利用天然湖山的有利条件，因地制宜，呈现水石交融的美妙境界，形成曲折的水，错落的山，盘绕迂回的小径，景物有连续、有间断、变幻多端，利用障景、隔景、透景、框景、倒景、夹景、借景等多种传统造园手法，恰到好处地互为依托，增加景深和层次，从而达到深邃莫测，四顾皆景，步移景换，或山外有山、楼外有楼的不同艺术效果。

作为语言艺术的园林题景、门楣、对联、匾额等，寥寥数笔，将客观事物的内在美和艺术美点染出来，高度概括了景物的特点与神韵，为园林增添了雅兴。苏州拙政园荷风四面亭，即无荷风也觉风在其中，引人遐思。又如昆明大观楼孙髯的长联，更达到了“文借景以抒情，景借文以流传”的意境，而且好的景色命名能使人寻名探胜，起到指导游览和观赏说明的作用。同时诗词题文和汉字艺术作为游览的观赏物，也能提高园林的格调。

在色彩上，除皇家园林采用黄、红色外，一般园林建筑则多用青灰色的砖瓦顶或粉墙瓦檐，木柱、梁枋与门窗多用黑色、褐色或本色木面，清淡典雅。

中国古代园林悠久的发展历史和高超而独特的艺术，在世界上享有盛誉，受到世界人民的喜爱。观赏古典园林，不同于一般公园游乐，而是可以从中感受到它的历史和文化氛围，也可品味其艺术意境。

三、我国古代园林的类型

园林的风貌多变，按其分布一般可分为城市园林、山麓园林、寺庙园林、湖滨园林，等等。以园林性质和面积大小还可分为皇家园林和私人园林。不同园林有不同的风格：山麓园林、湖滨园林等多利用自然山水而建，多野趣，更接近自然；私人园林、宅园，贵小巧、清新，宜静观。

我国古代园林因其构筑风格与特点，一般分为以下三大类型。

北方型：以北京为代表，多为皇家园林。其规模宏大，建筑体态端庄，色彩华丽，风格上趋于雍容华贵，着重体现帝王威风与富贵的特色；缺少江南园林开畅通达的活泼情趣，如颐和园、北海公园、承德避暑山庄等。

江南型：以苏州园林为代表，多为私人园林。一般面积较小，以精取胜，其风格潇洒、活泼、玲珑素雅、曲折幽深、明媚秀丽，富有江南水乡特点，如苏州拙政园、网师园等。

岭南型：以广东园林为代表，其风格介于北方型和江南型之间，既有北方古典园林的稳重、堂皇和逸丽，也融会了江南园林的素雅和潇洒，并吸收了国外造园的手法，因而形成了岭南园林轻巧、通透明快的风格，如广州越秀公园、潮州西湖等。

四、园林与旅游

城市公园是城市绿化的重要组成部分，它具有改善城市生态空间，美化市容的自然功能。同时城市公园又是居民休憩与娱乐健身的主要场所，建设精神文明的阵地之一。

在我国，城市公园按其内容可分为街头公园、游览娱乐公园和古代园林三大类。街头公园（包括居民区花园绿地），如北京滨河公园、菖蒲河公园，天津海河公园等。游览娱乐公园，以不同类型的主题公园为主，如北京世界公园、深圳锦绣中华园、无锡唐城等。古代园林具有悠久的历史，独特的中国造园风格和高超的造园技艺，是我国珍贵的文化艺术遗产，多已列入国家重点文物保护单位。观赏游览古代园林，可以从中感受到它的历史和文化氛围，也可品味其艺术意境，因而受到游人的青睐；在世界上也享有盛誉。北京颐和园、承德避暑山庄和苏州古代园林都已纳入《世界遗产名录》，成为全人类的文化遗产。

第八节　我国的古代墓葬及旅游价值

墓葬有其产生和演变的历史背景。墓葬制有许多相沿成俗的内容，反映了宗法社会中人们的伦理思想和宗教观念，因此是古代文化的一部分。

一、我国墓葬的演变

安葬起源于灵魂观念的产生，为灵魂建安托之所。墓葬形式多种多样，各种墓葬都有其产生和发展的过程。我国历史上曾有火葬、土葬、木葬、天葬、架壑葬等。

葬礼受生产力水平的限制，故早期墓葬非常简单，《礼记》中称："葬者，藏也"，"古也墓而不坟"。古时凡葬而不堆土植树者谓之墓。《易经·系辞》云："古之葬者，厚衣之以薪，不封不树。"上古时期，棺木只有三寸，墓坑深度只要求"下毋及泉，上毋通臭"，不作丘垅。

进入奴隶社会，由于社会财富集中到少数人手里，他们不但生前享受，还把死后殡殓埋葬看作最后的享受；儿孙也把办丧事作为宣传孝道、夸耀社会身份地位的手段，故而葬礼越来越隆重。葬仪之隆重，最突出的表现在棺椁的讲究，随葬品种类和数量的增加，以及坟墓建造规模宏大等方面。

殷商时期墓葬已有新的发展，而且开始有了陪葬和殉葬制。周朝有了棺、椁和殉器等葬物。《淮南子·氾论训》说："殷人用椁。"春秋以后更实行厚葬，使用最好的木料做棺椁，陵墓规模更大，同时帝王贵族们将宫室到日常生活用品无一不搬到墓中去，造成随葬品的大量增加。《墨子·节葬》说："璧玉即具，戈剑鼎鼓壶滥，文绣、素练、大鞅、万领，舆马、女乐皆具，曰必捶涂差通，垄虽凡山陵，此为辍民之事，靡民之财，不可胜计也。"此时实行残暴的殉葬制，权威者强制其属下、妻妾、仆役以殉死达到陪葬的目的。《墨子·节葬》说："天子杀殉，众者数百，寡者数十，将军大夫杀殉，众者数十，寡者数人。"殷墟古墓发现几百人殉葬的遗迹，周幽王墓有百余尸纵横相枕。

发展到秦汉时期，统治者仍把养生与丧葬等量齐观，把修建死后的陵寝与修建生前的宫殿看得同样重要。国家规定以国库的1/3经营帝王陵寝，《晋书·索綝传》:“汉天子，即位一年而为陵，天下贡赋，三分之，一供宗庙，一供宾客，一充山陵。”所以帝王陵墓修建时间相当长，规模宏大，如秦始皇的骊山陵和阿房宫工程一样浩大，装饰豪华。殉葬风仍相当盛行，秦始皇以陶俑铜俑代人殉葬，同时也殉葬了一批宫女。秦陵东面发掘的兵马俑坑，据考证是殉葬的一部分。西汉开始出现陵邑制，在帝王陵区附近，形成一个繁华、富庶的都邑，起到保卫、侍奉、管理陵园的作用。墓前开始装饰以巨石雕塑的石像生，雕工精细。唐朝开创了“依山为陵”的先例，陵墓气势更加雄伟。同时盛行墓前立碑和墓室内置石志的风尚。虽自汉代已废除了殉葬制，但陪葬物品仍很惊人，除珍宝珠玉货币杂物入殓陪葬外，还把死者喜欢的东西埋于墓中。唐太宗因喜欢王羲之的字，即把《兰亭序》埋入昭陵。类似情况，不胜枚举。

宋朝陵墓沿袭唐制，陵墓规模虽较小，但仍将死葬视为大事。宋高宗因祖宗坟墓、父兄灵柩在金人统治下，不惜对金称臣纳贡，换取死者的安全。

明、清以来，仍是皇帝即位就开始选择墓地，设计、修造。明朝改变了唐宋陵墓正方形布局，而是多陵设在一个陵区，设一条共同神道，采用了宝城、宝顶的形式，山势环抱，气势宏伟。各陵形制统一，尺度相仿，建筑风格似宫殿，雕饰考究。清朝帝王仍盛行厚葬，建制基本仿效明朝，但在建筑、雕塑方面比明朝更有甚之，各陵区均设有文武护陵专官。清东、西陵是我国现存规模最大，保存最完整的帝王陵园。

总之，我国自进入奴隶社会以来，帝王陵墓的布局形制，历代推演，既有因袭，亦有革新，各有特点。但传统的厚葬以明孝的思想，沿袭几千年，毁灭了多少财富，掩埋了多少人类的文明，是无法用数字计算的。

我国一些少数民族也有自己的墓葬方式，如蒙古族虽也葬于地下，但不做坟，不树碑，以众马踏平；古僰人将船形棺木置于悬崖之上，称为悬棺葬。

二、古代墓葬的分布及发掘、陈列、展出在旅游中的意义

古代帝王官宦都是选择所谓“乾坤聚秀之区，阴阳汇合之所”建造陵墓。陵区规模大，风景优美，建筑豪华，在建筑上反映了当时的建筑思想和艺术水平，因此陵区本身就是一处风景旅游地。此外，我国古代以“厚葬以明孝”，特别是帝王官宦、嫔妃等在殡葬的同时，还葬有许多陪葬品，如明定陵地宫内发掘出3 000余件随葬品，乾陵陪葬墓中发掘出文物4 300余件。在已发掘的陵墓中，获得了保存尚好的古尸、金缕玉衣、编钟、多姿多彩的壁画等大批珍贵文物。它们

能够较完整地反映那个历史时期的社会生产、生活方式和文化艺术水平，为研究我国古代史、天文学史、地理学史、工艺史以及医学史等都提供了极为珍贵的资料。它们既具有很高的科学价值，也是一项独特的旅游资源。

目前，我国保存了各个朝代帝王将相嫔妃等陵墓多处。陕西黄陵县桥山有相传中华民族的祖先轩辕黄帝陵。陵高3.6米，周长48米，松柏环抱，陵前碑石矗立，碑前有四角祭亭，郭沫若手书“黄帝陵”石碑立于亭内。桥山下有轩辕庙宇一座，祭殿正门上方悬挂“人文初祖”的金字匾额；园内古柏参天，苍松挺拔，号称轩辕柏的古柏相传为黄帝所植。自汉代以来，帝王清明祭扫黄帝陵屡有记载，现为著名游览地，国家重点文物保护单位。

秦始皇陵建在陕西临潼县骊山之北。陵园按咸阳都城的规制，体现了君主专制和皇权独尊的特点。地下也有宫殿之势，“以铜为椁……上画天文景宿之备，下以水银为四渎百川五岳九州，具地理之势……宫观百官，奇珍异宝，充满其中”。陵园东门外，是象征着皇城宿卫军的兵马俑，系为皇陵的陪葬而安排的宫观百官的一部分。1974年发掘，三个俑坑总面积20 000多平方米。坑内整齐排列着各种陶质俑人俑马及战车、青铜剑等武器，俑人俑马其尺度略大于真人真马，所持武器均为实战真物，气魄之宏大，阵势之威武，艺术之高超，均为世界所罕见，是震惊世界的古代文化遗产，被誉为“世界第八奇迹”。经整修后在一号坑上建起博物馆，自公开展出以来，吸引了世界各地的游客。

西汉11个皇帝陵墓除文帝霸陵、宣帝杜陵外，都分布在渭河北岸的咸阳原上，布局以汉高祖长陵为中心，武帝茂陵规模最大。《关中记》载：“汉帝诸陵皆高十二丈，方百二十步，惟茂陵高十四丈，方一百四十步。”霍去病墓作为茂陵的陪葬墓，墓冢以岩石垒砌成祁连山形，前列石雕寓意深刻，刀法含蓄有力，线条流畅，是我国石雕珍品。现在此建茂陵博物馆，是我国第一批文物保护单位。

唐陵分布在渭水北岸的乾县、礼泉、三原、富平等县。唐太宗的昭陵和高宗的乾陵都是以山为陵，气势雄伟。昭陵建于海拔1 888米的九嵕山，陵园周长60公里，面积达20 000公顷，建有献殿、寝宫。原立于宣武门内东西两庑的六骏浮雕，是仿李世民当年南征北战驰骋战场所骑六匹战马，“其手法简直前无古人”（鲁迅），栩栩如生，具有传神的魅力。昭陵周围有167座陪葬墓，现在李勣墓地建了昭陵博物馆。乾陵建于乾县梁山上，有内外城及300余间房屋建筑，工程浩大。但现在地面建筑已荡然无存，墓前仅保存述圣记碑和有名的无字碑，以及无头石雕人像等古迹。乾陵有17座陪葬墓。永泰公主墓、章怀太子墓和懿德太子墓等已发掘。乾陵附近建起了博物馆，展出4 000余件出土精品。

北宋陵墓分布在河南巩义市洛河南岸的台地上，七帝八陵及王公大臣墓等，形成了一个庞大的陵墓群，统称永安县陵邑。宋陵现保存的几百件精美绝伦、镂镌隽永的石雕，使游人赞赏不已，叹为观止。这也是研究宋代雕塑艺术的珍品。

明孝陵是现存最大的帝王陵墓，位于南京紫金山独龙阜玩珠峰下，周垣30公里，殿堂楼阁，连宇栉比，神道绵长，石雕林立，松柏万株，现为对外开放的全国重点文物保护单位。

明代的其他陵墓集中在北京昌平区天寿山，称“明十三陵”。以明成祖长陵规模最宏大，保存也最完整，为我国古建筑史上的杰作。明神宗的定陵地宫保存较好，自发掘后建成地下博物馆，对游人开放。

清朝入关以前的祖陵都保留在辽宁。入关后，先后在河北省遵化市马兰峪的昌瑞山下和易县永宁山下建成清东陵和清西陵。东陵以顺治孝陵为中心，西陵以雍正泰陵规模最大。现乾隆的裕陵地宫及慈禧的菩陀峪定东陵地宫都已对外开放。菩陀峪定东陵是我国现存规制最奢华，体系比较完整的一座皇后陵寝建筑群。

除帝王陵墓外，还有一些地方藩王、官宦、历史名人的陵墓，规模也相当庞大，出土文物也十分惊人，具有很高的研究及旅游价值，如藏王陵、王建墓、孔林、武侯祠、岳坟等。从河北满城发掘出西汉中山王刘胜及妻窦绾的墓，其尸分别穿着用2 000多玉片和黄金线编成的殓装，原名“玉柙”，可保存尸体，不致腐烂，成为稀世珍宝。长沙马王堆汉墓经发掘系西汉初期轪侯家族的墓地，出土文物3 000余件，包括帛书、帛画、竹简、漆器、木俑、中草药等，现在湖南省博物馆展出。特别珍贵的是墓中的女尸2 000余年保存完好，为国内外罕见。

建在洛阳市北郊邙山上的洛阳古墓博物馆，占地约2.9公顷，仿汉代建筑风格，气势宏大，环境清静幽雅，陈列上自西汉下至北宋的22座古墓。其面积大小、建筑形式、随葬品的摆设，都尽量做到和发掘时一样，这对研究我国古代史、建筑史、美术史、墓葬形式、丧葬制度都具有重要价值。

第九节　我国的宗教旅游资源

一、宗教的一般概况

宗教是一种社会意识形态，是历史的产物，因此，有其产生的认识根源。宗教是在最原始时代，从人们关于自己本身的自然和周围的外部自然的极愚昧、极朦胧、极错误的，原始的观念中产生的。宗教本身是一种极复杂的社会文化现象，它和人们的社会生活、思想、心理联系非常密切。在原始社会，由于人们对自然现象感到不可抗拒和无法理解，而产生了“万物有灵”的观念和对幻想的超自然力量的崇拜，逐步形成了最初的宗教形式，即原始宗教——拜物教。进入阶级社会以后，阶级剥削和阶级压迫是宗教存在和发展的主要根源。统治者把宗教变成一种更加虚伪、更加鄙俗、更加武断的社会意识形态。随着社会形态的发展和各种政权形式的出现，宗教由最初的拜物教、多神教发展到一神教，由图腾崇拜到民族神、民族宗教，最后出现了世界性宗教。目前世界上以佛教、基督教和伊斯兰教最有代表性，构成世界三大主要宗教。它们有各自的教义、教规和经典，也有一定的内部结构。这三大宗教传入中国后，对我国社会、思想文化等方面都产生了一定的影响，其中以佛教的影响最为广泛、深远。

伊斯兰教是流传在阿拉伯地区的主要宗教，约在公元7世纪中叶传入我国，宋元以后有一定发展，明末清初出现过一批伊斯兰教学者，经堂教育也开始兴起和发展。主要在回、维吾尔、哈萨克等少数民族中传播，建立了一批清真寺，如新疆喀什的艾提尕尔清真寺、广州的怀圣寺、泉州清净寺、西安清真寺、北京牛街清真寺，等等。该教信仰安拉，《古兰经》为其经典。

基督教为中世纪欧洲封建社会的主要精神支柱，后来分裂为正教、天主教和新教各派。该教于635年由僧侣阿罗本传入中国，称景教。天主教于明末再次传入中国，清朝时正教、新教各派也陆续传入。该教信仰上帝及耶稣，以《旧约全书》和《新约全书》为基本经典。基督教堂是教徒的主要活动场所。在我国，天主教堂和基督教堂遍布城乡，但数量较寺、观少。著名的教堂有北京南堂、上海徐家汇天主堂、哈尔滨圣索菲亚教堂等。

道教是我国的一种古老宗教。它渊源于古代巫术、秦汉时期的神仙方术。道教形成于东汉顺帝（126—144年）年间，由沛国（江苏省徐州西）人张陵在四川创立，奉老子为教主。历代相沿至金朝大定年间到王重阳，又创建以道为主，兼收儒家、佛家的全真道。王重阳的弟子丘处机成为全真道首领时，全真道成为道教中最有影响的一个流派。道教是多神教，崇奉的“神”和“仙”很多，大都是承袭我国古代社会的鬼神崇拜而来的。《道德经》为主要经典。道教祭神的寺庙称道宫、道观。北京白云观是全真道的著名道观。崂山、武当山、青城山都属道教名山。在漫长的历史发展中，道教也积累了大量经籍与文献资料，是我国古代文化遗产中的一个组成部分。一些道教名山、道观建筑具有旅游资源价值。

二、佛教及其对我国的影响

佛教产生于公元前6—公元前5世纪的北天竺迦毗罗卫国，由释迦牟尼所创。大约在东汉初年经中亚传入中国，东汉明帝于洛阳建立了中国第一个佛寺白马寺，并铸造黄金浮屠，从此开始了西域佛学者相继来中国传教、译经，中国派僧侣去西域求佛的各种活动。三国以后，传入了佛教画本，佛教建筑，佛教艺术普遍发展起来，寺塔的建筑、佛像的雕塑也初具规模，石窟艺术即发轫于此时期。南北朝时，王室笃信佛教，佛教得到空前的流行，开始形成不同教派，也兴修了大量佛寺、宝塔。隋、唐时期是中国佛教的大成时期，佛教与儒家正统伦理观念相结合，形成中国式佛教，统治者以佛教作为巩固其统治的手段之一，从而成为封建社会上层建筑的组成部分。佛教因此势力很大，寺院有自己的产业，在教义宣传上更广泛，并且开始对日本、朝鲜等国产生影响。唐、宋时代佛教艺术有显著提高，对我国文化和艺术等方面都产生了深远的影响。辽、金时期，寺院经济特别发达。元朝佛教属藏传佛教教派，梵像塑造艺术开始传入我国，因此也称为梵式佛像。明、清两代藏传佛教在内地渐衰，而其他佛教教派得以发展，名师辈出，形成佛教的复兴现象。佛教在中国流传的过程中，通过传经、译经等活动，建立了各派自己的理论体系，形成几大宗派，主要有天台宗、密宗、净土宗、律宗、华严宗、法相宗、禅宗等。

三、佛教建筑及艺术遗存

在历史上，佛教对我国文化产生过深刻的影响，佛教遗迹遍布祖国南北。被称为佛教三大建筑的石窟、寺院和佛塔在中国比比皆是，有许多至今保存完好，成为无价的瑰宝。

石窟寺艺术 石窟寺为佛教寺庙建筑的一种，来源于印度。我国的石窟寺约始于公元4世纪中期，随着佛教的传入而兴起。我国石窟寺艺术的发展，大致可分为四个阶段：第一阶段：东晋、南北朝；第二阶段：隋；第三阶段：唐；第四阶段：五代到宋、元，以后逐渐衰落。其中以北魏至隋、唐时期最盛。

石窟寺艺术属于综合艺术，它是建筑、雕塑、绘画等多种艺术形式的综合。石窟寺建筑本身就是一种艺术形式。窟内雕塑佛像和佛教故事，在石质疏松、不易雕刻的窟中，则以壁画代替。因修筑年代不同，其雕塑和绘画风格迥异，造型、线条、色彩都有区别。北魏壁画线条粗犷，以土红为主调，轮廓也用同样的深色，配以石绿、石青、朱砂、银珠、黑、白等色，由于对比强烈，产生了鲜明的效果。唐代壁画多用规模宏大的经变画做主体，最大的长10米，宽4米，在同一画面上表现出整体佛经的复杂内容，而不用北魏以来连续画面形式。画中形象写实，用笔细腻，色彩上除继承过去传统外，还以石绿和黑色为主色调。

石窟艺术内容很丰富，题材十分广泛，除佛教故事外，有不少以现实生活为创作题材，具有浓郁的生活气息，同时也有浪漫主义的色彩。刻画人物真实细腻，景物生动活泼，给人身临其境、如闻其声之感，是一座座极有价值的形象历史博物馆。

我国最著名的石窟有敦煌莫高窟、大同云冈石窟和洛阳龙门石窟三处。此外，还有甘肃安西榆林窟、麦积山石窟、炳灵寺石窟，河北邯郸响堂山石窟，四川的大足石刻，宁夏须弥山石窟，以及新疆境内古丝绸之路沿线的克孜尔千佛洞等。

寺院和佛塔 寺院、名刹是佛教、道教及其他宗教信仰者拈香顶礼，诵经拜佛的梵宫宝地；记载着我国封建文化的发展，宗教的盛衰。“自古名山多寺庙”，建筑宏伟、造型奇特的古刹、名寺，使奇峰大山显得古雅、肃穆、清幽，富于神秘的情趣，不仅为香客们所仰慕，而且游人络绎不绝，成为一项特殊的旅游资源。佛教庙宇一般称寺、庙、庵、堂，其布局是前为山门，门内左右为钟鼓楼，正面是天王殿，再进即为大雄宝殿，最后是藏经楼，以及僧房、禅堂、斋堂等。在建筑上，规模宏大，斗拱交错，雕梁画栋，金碧辉煌。

洛阳白马寺为我国第一座佛寺，尊誉为佛教的“祖庭”，建于东汉永平十一年（68 年）。背负邙山，南临洛河，古刹黄墙，茂林高塔，寺门外左右各立一匹宋代青石圆雕马，刻画出长途跋涉，驮经东来的形象。四大佛教名山都有规模宏大的佛庙建筑。五台山佛光阁是迄今保存完好的古木构建筑；承德避暑山庄外八庙的建筑，体现了我国汉、回、蒙、藏各民族宗教建筑风格；北京雍和宫是最大、最完整的藏传佛教寺庙之一；拉萨的布达拉宫是世界高原上罕见的宏大宗教建筑群；以少林派拳术著称的是嵩山少林寺；天台宗的祖庭是国清寺，还有独乐寺、栖霞寺、灵岩寺等，古寺之多，犹如灿烂群星，数不胜数。

塔是在印度建筑的影响下，由我国古代的高层建筑重楼逐渐演变成的。最早是佛教藏经和藏舍利子的地方。古塔的形式很多，用料不同。按塔的结构可分为实心塔和楼阁式塔两种；按材料分为木、砖、石、琉璃、铁塔等；以几何形式又有四角、六角、八角、圆形等的区别；按其用途可分为经塔和墓塔。塔的层数一般为单数。许多塔来源于佛教故事和其他神话传说，一般随寺庙所建。塔的外形有的秀丽玲珑，有的稳重挺拔，也有的庄重古朴。高山之巅建塔可彰山川之秀，古城之塔一般成为城市的标志性建筑。河北定州开元寺塔建于北宋年间，11 级，塔身高 84 米，是我国现存最高的砖塔，内藏当时大旅行家慧能从印度带回的一颗舍利子。全部木结构塔首推山西应县佛宫寺释迦塔，俗称应县木塔。此外西安的唐代大雁塔，作为河北省四大古迹之一的景州塔，浙江杭州的六和塔、保俶塔，江苏沛县的汉代浮屠寺塔等建筑都十分壮观。据估计，历代遗留下来的古塔全国约有 3 000 座以上，其中 16 座古塔被列为第一批全国重点文物保护单位。

四、宗教旅游

宗教旅游是以具有特定宗教含义的自然或人文吸引物，如宗教圣地和圣迹等为主要风景观赏对象的一种特殊旅游活动。它既具有旅游观赏价值，同时也具有特定的宗教含义。旅游者在宗教圣地，除游览观赏自然风光外，还可以从环境特征、建筑特征和宗教仪式活动等方面增加游兴。宗教活动经过长期的历史发展和演变，其本身已构成一种旅游资源。目前世界上除有 20 多亿人信奉各种宗教，并参加相应的宗教仪式活动外，不少的宗教节日，如圣诞节、开斋节以及由宗教派生的赛龙舟、武术、气功等娱神的娱乐健身活动，还有各种类型的庙会等，都广泛地吸引各阶层人们参加，成为一项群众性的旅游活动。传统的宗教吉祥用品，也已开发成造型优美的各种吉祥物和宗教圣地纪念品，受到旅游者的欢迎。发展宗教圣迹旅游不是提倡宗教迷信，对宗教旅游要正确引导，使其成为我国经济全方位开放、文化多层次发展的一个组成部分，在活跃地区经济和提高地区旅游观光价值等方面起到促进作用。

宗教圣迹有历史地位、宗教地位和信仰地位高低不同之分，要视具体情况开发建设，绝不能有庙必修，有佛必塑。我国除佛教寺庙之外，还有许多道教宫观，以及关帝庙、妈祖庙等各类不同庙宇，而且各教教派众多，各寺庙佛像的姿态均有严格区别，因此进行修复时，无论庙宇殿堂还是佛像，都要进行历史考证，尊重宗教的本来面目。

第十节　革命纪念地及红色旅游

我国是一个富于革命传统的国家。近百年来，在太平天国、义和团和辛亥革命等伟大革命斗争中，以及五四运动以来在中国共产党领导下的新民主主义革命斗争中，无数革命先烈前仆后继，流血牺牲，为中国人民的解放和社会进步作出了伟大的贡献，在祖国大地上留下了众多的革命遗迹，成为人们瞻仰、凭吊和怀念先烈的地方，也是我国发展旅游的重要资源之一。

鸦片战争时期人民抗英斗争的革命遗址和纪念性建筑集中在广州附近。这里有广州市三元里人民抗英纪念馆、抗英烈士纪念碑。东莞市虎门是当年林则徐销毁鸦片的地方，今天保留着虎门沙角、威远炮台和销烟池，并在此建立了鸦片战争虎门人民抗英纪念碑。

广东花县洪秀全故居，广西桂平市金田村和南京天王府遗址是太平天国革命时期的遗址，保存着太平天国起义的历史资料。

辛亥革命遗址有武昌军政府旧址（红楼），楼内设有辛亥革命文物史迹展览。革命军政府战时总司令黄兴的拜将台遗址，也建碑立亭。

国内革命战争和抗日战争、解放战争时期的遗址、纪念地很多。有“革命摇篮”之称的井冈山，位于湘赣边界罗霄山脉中段，地势险要，千峰万岩，雄伟壮丽。第二次国内革命战争时期，我党在此建立了第一个农村革命根据地。这里有八角楼、工农红军第四军军部旧址、古田会议旧址、龙江书院、茅坪等，现建立了井冈山革命博物馆，展示了中国共产党领导创立革命根据地和建立革命武装夺取政权的大量史迹。而且该山区风景绮丽，有十大自然美景，因此也是一处游览名山，是我国重点风景名胜区之一。延安是抗日战争时期中国革命的领导中心，曾为人们向往的革命圣地。这里有庄严、朴素和生机勃勃的枣园、杨家岭、王家坪等革命旧址。延安为陕北高原上的山城，依山傍水，宝塔山上的明代九层八角古塔高 44 米，挺拔秀美，耸入云霄，像一座光芒四射的灯塔，成为延安的象征。遵义会议的旧址、广州农民运动讲习所、中共“一大”会址、卢沟桥抗日战争纪念馆、西柏坡等革命遗址，都分别建立了纪念馆、陈列馆，不少游人前往参观瞻仰。

此外，革命领袖的故居、革命先辈的故里、墓地，如韶山毛泽东故居、翠亨孙中山故居、淮安周恩来故居、河北乐亭县李大钊故居、北京和上海的鲁迅故居，以及南京中山陵、北京李大钊墓等，也是人们缅怀革命先烈的纪念地。

为了更有效地发挥这些革命纪念地和革命圣迹的作用，2005 年国家有关部委联合设计并公布了全国 30 条红色精品线路。

红色旅游是指以中国共产党领导人民在革命和战争时期所形成的纪念地、标志物为载体，以其所承载的革命历史、革命事迹和革命精神为内涵，组织的主题性旅游活动。它将革命历史、革命传统和精神通过旅游传输给游人。也寄寓革命思想道德教育于游览参观之中。以帮助游人重温中国革命的艰苦历程，学习先烈的革命精神，激励人们奋发图强，建设祖国。

2005 年公布的红色旅游精品线路覆盖了华北、东北、西北、华东、中南和西南六大行政区，包括 30 条路线，约 220 余处景点。

2019 年 7 月 24 日，中共中央总书记、国家主席、中央军委主席习近平主持召开中央全面深化改革委员会会议，审议通过了《长城、大运河、长征国家文化公园建设方案》。长征国家文化公园以中国工农红军一方面军（中央红军）长征线路为主，兼顾红二、四方面军和红二十五军长征线路，涉及福建、江西、河南、湖北、湖南、广东、广西、重庆、四川、贵州、云南、陕西、甘肃、青海、宁夏 15 个省区市。

我国红色旅游热度正随着时代的发展不断攀升，2020 年 6 月 20 日，文旅部发布了《中华人民共和国文化和旅游部 2019 年文化和旅游发展统计公报》，其中提到，为了围绕庆祝中华人民共和国成立 70 周年开展系列活动，策划推出 10 大类、100 条体现时代精神的学习体验精品旅游线路，启动了红色基因代代传系列红色故事短视频拍摄，指导开展了全国大学生红色旅游创意策划大赛，对《红色旅游经典景区服务规范》行业标准进行修订，开展红色旅游优秀讲解词出版活动，启动《罗霄山红色旅游总体规划》《四渡赤水红色旅游总体规划》等专项规划编制工作。

2021 年 6 月 1 日，文化和旅游部联合中央宣传部、中央党史和文献研究院、国家发展改革委四部分联合推出“建党百年红色旅游百条精品线路”，以深入贯彻习近平新时代中国特色社会主义思想，隆重庆祝中国共产党成立100周年，充分展示中国共产党带领全国各族人民在中国革命、建设和改革历程中取得的重大成就。“伟大征程·历史见证”精品线路、“不忘初心·进京赶考”精品线路等入选。

第十一节 我国古文化遗存旅游资源

我国是世界上古人类发祥地之一，从远古时代起，在我国境内无论南方或北方，都曾有原始人类活动生息，他们留下了原始社会的踪迹。现在许多地方陆续发现了古人类化石及其他遗址、遗物。这为研究人类起源和人类进化提供了极为宝贵的科学资料，吸引世界各国古人类学家、考古学家等前来考察和参观。

1980年12月在云南省禄丰县石灰坝发现了800万年前的古猿化石，是世界迄今所发现的晚、中新世到早上新世各类古猿中第一个古猿头骨，它清楚地说明中国是人类发祥地之一。

1965年在云南省元谋发现的元谋人，距今约170万年，是旧石器时代早期猿人的代表。此外，现已发现的古人类遗址包括更新世早、中、晚期的蓝田人、北京人、马坝人、长阳人、丁村人、柳江人、山顶洞人，以及晚一些时期的半坡遗址和河姆渡遗址、龙山文化和大汶口文化等。

重要古文化遗存简表

名　称	地　点	发现及发掘年代	年　代	主要遗存
元谋猿人遗址	云南省元谋县	1965年	距今约170万年	猿人门齿化石、石器等
蓝田猿人遗址	陕西省蓝田	1963—1964年	旧石器时代早期	猿人化石、石器、骨器、动物化石、用火遗迹
郧阳人遗址	湖北省郧县	1975—1976年	距今约100万—50万年	猿人头盖骨、上下颌骨、牙齿等化石、石器、动物化石
北京猿人遗址	北京房山周口店	1927—1929年	旧石器时代早期	古人类牙齿三枚、古生物化石
长阳人遗址	湖北省长阳县	1956年	旧石器时代中期	古人类化石
丁村遗址	山西省襄汾县丁村附近汾河两岸	1953年	旧石器时代中期	牙齿三枚、旧石器、大量哺乳动物化石
山顶洞人遗址	北京房山周口店	1933年	旧石器时代晚期	“新人”化石、骨器、石器和装饰品

续表

名 称	地 点	发现及发掘年代	年 代	主要遗存
河姆渡遗址	浙江省余姚河姆渡村东北	1973年	新石器时代	石斧、石刀、骨铲及石纺轮、骨针、陶器，陶器多施彩绘
仰韶文化遗址	河南省渑池县仰韶村南台地上	1921年	新石器时代母系氏族公社繁荣时期	黑陶、已炭化的稻谷遗迹及种植工具骨耜等
半坡遗址	陕西省西安市半坡村	1954年	新石器时代	居住区窑场、公共墓场、骨器、石器、陶器，陶器多施红底黑花彩绘
大汶口文化遗址	山东省泰安市大汶口村南	1959年	新石器时代	磨制石器、氏族公共墓地、灰陶、红陶及少数彩陶器等
龙山文化遗址	山东省章丘市龙山镇城子崖	1928年	新石器时代晚期	磨制石器、陶器以薄胎晶亮白黑陶为代表
郑州商代遗址	河南省郑州市及附近	1950—1952年	夏商时代	房基、残存城垣、墓葬和铸铜、制陶、石器、骨器、手工作坊
殷墟遗址	河南省安阳市小屯村及周围	1899—1928年	商代	甲骨文、青铜器、宫殿遗址、王陵及贵妃墓、大量奴隶祭祀坑

目前不少古人类遗址区经过发掘、建设，已对外开放，接待游人，如北京周口店、广东马坝、西安半坡和沈阳新乐遗址等。周口店位于北京西南房山区，这里是我国最早发现的一处距今50万年的中国猿人洞穴。经过多年发掘，人们发现了古人类和大批脊椎动物的化石及使用的石器工具，并发现了用火的遗迹。在遗址附近建了博物馆，该遗址已成为研究人类起源的重要科学基地，并被列入《世界遗产名录》。半坡遗址坐落在陕西省西安市东，渭水支流浐河的二级阶地上，是距今6 000年前母系氏族公社聚落遗址，总面积5万平方米，出土文物很多。居于聚落中心的是圆形或方形屋地基，居住区附近有制作陶器的作坊和各种陶器，还有氏族公共墓地，周围有作防御用的深沟。1985年在遗址上建起半坡博物馆，是我国建立的第一座原始社会博物馆。

第十二节　我国的民族和民俗旅游资源

一、我国的民族

我国是一个统一的多民族国家。全国有56个民族，汉族人口约占总人口的91%。人口超过百万的少数民族有18个：壮族、维吾尔族、彝族、苗族、回族、藏族、蒙古族、满族、布依族、朝鲜族、哈尼族、侗族、土家族、瑶族、白族、哈萨克族、黎族、傣族，其中人口最多的少数民族是壮族。少数民族在地理分布上，有分布范围广而又相对集中的特点。他们散布在大半个国土上，而主要聚居在西北、西南等地，新疆、西藏、宁夏、内蒙古、云南、广西都是少数民族聚居的省区。

在中国漫长的历史长河中，汉族与各少数民族共同创造了中华民族的历史和文化。新中国成立后，实行了正确的民族政策，为保护少数民族利益，发展少数民族的经济和文化，在少数民族聚居地区，实行民族自治，先后成立了自治区、自治州、自治县等少数民族自治政权，使各少数民族在我国民族大家庭里，得到平等，受到尊重。

二、风土民情和民俗旅游

风土民情泛指各地受政治的、经济的、历史的、地域的影响，在生产、生活等方面的习惯反映，是一种相沿成习的东西，悠久的历史文化传承。俗语说“百里不同风，千里不同俗”，在我国广阔的大地上，南北东西，高山平野，森林草原，不同地区的居民，在语言、生活习惯、居住环境、性格爱好等方面，表现出很大的差异，形成自己特有的风貌。民俗伴随着历史的发展而发展，许多人类文化知识都汇总到各民族的民俗之中，记载着民俗发展的历史，体现出演变脉络和传承上的规律。因此，可以说民俗是活的社会“化石”，它扎根于人民生活的土壤之中，有深厚的群众基础。它适应各个时代人们生活和思想的要求，起着继承历史文化的纽带作用。民俗本身是人类创造的物质文明和精神文明的积累，是民族文化的组成部分，也是一座蕴藏丰富的文化宝库。

民俗的内涵十分丰富，可分为心理的、风情的、历史的、文化的；包括物质民俗、社会民俗、精神民俗、口承语言民俗，即所谓乡俗、节俗、食俗、丧俗、婚俗等，大至社稷，小至家庭，大至国计民生，小至生活琐事，无不被它所渗透。参与各种民俗活动，能够培养人的道德情操，增强对生活的热爱，以及民族自豪感和民族自信心，也能起到活跃人们生活，调节精神的娱乐作用。而且民俗活动能把一个民族的文化保存下来世代相传。

在我国的民俗中有许多优良的民族传统，可以发掘出许多积极的、有益的民族自立自强精神，为树立社会主义新风服务。如尊老爱幼、助人为乐、宾至如归等是我们中华民族的传统美德。民俗旅游也是国外游人喜闻乐道的活动。特别是对一些急欲获知我国各族人民生活状况和喜好猎奇探异的游客，具有更大的魅力。我国丰富的民俗宝藏，是非常有潜力的一项旅游资源。

民俗旅游就是以比较接近生活中自然形态的民间文化（民间娱乐、民间信仰、民间风俗、民间文艺）为主要观赏对象的旅游活动。其中尤以民间竞技民俗、民间游戏民俗、民间工艺民俗最具旅游吸引力，它们一般表现为力量和技巧的角逐，如赛马、射箭、摔跤、赛龙舟、斗牛、放风筝、跳跳板、民间绘画、剪纸、雕塑等，现有不少已演变成传统的体育旅游活动，内容十分丰富，如潍坊风筝游，通化“人参之路”旅游，哈尔滨和北京龙庆峡的冰灯游，江南的龙舟竞渡，蒙古族的摔跤、赛马，维吾尔族的叼羊等。近年我国各地民俗旅游活动已有发展。到内蒙古、新疆、西藏、广西、云南等少数民族聚居区猎奇和到内地城乡居民家做客的外国游人逐渐增多。通过民俗旅游，使外国游客更生动、具体地了解我们中华民族，了解中华文化和文明。

三、少数民族风情

我国各民族都有自己的发展历史、文化和风俗习惯，比如住房、服饰、发式、饮食的内容和方式，礼仪、婚丧嫁娶的形式，宗教信仰等，各有特色，构成了一个民族特有的风格。而且各民族都有自己丰富多彩的民族节日和瑰丽多姿的民族歌舞、艺术，所有这些都可以构成别开生面的旅游资源。

回族有 1/3 聚居在宁夏回族自治区，其他散居在甘肃、河南、河北、青海、山东、云南、安徽、新疆、辽宁等省区及北京、天津二市。回族有四季头戴白布软帽的习俗，他们一般信奉伊斯兰教，该民族的清真寺很有特色。教徒有做礼拜的礼仪，忌食猪肉以及狗、马、驴、骡的肉和一切动物血。开斋节是该民族的隆重的民族节日。

蒙古族主要分布在内蒙古自治区，此外，辽宁、新疆、吉林、黑龙江、甘肃、青海、河北、河南等省均有分布。他们有自己的语言和文字，有悠久的文化传统。民族性格剽悍、勇敢，善于骑射，有射箭、赛马、马术、马球、摔跤等运动。“那达慕”是一年一度的群众性盛会，已有 1 000 余年历史，是草原牧民的传统节日，传统的娱乐项目有摔跤、赛马和射箭，近年来又加入许多新的内容，如体育杂技、物资交流、文艺会演等，内容丰富活泼，对外界有很大吸引力。

维吾尔族及新疆地区的少数民族，体魄健壮，有优异的骑术。人们热情好客，能歌善舞。骑马和摔跤是新疆各民族喜爱的体育运动。特别是哈萨克族，人们把马和歌比作哈萨克族的两个翅膀。维吾尔族有自己的语言文字，他们特别喜爱音乐和舞蹈，有席地而坐的习俗。喀什的小花帽、和田的地毯都是维吾尔族传统手工制品。居民多数信奉伊斯兰教。伊斯兰教肉孜节（开斋节）和古尔邦节已成新疆少数民族的传统节日。

藏族集中居住在西藏自治区，是长期生活在高寒地区勇敢淳朴的民族，很早就有较完善的根据梵文制成的拼音文字——藏文。历来藏族人以畜牧业为主，以高寒地区特产青稞麦为主要粮食。藏历新年是该族最隆重的节日。“达玖”会（赛马会）是草绿牛羊壮的季节牧民们庆祝丰收的盛会。

壮族是我国除了汉族以外人口最多的民族，他们是秦国时期越族的后裔。集中分布在广西，约占广西人口的1/3，因此1958年成立了广西壮族自治区。壮族语言结构独特、优美，人们喜爱唱自己编的山歌，歌圩是壮族民间广泛流行的集体歌唱的一种文艺形式。壮锦是壮族妇女精美的工艺织品，历史悠久，同湘绣、蜀绣同样驰名。

云南是一个生活着几十个民族的省份，主要民族有彝族、白族、傣族、哈尼族、纳西族等。这里民族服装五彩缤纷，民族生活丰富多彩。树林中的竹楼、村寨，景颇族的佛塔、佛寺都极有特色。傣族的泼水节、白族的三月街、苗族的赶秋等生动活泼的庆祝活动，早已吸引了国内外游客。

聚居在海南岛的黎族妇女有戴大耳环和项圈的习惯，她们的衣裙很艳丽，擅长刺绣。高山族居住在我国台湾山区、海滨和岛屿，以农林和渔猎为生，喜好音乐、歌舞，日月潭附近的“杵歌”，简朴明快，十分吸引游人。妇女也能织善绣。

少数民族的歌舞、地方戏曲等，具有浓郁的民族特色和地方色彩，是中华民族灿烂文化的一部分，也是旅游资源中最活泼、生动的一项内容。组织好少数民族的节日活动，展示他们精湛的艺术才华，是发展民俗旅游的重要方面。

中国各民族简表

民族	语言	文字	主要分布地区
汉族	汉语	汉文	全国各省市自治区
满族	满语	满文	东北三省、内蒙古、河北和北京市
朝鲜族	朝鲜语	朝文	吉林、辽宁、黑龙江
赫哲族	赫哲语	汉文	黑龙江
蒙古族	蒙古语	蒙古文	内蒙古、新疆、辽宁、吉林、黑龙江、甘肃、青海
达斡尔族	达斡尔语	汉文	内蒙古、黑龙江
鄂温克族	鄂温克语	汉文、蒙古文	内蒙古、黑龙江
鄂伦春族	鄂伦春语	汉文	内蒙古、黑龙江

续表

民族	语言	文字	主要分布地区
回族	汉语	汉文	宁夏、甘肃、河南、河北、青海、山东、云南、新疆、北京、天津
东乡族	东乡语	汉文	甘肃
土族	土族语	土族文	青海
撒拉族	撒拉语	汉文	青海、甘肃
保安族	保安语	汉文	甘肃
裕固族	裕固语	汉文	甘肃
维吾尔族	维吾尔语	维吾尔文	新疆
哈萨克族	哈萨克语	哈萨克文	新疆、甘肃、青海
柯尔克孜族	柯尔克孜语	柯尔克孜文	新疆
锡伯族	锡伯语	锡伯文	新疆、辽宁
塔吉克族	塔吉克语	维吾尔文	新疆
乌孜别克族	乌孜别克语	维吾尔文、哈萨克文	新疆
俄罗斯族	俄语	俄文	新疆
塔塔尔族	塔塔尔语	维吾尔文、哈萨克文	新疆
藏族	藏语	藏文	西藏、青海、四川、甘肃、云南
门巴族	藏语	藏文	西藏
珞巴族	珞巴族语、藏语	无文字	西藏
羌族	羌语	汉文	四川
彝族	彝语	彝文	四川、云南、贵州、广西
白族	白语	汉文	云南
哈尼族	哈尼语	哈雅文	云南
傣族	傣语	傣文	云南
傈僳族	傈僳语	新傈僳文	云南
佤族	佤语	佤文	云南
拉祜族	拉祜语	拉祜文	云南
纳西族	纳西语	纳西文	云南
景颇族	景颇语	景颇文	云南
布朗族	布朗语	汉文	云南

续表

民族	语言	文字	主要分布地区
阿昌族	阿昌语	汉文、傣文	云南
普米族	普米语	汉文	云南
怒族	怒族语	汉文	云南
德昂族	德昂语	无文字	云南
独龙族	独龙语	独龙文	云南
基诺族	基诺语	无文字	云南
苗族	苗语	苗文	贵州、云南、湖南、广西、四川、广东
布依族	布依语	布依文	贵州
侗族	侗语	侗文	贵州、湖南、广西
水族	水族语	汉文	贵州
仡佬族	仡佬语	汉文	贵州
壮族	壮语	壮文、汉文	广西、云南、广东
瑶族	瑶语	汉文	广西、湖南、云南、广东、贵州
仫佬族	仫佬语	汉文	广西
毛南族	毛南语	汉文	广西
京族	京语	汉文	广西
土家族	土家语	汉文	湖南、湖北
黎族	黎语	汉文	海南
畲族	畲语	汉文	福建、浙江、江西、广东、安徽
高山族	高山族语	无文字	台湾、福建

第十三节　中国膳食和烹饪技艺

膳食是旅游的保证，而品尝各种风味食品又是一项旅游活动，因为游客往往把烹饪看作民族习俗的一部分，国家文化的一部分。因此，为游客提供有特色的膳食就成为旅游业中一项重要的工作，搞得好，可以推动和促进旅游事业的发展。

中国的风味菜肴在国际上久负盛誉，是东方菜肴的代表。我国地大物博，可食用的品种繁多，而且各地民俗民风不一，长期以来，逐渐形成以南甜、北咸、东辣、西酸为特点的很多菜系、帮别和地方风味食品。

烹饪是一门技术，包含着美的形式和内容。我国烹饪技术历史悠久，技艺精湛，注重形式美与内容美的结合。艳丽的色彩、美观的形态、诱人的香气、多变的味型是我国烹饪美学的一大特点，一向为各国游客所称道，许多外国游客认为，品尝中国菜肴使身心都能得到美的享受。

全国有名的地方风味菜系有八个，即以山东、四川、江苏、浙江、广东、福建、湖南和安徽八省为代表，一般称它们为“八大菜系”。每个菜系又分为若干流派，据不完全统计，全国约有各式风味名菜 5 000 余种，北京烤鸭、杭州醋鱼、四川麻婆豆腐等，无不为游客流芳唇齿，赞不绝口。此外，各地利用当地生产的物品，或根据传说故事等，还发展了多种地方风味小吃，更富有乡土特色，如苏州东坡肉、陕西羊肉泡馍、新疆烤羊肉串、云南过桥米线、天津“狗不理”包子等。不少游人慕名而至，在品尝这些食品时游人体会到当地的人情世故，也感受到生活的丰富多彩。

第十四节 我国特种工艺品资源

旅游的内容之一是购物。游客在游览过程中选购些当地的传统工艺品，作为旅游纪念或馈赠亲友，是一种旅游的乐趣。对于旅游经营者来说，销售旅游商品也是赚取外汇的一个途径。而且不需远销，不用付损耗和保管费，也不受关税限制，所以许多国家都十分重视旅游商品的发展，把销售旅游商品收入作为整个旅游收入的一个组成部分。一般旅游商品收入可占旅游业收入的 30%，高者可达 50%。

我国手工业生产已有 3 000 年的悠久历史。经过漫长的年代，形成了许多传统产品、地方性世代相传的特殊技艺和传统的集中产区。丝绸、瓷器等历史上早已成为我国重要的出口商品，受到世界人民的喜爱和赞誉。我国的特种工艺品以其种类多、历史悠久、富于民族性、工艺精湛而在世界上享有盛誉，受到五大洲朋友的喜爱。

考古发现，我国象牙制品在新石器时代中期已经出现，几千年来，牙雕工艺不断改进，牙雕制品文饰美观，玲珑剔透。北京牙雕具有高雅、古朴、遒劲的艺术风格。广州牙雕造型逼真、雕工精细、艺术完善，牙球、牙舫的造型设计与雕刻技法更为精巧。各种玉雕、石雕、木雕种类繁多。上海玉雕造型稳重典雅，纹饰古朴精美，富有浓厚的青铜器趣味。此外，青田石雕、寿山石雕、浏阳菊花石雕以及东阳木雕、剑川木雕等各有独到之处。

我国早在 4 000 年前就发展了养蚕业、缫丝业和丝绸业，并向海外出口。中国因此被世人称为“东方丝国”，所产丝绸绚丽多彩，质地优良。越罗、吴绫、蜀锦、宋锦等均为各代名产，直到 20 世纪纪初，我国丝绸一直独占世界市场，目前仍是我国外贸出口的主要商品。苏州、杭州与湖州合称为我国的“三大绸市”。刺绣品在我国也有 2 000 年的历史，在长期发展中形成了以苏绣、粤绣、蜀绣、湘绣齐名的四大名绣。苏绣具有图案秀丽，色彩典雅，针法活泼，绣工精细的风格。特别是双面绣，技艺高超，纹络清晰，形象生动，是刺绣中的佳品。粤绣色彩浓郁艳丽，图案饱满均匀，装饰性强。蜀绣有张有弛，浓淡适度，疏密得体，有水墨写意画的艺术效果。湘绣构图严谨，更富民族风格和地方特色。

景泰蓝是我国生产的特种工艺品。据传早在唐代已有此工艺制作，明代景泰年间得到较大发展，并以孔雀蓝釉为好，所以称为景泰蓝。它是一种瓷铜结合、绚丽多彩的工艺制品，清代以后，远销海外，1904 年荣获美国芝加哥世界博览会一等奖。

我国素有“瓷器之国”的称誉，汉唐以来瓷器已大量运销海外，景德镇是个有 1 300 年历史的“瓷都”，所产瓷器具有“白如玉、薄如纸、明如镜、声如磬”的独特风格。现已建立了青花瓷博物馆，展出多个时期的名瓷。此外，被称为“北方瓷都”的唐山瓷器，河南钧瓷、汝瓷，山东淄博瓷器，湖南醴陵瓷器，广东佛山市石湾艺术陶瓷也都以质感浑厚、色彩绚丽而闻名。宜兴有“陶都”之誉，所产紫砂陶制品淡雅古朴，加工精细，富有生活气息。专门生产“唐三彩”的陕西省礼泉县昭陵陶瓷、洛阳三彩陶瓷，近年来发展很快。所产三彩马、三彩骆驼等形象逼真，色彩瑰丽，很受国外游客欢迎。

我国传统工艺品种类繁多，而且近年来在传统工艺基础上又有创新。如天津地毯质地坚韧，富有弹性，图案美丽，色彩新颖，多次在国际上获奖。贵州蜡染 2 000 年前已盛行民间，特别在云贵少数民族中流行，其图案别具天然风韵，有强烈的生活气息。此外，福建脱胎漆器、惠山泥人、杨柳青年画、天津彩塑、各地剪纸、贝雕、竹编、草编、葵编、玻璃器皿、花边、绒花、绢花以及芜湖铁画、沈阳羽毛画等，不胜枚举。

汉字在我国经过几千年的发展、演变，形成一种特殊的艺术——书法艺术。历代著名书法家的遗墨，被视为艺术珍品，碑刻、匾、联等在许多旅游点随处供游人欣赏，是一种艺术美的享受，也为旅游点增色添光。与书法相连的笔、墨、纸、砚构成“文房四宝”。端砚、徽墨、湖笔、宣纸都是选用优质材料，凝结了工匠世代积累的高超技艺的名产品，也成为名贵的旅游纪念品，受到外国游客特别是日本游人的喜爱。北京琉璃厂在清朝时已成为古玩字画、古籍碑帖及“文房四宝”的集散地，现在建成一条受外国游人欢迎的文化街。从书画社到文物古玩店，从刻字到裱画，上至秦砖汉瓦，下至明清瓷器，应有尽有，清雅古朴，别具风格。

旅游纪念品的内容十分广泛，我们在开发旅游纪念品方面，一定要掌握“三性”“三风”的开发方针：纪念性、艺术性、实用性和中国风格、民族风格与地方风格。这样的产品必定会受到游客的喜爱和欢迎。

第十五节 博物馆建设与旅游

博物馆是陈列、研究、保藏物质文化和精神文化的实物及自然标本的一种文化教育机构，因而被人们称为反映各国文化的教科书，有巨大的社会作用和不可忽视的价值。博物馆的产生和发展是与社会的发展和人类社会实践紧密相连的。早期博物馆出于文物标本和典籍的收藏需要，随着社会的发展，人类对其认识也不断深化。

1974 年国际博物馆协会会章规定“博物馆是一个不追求营利，为社会和社会发展服务的公开的永久性机构，对人类和人类环境见证物进行研究、采集、保存、传播，特别是为研究、教育和游览目的提供展览”。从这一规定不难看出，博物馆的任务之一，是为旅游者提供展品，因此博物馆又成了“旅游者之家”。如今世界上已经建起的博物馆有 3 万座以上，规模大小不一，内容迥异，形形色色，大到英国大不列颠历史文物博物馆、德国慕尼黑博物馆，小到柏林的邮政博物馆、洛维萨德的微型书籍博物馆，以及各类名人博物馆等，它们都以珍奇的文物、标本和独特的风格，筑成一座座科学、历史和艺术的殿堂，吸引着世界各地的游客。

我国最早的博物馆是 1905 年由张謇创建的南通博物苑。在新中国成立前的近半个世纪中，我国博物馆事业十分萧条。新中国成立 70 余年来，博物馆建设和其他各项建设一样得到蓬勃发展，现已初具规模，形成体系。目前我国有各类博物馆 6 000 余座，藏品数千万件，各省、区都建有省（区）级博物馆，博物馆建设已成为我国民族文明标志之一，成为建设社会主义精神文明的重要阵地。有些博物馆因内容独特，规模宏大，在世界博物馆事业中也占有重要地位，使许多外国游客为之惊叹。

按博物馆的性质和展品内容，大致可以分为六大类型体系。

（1）反映我国古代历史的专题性博物馆体系：如中国国家博物馆、故宫博物院、首都博物馆及地方历史博物馆、北京周口店猿人博物馆、西安半坡博物馆等。

（2）反映中国百余年来革命斗争专题博物馆和纪念馆体系：如中国革命博物馆、中国人民革命军事博物馆、地方革命博物馆、太平天国历史博物馆、延安革命纪念馆、遵义会议纪念馆、井冈山革命博物馆、中国人民抗日战争纪念馆等。

（3）自然博物馆体系：如北京天文馆、上海自然博物馆、北京的中国科技馆、自贡恐龙博物馆、中国地质博物馆、吉林省博物馆陨石雨展览厅、柳州白莲洞洞穴科学博物馆等。

（4）墓葬及碑刻文物博物馆体系：有茂陵博物馆、昭陵博物馆、秦兵马俑博物馆、陕西省博物馆碑林展厅、湖北省博物馆曾侯乙墓文物展等。

（5）人物传记性博物馆体系：展示我国历史上伟大思想家、文学家、革命家的生平事迹、文物等，如北京鲁迅博物馆、山东蒲松龄故居博物馆、厦门郑成功纪念馆等。

（6）各种专业博物馆：此类内容十分广泛，且具有地方特色和乡土风情。如北京古钟博物馆、中国电影博物馆、四川盐业博物馆、天津戏曲博物馆、苏州民俗博物馆、泉州海外交通史博物馆，以及邮票博物馆、陶瓷博物馆等。设在昆明的云南民族博物馆生动地展示了云南 25 个少数民族的社会形态、文化体系、生活环境、纺织工艺和服饰艺术。

近年来各地建成一批民间收藏馆，如以茶具、火花、蝴蝶等为内容的民间收藏馆。其规模小、展品单一，但内容新颖，颇受欢迎。

目前我国的博物馆建设无论从数量、种类和规模、水平来看，与先进国家相比还有相当远的距离。今后应将名胜古迹的游览、保护与博物馆建设兼顾并重，相互促进，共同发展，使博物馆事业在发展我国旅游业中作出新的贡献。

第十六节 夜间旅游与乡村旅游

一、夜间旅游

夜间旅游是指发生在夜间的一种新型旅游方式，它发生的空间主要由城市的历史文化街区、旅游休闲街区、商业休闲街区、夜市，或者乡村或者景区、旅游度假区等。夜游的目的是体验夜间景色和吸引物的美妙，获得独特的旅游休闲和文化体验。夜游的核心内容常常分为六大类：夜景、夜演、夜购、夜宴、夜娱、夜宿。夜游仙姑常常借助高科技手段来展示景观、创造旅游产品，比如旅游演艺节目、VR、AR 等新型沉浸式体验产品。

2019 年 8 月，国务院新闻办公室举行国务院政策例行吹风会，会议指出，要大力发展假日和夜间经济，推动落实带薪休假制度，优化节假日旅游交通服务，大力发展夜间文旅经济，建设一批国家级夜间文旅消费集聚区。当前，各地积极探索发展文化和旅游消费“夜间经济”，如北京市出台一系列措施，进一步繁荣夜间经济，促进经济增长，开展“点亮夜京城”促消费活动，打造夜间消费“文化 IP”。组织开展深夜食堂美食节、灯光节、“秀北京”旅游演出等夜间主题活动；策划组织一批戏曲、相声、歌剧、音乐等主题鲜明的“夜京城”文化休闲活动；推动中心城区 4A 级以上景区根据实际条件延长开放时间；鼓励有条件的博物馆、美术馆延长开放时间；推出“最美北京餐桌”“最火深夜食堂”等旅游美食“打卡”地。夜间经济的不断兴起为我国文化和旅游消费提供了崭新的平台和机会，一个地区夜晚灯光亮度与它的 GDP 成正比，而随着人们夜间消费的比例逐渐增长，夜间经济消费已经成为拉动经济增长的主要部分之一。2019 年底国务院办公厅发布《关于进一步激发文化和旅游消费潜力的意见》，该意见指出，要大力发展夜间文旅经济。2021 年 7 月 5 日，文旅部办公厅发布《关于开展第一批国家级夜间文化和旅游消费集聚区建设工作的通知》，并公布了一系列遴选要求，主要包含六条内容：第一，四至范围明确。有明确四至范围，街区、旅游景区、省级及以上文化产业示范园区商业区域的占地面积应不超过 3 平方公里，文体商旅综合体商业面积应不低于 1 万平方米。第二，业态集聚度高。文化和旅游业态集聚，产品和服务供给丰富，夜间文化和旅游消费人次及消费规模较大。街区、文体商旅综合体、省级及以上文化产业示范园区商业区域内夜间营业商户中的文化类商户数量或营业面积应占比不低于 40%；旅游景区提供夜间游览服务的天数较多，夜间营业的文化娱乐设施项目数量或游览面积应占比不低于 40%。第三，公共服务完善。夜间社会治安、照明、卫生、交通、移动通信情况良好；夜间出行便利度较高，有基本满足消费者夜间出行需求的公共交通服务；区域范围内及周边区域合理设立基本满足消费者夜间停车需求的停车位。第四，品牌知名度较高。区域内夜间文化和旅游消费活动形式多样、内容丰富，形成集聚效应、品牌效应，在本地居民及外地游客中具有较高的知名度和较强的吸引力。街区、文体商旅综合体、省级及以上文化产业示范园区商业区域内文化类商户营业收入较高；旅游景区经营状况较好，年旅游人次、年营业收入及盈利水平较高。第五，市场秩序规范良好。文化和旅游市场秩序良好，消费环境诚信守法、文明有序、健康绿色，消费者夜间消费维权便利。近 3 年（营业不足 3 年的自营业之日起）区域范围内文化和旅游企业、项目和设施在内容安全、生产安全、食品安全、生态环境等方面没有出现较大违法违规问题。第六，政策环境良好。所在地级市、副省级市或直辖市辖区（县）重视发展夜间文化和旅游经济，合理规划文化和旅游消费场所设施空间布局，推进包容审慎监管，营造良好营商环境，引导市场主体创新夜间文化和旅游消费业态；对申报对象予以重点扶持，制定实施资金奖补等优惠政策。通过国家颁布的遴选标准我们可以发现，国家级夜间文化和旅游消费集聚区不仅是夜间消费的主阵地，同时还应该具有良好的营商环境，并且具有多种内容与活动能够形成集聚效应与品牌效应。目前我国主要城市均有夜间消费的主要场所，但能够独自打造出品牌效应的夜间文化和旅游消费集聚区数量仍然较少。目前，文旅部总计评选出 200 家左右的国家级夜间文化和旅游消费集聚区。

二、乡村旅游

乡村旅游是20世纪80年代初兴起的一种特殊的旅游类型。它发生在乡村地域空间内，以乡村自然环境、田园景观、农林牧渔文化、民俗文化、古村镇为资源基础，通过规划、开发与设计，为游客提供的一种新的旅游经营活动，其内容包括乡村农业观光旅游、乡村历史与民俗文化旅游、休闲度假旅游、生态旅游等多方面。乡村旅游是旅游业的重要组成部分，对于全面推进乡村振兴具有重要意义。党的十八大以来，习近平总书记高度重视乡村旅游工作，强调“全面推进乡村振兴，要立足特色资源，坚持科技兴农，因地制宜发展乡村旅游、休闲农业等新产业新业态”。我国文旅部建立了全国乡村旅游重点村评审制度。到2022年底，文旅部已经公布了四批全国乡村旅游重点村名单。右侧是第一批和第二批名单。

第一批全国乡村旅游重点村名录（2019年）

第二批全国乡村旅游重点村名录（2020年）

思考与练习

1. 认识人文旅游资源及主要特点，了解我国开发人文旅游资源的重要意义。
2. 熟悉古代长城修筑历史，重点掌握秦、西汉和明朝三代的修长城的基本情况，以及当前开发的长城游览点的主要景观。
3. 掌握历史上汉唐以来陆上丝绸之路三条线路的走向及沿线主要旅游资源。
4. 了解古都建设的规制和古都的基本状况，熟悉现代一些城市的特点和重要的历史文化名城。
5. 熟悉中国古代园林的特色，掌握园林的三大类型和代表园林。
6. 了解大运河的修筑历史。都江堰、灵渠、坎儿井的主要工程有哪些？
7. 中国古代帝王陵墓的分布及其观赏意义。
8. 理解开发民族民俗风情游的重大意义，我国有哪些民族民俗旅游资源？
9. 了解革命纪念地及古人类遗址旅游资源。
10. 认识建筑博物馆在旅游开发中的意义。我国博物馆大致可分哪些类型？
11. 熟悉一些特种工艺品及其产地。

第3章

交通与旅游

交通作为人与货物移动的输送手段是广泛存在的。旅游交通指以输送游客为目的的交通事业，旅游是人们为脱离日常生活圈而产生的场所移动。从经济上说，游客支付交通费用和通勤支付的交通费用的性质是不同的，但对于交通部门来说，其提供的商品都是以场所的移动为目的的交通服务。这两种目的不同的交通，并非在不同的时间和不同空间进行的。因此，研究旅游交通也要认识交通事业的基本特征。

一般认为道路、运输工具和动力是构成交通手段的三要素。交通运输业是生产企业之一，但其具有与其他生产部门不同的特点。首先，交通运输业的产品在生产的瞬间就被消费掉了，它的产品没有一定的形态和存续时间，不可能存在仓库里。其次，交通的需要因不同时间和不同地区而有很大波动，旅游交通更有季节与地域的变化和区别。最后，交通事业的发展对沿线经济会产生极大的影响，同时也促进旅游事业的发展。

作为生产部门，交通事业为游客提供交通服务。随着人们日常生活范围的不断扩大和都市圈的日益发展，对其提出的需求更高，与此同时，交通工具的进步、发达，也不断改变着人们的移动方式。

旅游交通是旅游线路组织的生命线，即旅游线路与旅游交通有直接和密切的联系。

第一节　交通的发展与旅游大众化

一、历史的回顾

自古代到近代，在没有先进交通工具之前，人们的旅游是十分艰苦的，人们的活动范围受到很大限制。中世纪大型海船的使用、大规模的航海探险，开辟了世界范围的海上航线，为洲际航行打开了通道，使人们的行动范围显著地扩大了。

伴随产业革命后的经济活跃，道路、交通工具和动力有了革命性的进步，极大地改善了人们的移动条件，蒸汽机的发明和铁轨的生产，使铁路运输首先在欧洲得到迅速发展，1850 年欧洲和美洲铁路总长 3.8 万公里。在亚洲，日本于 1872 年（明治五年）开始修建铁道，明治三十九年日本铁路干线网基本齐备。我国在 1876 年修筑了上海到吴淞的第一条铁道，这是中国铁路运输史的开端。世界范围铁路大规模的修建，使陆上交通飞跃发展，诱发了大众旅行的兴趣，并对以后的交通事业有很大贡献。

19 世纪末世界上出现了电气化火车，到 20 世纪初资本主义国家基本上实现了铁道运输电气化，提高了火车速度，也加强了铁道与汽车竞争的能力。第二次世界大战以后，出现了更高速的火车，如日本的新干线列车，法国巴黎至里昂的高速火车，时速均已高达 180~260 公里。火车时速的提高，使其作为中长距离干线交通的地位得到确认。目前在大城市交通和城市间干线交通方面，铁路运输仍占据优势。

1891 年以后欧洲和美国开始了汽车的商业性制造，其速度不断提高。进入 20 世纪 20 年代以后，汽车不仅取代了马车，而且成为可与陆上交通的王者——铁道相抗衡的交通工具。1927 年首先在德国出现了高速公路，因其速度快、通行能力大、事故少，更加实现了公路运输的高速化。第二次世界大战以后，许多国家高度评价汽车在国内运输体系中的作用，竞相修筑和改建道路。截至 20 世纪末已有 50 多个国家修建了高速公路线，总里程达 13 万公里，为汽车运输的大规模发展和私人汽车的普及创造了优越的道路条件。到 20 世纪中叶，西方和日本等国私人汽车得到空前发展和普及，因而使个人行动变得十分方便。另外，公共汽车和小汽车在作为从最近的火车站到旅游目的地的辅助交通工具方面起了很大作用。旅游活动中出现了包租、定时、定路线的旅游车，它们可以从集合地直接到目的地，不用换乘其他交通工具，费用也便宜，因此成为中短途团体旅行最受欢迎的交通工具。

汽车本身的发展和高速道路网的修建，使公路交通不但作为局部地区的交通，而且具有干线交通的地位，打破了铁道的垄断，对整个交通系统很大的影响。

20 世纪初飞机才问世，但其发展速度是惊人的。最初的螺旋桨飞机，飞行速度较慢，20 世纪 30 年代以后才得到普及；20 世纪 50 年代喷气机登场，1952 年，英国首次开发了商用喷气机运输；20 世纪 60 年代以来，飞机在速度和大型化上都有大幅度提高。大型喷气机可以在 1 万米以上高空飞行，飞越各种自然障碍，又可选择最短航线，安全、快速。多种宽体客机广泛应用于客运系统，定期航空路网的发展、空勤服务的日臻完善，使人们能非常有效地完成在全球长距离的旅行，也活跃了海外旅游。飞机代替了近代观光史上在海外旅行中曾占中心地位的客船，成为洲际、国际长距离旅行的王者。

综上所述，各种交通运输方式，都以其自己的技术经济特征（包括运输能力、运行速度、费用、投资等）及最佳适应范围而在运送旅客中占有独特的地位，它们相互补充，协调发展。铁道的出现实现了“从点向点的旅游”，大轿车的出现开始了“线的旅游”，而小汽车则使“面的旅游成为现实”。

二、交通的发展与旅游大众化

交通工具的进步和发展，直接关系到人们的移动范围和旅行方式，使旅行的质和量都在发生变化。

首先，交通的发达使旅行的时间距离短了，人们去旅游地更便利了。其次，由于时间距离的缩短，旅行期间的食、宿及其他消费都会大幅度节省，因而，总的旅行费用减少了。而且，诸如火车、大型飞机、汽车等这些运载量大、较高燃料效能的自动化运载工具，能使大量的乘客同时运行，因而每一个旅客花费的交通费就相应降低了，即用相同的费用可以旅行游览更多的地方，这样，就使旅行的经济距离缩短了。时间距离的缩短和经济距离的缩短，在人们心理上产生直接的作用，即几百公里甚至几千公里的旅程并不是十分困难的，而且有的是瞬间即可完成的，这就产生了所谓“心理距离的缩短”。

由于交通条件的改善，缩短了旅行的时间距离、经济距离和心理距离，使旅游者节省了旅行费用、缩短了旅途时间，也减轻了旅游疲劳。这样，无疑能使更多的人参与到旅行行列中来，促进旅游大众化的发展。目前，许多国家都致力于地区间各种交通形式的结合，努力调整运输系统，以适应地区发展的需要，把旅客尽快送到旅游地。

交通运输的发展，不仅改变着旅游的量，而且使旅游的质发生了变化。特别是私人汽车的普及和高速道路的建设，可以使很多人能在所谓“自己喜好的时间、喜好的地方”，将其作为自己控制的交通手段。日本调查，有私人汽车的人一年可以进行五次外出旅行，而且可以同时进行海水浴、帆船、高尔夫球、垂钓等动态多样化旅行；而没有私人汽车的人，一年只能作一次外出旅行。这说明交通的发达，使旅行的质也发生了变化。

三、现代化旅游和交通工具

今天旅游地的开发是与交通密切相连的。以旅游为目的的人们移动的广泛化、大量化，使旅游交通的重要性进一步提高，可以说交通是保证旅游地繁荣的最大因素之一。因此交通运输业向着旅游事业迅速推进，并占有旅游密集的中心位置，保持着旅游地开发的主导作用。旅游交通与一般交通的区别在于旅游交通以客运为主，因此旅游交通在路线的质量、通过环境的设计、交通工具形式的选择等方面都应有独到之处。

在这方面汽车和火车展开了激烈的竞争。汽车由于其优越的机动性，正在扩大它的领地，而火车也以高速化、提高服务、设备等措施来对抗。从19世纪欧洲和美洲修建铁路以来，连接大城市和旅游地之间的特别快车，被称为“旅游列车”，第二次世界大战以后得到发展，使这些地区的团体旅游很快普及。并且，旅行从业者和铁道从业者共同努力，改造客室的配置、结构，提供现代化室内设备和饮食服务，如出现了类似酒吧的车厢、带着回转椅或二层圆顶车厢，以及日本式客房列车等。设备齐全的各种列车，能使旅行快乐、舒适。

随着公路交通及与其有关的基础设施的改善、新制造技术的应用，以及人们假日的增多，汽车旅行的比重和距离都不断增长，而且花样翻新。

欧洲许多国家因国土面积小、签证手续简捷，故汽车旅行十分盛行。在奥地利的外国游客中，93%是通过公路进入的。并且，汽车旅馆、汽车俱乐部等在欧美各地已很普遍。有各种形式的旅行汽车，可在假日带全家去较远的地方旅行。为适应汽车旅行活动，各地开设汽车旅店、汽车俱乐部、汽车餐馆、汽车营地、游览服务处等，为汽车旅行者提供十分方便的服务。

现代化旅游是以追求娱乐为目的的活动。在特定情况下，某些交通工具也具有娱乐工具的性质，从而发挥旅游资源的作用，保存铁道就是其中之一。运行100多年的蒸汽机车，在第二次世界大战后，由于电气动力和内燃动力的迅速普及，有世界性被淘汰的倾向，尤其是在一些经济发达国家。作为交通工具它已失去本来的运输机能，然而，许多人喜爱它，并感到亲切，故使它作为有旅游价值的基本机能运转，被称为“保存铁道”。保存铁道出现最早而且最兴盛的国家是铁道发明国——英国。1968年9月，蒸汽机车从英国的铁路上消失。

保存铁道在丹麦、瑞士、挪威、瑞典等国都能见到。到中国乘坐蒸汽机车旅游是许多外国游客的心愿，他们说：“乘坐蒸汽机车与内燃、电力机车，就好像听古典音乐和现代音乐一样。”登山铁道在欧洲一些国家也很普遍。在那里3 000多米的高山不修筑汽车道路，只有登山铁道连接山麓和山顶，有的地方密度很大。这种登山铁道有着双重意义：既是登山交通工具，又具有观览和资源的作用。总之，都是使交通工具旅游资源化了。被称为“爬山神魔”的台湾阿里山铁路，是伞形齿轮直立汽缸型机车，全长72公里，从30米上升到2 300米，沿途可观览四季风光，作为阿里山传统景色旅游很有吸引力。

旅游船是利用各类船只进行旅游活动，如大型客船、汽船、帆船、快艇等。大型客船曾作为大陆间旅行的交通工具。第二次世界大战以后，由于定期航空线网的发达，客船航运的经营发生困难，但船的性能使得它有可能在空间上扩大服务设施，装备比较现代化的设备，因此二战后，世界上盛行利用大型客船为旅游船，船本身成为旅游资源，定期航线变成旅游线。旅游船可以任意选择游览海域和进出港口，船内食堂、谈话室、酒吧、剧场、纸牌室、图书馆、美容室、运动场等应有尽有。现代旅游船大都在 1 万 ~3 万吨，时速 20~23 海里，定员 500~1 000 人，成为浮在海面的旅馆、海上娱乐中心。乘坐大型旅游船一般价格较高，是在经济力量雄厚地区，以中上层阶级为对象的旅游活动。因此，西北欧、美国即成了旅游船的起点。其航行海域是传统的地中海、加勒比海、斯堪的纳维亚海、黑海、阿拉斯加海和南太平洋等。

第二节　我国的交通运输与旅游业

我国交通运输已形成以铁路运输为主，水上运输、公路运输和航空运输为辅，包括特种运输的交通运输网络。旅游交通是整个交通运输的一部分。各种交通运输方式都以其各自的优势和一定的局限性，在整个交通运输业中，发挥它们特定的作用，并相互补充、协调发展，共同完成运送旅客的任务。

一、铁路运输及主要干线

新中国成立 70 多年来，铁路建设有极大发展，布局逐渐合理，基本形成一个以北京为中心，四通八达的铁路运输网。截至 2023 年 11 月 30 日，全国铁路通车营运里程超 15.55 万公里。在技术装备上，我国已结束了蒸汽机车时代，全部使用内燃和电力机车，目前复线铁路和电气化铁路里程均居亚洲第一位。并在上海开行了 33 公里，仅行驶 7 分钟的磁悬浮列车，这是世界上第一条投入商业运营的磁悬浮列车线。近年来，大力建设时速达 300 公里的高速铁路，截至 2023 年 11 月 30 日，高铁运营里程达 4.37 万公里。

我国铁路网的骨架，基本上以北京为中心，由多条纵贯南北的干线和横贯东西的干线交叉组成，再通过无数支线、专用线等，把全国各大中城市、工矿区、农林牧生产基地连接成一个整体，构成联系全国的铁路运输系统。主要干线如下。

京广线　由北京直达广州，全长 2 334 公里，是我国南北交通的中枢，纵贯六个省、五大流域，联系了北京、郑州、武汉、长沙和广州等大中城市。向西南接湘桂、湘黔、汉丹等线。

京沪线　由北京到上海，全长 1 325 公里，经过四个省，联系北京、天津和上海三大直辖市，跨越四大河流，是我国东部沿海的交通大动脉，是全国客货运输最繁忙的铁路线之一。它向南接沪杭、浙赣、鹰厦等线，向北接京沈、京哈等线。

京九线 由北京经深圳，直通九龙，全长 2 536 公里，穿越京、冀、鲁、豫、皖、鄂、赣、粤八省市，介于京广、京沪两大南北干线之间，沟通了华北、华东、中南广大地区，该线路的运营对沿线，特别是贫困地区经济发展发挥着重要作用，而且对加强大陆与港澳台地区的经济文化交流和人员交往，维护港九地区繁荣产生了深远影响。

哈大线 由大连到哈尔滨，全长 940 公里，是东北地区的南北大干线，它与滨洲线、滨绥线共同构成东北“T”字形铁路网的“脊梁骨”，再连接五六十条干支线，形成东北稠密的铁路网，把东北地区的工矿企业和城市连成一个整体，并通过京沈线、京通线进入关内。

陇海、兰新线 这是一条横贯我国中部的运输大动脉，全长 4 148 公里，由黄河之滨直抵西北内地天山脚下，并向西出阿拉山口，与哈萨克斯坦铁路接轨。先后与京沪、京九、京广、焦枝、宝成、包兰、兰青等主要干线相交会，客货运输都十分繁忙。

京包、包兰线 全长 1 800 公里，是一条连接华北地区与西北地区的主要干线。缩短了东北和北京至兰州的运输距离。

集二线、同浦线、太焦—焦枝—枝柳线 该线由中蒙边境的二连向南，直到柳州，是我国中部地区同京广线平行纵贯南北的交通大动脉。在襄樊连襄渝线，成为进入四川盆地的主要线路。

宝成—成昆线和昆河线 是我国西南铁路网的南北干线。它与成渝、襄渝、武丹、川黔、黔桂、湘黔、贵昆等线构成西南地区内部以及与湖、广连接的交通线。

青藏铁路起于青海西宁，直达西藏拉萨，全长 1 956 公里（格尔木—拉萨为 1 142 公里）。它穿越高原、冻土等极恶劣的自然环境，结束了西藏没有铁路的历史。对开发青藏高原的经济、文化具有重大意义。

中国高速铁路网分骨干网、重要的区域网、大城市之间的城际高铁等三种类型，骨干网就是指规划的四纵四横干线网，即武广高铁、京沪客运专线、京港台高铁、京港客运专线、京哈客运专线、徐兰客运专线等。重要的高速铁路支线有贵广客运专线、西成客运专线等，城际高铁有京津城际铁路、沪宁城际等。

铁路运输的发展可以带动国家经济的全面发展，具有明显的经济效益和社会效益。铁路运输具有快速、安全、舒适、运距远、运量大、环保低排放的优势，而且可以夜间乘车、白天旅游，所以是游客首选的长途旅游交通工具。自 1988 年铁路部门即已开行了长途、短途旅游专列，增加了城际特快列车和各种旅游专列，以缩短游客出行时间，并减少换乘的劳顿。与此同时，还继续改善车厢设施，完善各项设备，以满足游客安全、舒适的要求。

二、水上运输

水上运输是利用自然和人工水域进行运输的一种方式，因此具有运量大、成本低、耗能少、投资省等优越性。水上运输包括内河航运和海运两大方面，在我国运输业中仅次于铁路运输，居第二位。水运作为旅游交通，还同时具有游览的价值。近代旅游中客船是海外旅游的唯一手段，洲际间旅行都须乘海轮，但由于它的速度慢，旅行的时间长，而且有遭遇海上风暴袭击的危险，因而在飞机大量使用后，作为远洋客运交通，它失去了原有的作用。人们乘高级豪华娱乐船渡洋航行，是出于旅途的乐趣，本身就是一种旅游方式。

我国东部面临太平洋，近海海域辽阔，具有发展沿海航运和远洋航运的优越条件。沿海航线以大连、天津、上海、广州等为中心。远洋海运线有 90 余条，与世界上 150 多个国家的 600 多个港口相连接。上海、天津、青岛、大连、湛江、宁波、广州都是重要海港，上海已跨入世界大港行列。

我国内河航运里程达 12.8 万公里（2022 年），重要内河航运干线有：长江航运线、珠江航运线、黑龙江和松花江航运线以及京杭运河航运线。

长江干支流通航总长度约 7 万公里，其中 3 万多公里可通航轮船，在长江水系构成纵横交错的全国最密集的水道网。沿途经过著名的三峡风景区和许多游览市镇，现已开展了长江一些河段的旅游航运。

珠江水系常年通航里程有 1.2 万公里，由于珠江流域位于华南亚热带地区，气候炎热，雨量充沛，河流水量极为丰富，有利于发展航运，而且沿途景色秀丽，构成一条优美的风景旅游线。

京杭大运河由于是人工开凿的河道，而且全线地势高低起伏，分段采纳客水作为自己的水源，因此水的流向受地形影响，有南北向变化，现在部分河段可通航。江南运河段两岸风光秀丽，现已开展旅游航运，很受旅游者欢迎。在运河中航行不仅可以饱览江南水乡风光，而且具有历史古迹观光的意义。

其他如富春江、漓江等水上游览线，都属水上游览热线。

三、公路运输

公路运输对不同的自然条件适应性强，投资少，机动灵活，可以减少中转环节，弥补铁路运输的不足，是我国主要的现代化短途运输方式。在边远地区它还起到运输干线的作用。截至 2022 年底，全国公路通车里程达 535 万公里。作为交通干线的一些公路，主要分布在西藏、青海、云南和新疆南部等地。川藏公路全长 2413 公里，改建后的青藏公路长 1 939 公里，都是进藏的主要交通线。

近年来，由于旅游业的迅速发展，各地区也修建了一批旅游公路干线，它们主要分布在近距离的城市之间，以及大中城市连接其周围地区的旅游点。设备完善的旅游轿车，定时、定路线旅游汽车的运行，对于促进这些地区的旅游起了重要作用。

高速公路是公路运输发展的方向。自 1988 年建设沪嘉高速公路以来，其建设速度极为迅猛，京津塘、广深、沈大、京石、西临、京沪等高速路已陆续投入运营。截至 2022 年底，高速公路总长度达 17.7 万公里，覆盖近 100% 的 20 万以上人口城市。

四、航空运输

航空运输虽然成本高、能耗大、运量小，但运行速度快，投资也较省，所以它的发展在长途和国际旅客运输中占有特殊重要的地位。我国地域辽阔，长距离旅游占的比例很大，因此发展空运旅游势在必行。目前基本上形成了以北京、上海、广州为中心的航空网，国内航线已超过 4686 条（截至 2020 年底），从北京到各省省会和旅游大中城市都有定期航班。一些边远地区、新开发的旅游地，如喀什、伊宁、西双版纳、黄山、九寨沟等地，也都相继开辟了航空线。

国际航线和地区航线近 895 条（截至 2020 年底），连接世界五大洲几十个国家，以及我国香港、澳门地区，并与 100 多个国家和地区航空公司建立了业务联系。

20 世纪 80 年代以来，我国交通运输业有了长足的发展，但工农业的快速发展，对交通运输业也提出了更高的需求，交通运输必须先行，亟待发展现代化交通。对于旅游交通来说：游客方面仍有出行难，中转困难，路途耗时长等诸多不便；而在旅游资源和旅游区（点）的深层次开发和建设方面，也受到一定制约。面临 21 世纪旅游业的大发展，也必须尽快改善旅游交通环境。

要建设好旅游交通，首先要做到旅游交通的供需平衡，遵循市场导向原则，了解旅游市场的需求，制定旅游交通规划。旅游交通规划应是一个综合规划，它既包括各种旅游交通手段的总体运载能力、设备、线路布局、营运方式，也要与其他有关产业密切配合，使其相互间的比例协调，密切衔接，形成一个运输系统的综合能力。在缩短游客的旅行时间、距离的同时，也缩短其经济距离和心理距离，促进旅游大众化的发展。

铁路建设还要进一步扩大并完善铁路网布局，并以新技术改造为中心，提高管理水平与新建线相结合；提高行车密度和载重量。公路建设要修养并举；建设公铁分流公路和大中城市出入公路，同时提高路面等级；改善汽车性能。水运方面应改变目前航道大部分处于自然状态的航运状况；提高船舶的技术性能，同时建设好一批河港、海港。航空运输除新扩建机场外，还要提高跑道等级；建设好自动化空中管制和调度指挥系统，实现通信导航设备现代化。此外，也要因势利导、因地制宜地发展地方特种运输。

第三节 旅游线路

旅游线路是指专为旅游者设计，能提供多种旅游活动的旅行游览路线。它是通过一定的交通工具、交通路线，将若干个旅游城市、旅游区（点）或其他旅游活动项目合理地组织起来，形成一个产品的组合，旅游的运行网络。它的形成受旅游点、交通条件、旅游市场、经济环境和旅游时间等诸多因素制约。一个旅游区内旅游线路可自成体系，也可组织区域间的合作。其中旅游交通是旅游线路组织的生命线，它必须有一定的交通路线和交通工具为依托，并包括旅游活动中的食、宿、行、游、购、娱六方面。

旅游线路组织涉及面积广，可从不同角度来划分旅游线路的类型。从旅游行为的活动空间可分为：大尺度旅游线路、小尺度旅游线路；按旅游活动的性质和内容分：综合型、观光型、休闲度假型、专题线路等；此外还可按使用主要交通工具划分；也可按旅游过程进行分类等。

旅游线路设计有其设计、开发与组织的过程。旅游线路设计是旅游规划中的重要内容。旅游线路设计首先要主题鲜明、特色突出，让游客在有限的时间内，充分领略该线路中最具特色的风情。如海岛旅游线，既要能观览海滨景观，又要组织好海上、海底游览和参与的娱乐活动。同理，红色旅游线，一方面要展示当时革命的艰险、典型事件，另一方面要展示老红军的革命精神，从而进行生动的革命传统教育。其次线路安排要合理有序，以热点带动温点和冷点，提高温点与冷点的文化品位，将其列为热点的辐射点和分流点。这样一方面可以充分发挥区域旅游功能的优势，另一方面使得旅游线路既有统一感，又有层次感和节奏感。游客既观览也参与娱乐，丰富多彩，引人入胜，从而使游客的心理上得到最大的满足，体力和精力上也可以得到相应的调整。如桂林山水风光游，除游览桂林市区山水风景外，到阳朔为另一小高潮，而参观灵渠可作为一尾声。最后，旅游线路设计不但要有超前意识，还要不断分析市场，紧跟市场变化而变化，才能不断创新，使旅游区（点）具有新的吸引力和生命力。

旅游线路的设计要求交通的保障，交通是旅游线路的生命线，要完善交通网络和工具，实现交通网络化和高质量化。首先，旅游线路与工具要做到安全、便利、舒适、经济，在安全的前提下，尽量缩短交通旅程、降低旅游费用、增加游览时间，如此就缩短了游客出行的时间，降低旅游费用，增加了游览时间，即缩短了游客的时间距离、经济距离和心理距离；其次，要尽可能安排一些有地区特点的旅游交通项目，采用有地方特色、民族特色的交通工具，如骑骆驼、骑马、乘轿等，以增加游兴。

思考与练习

1. 充分理解发展交通运输与旅游大众化的关系。

2. 熟悉我国交通运输网的总体布局、主要铁路干线、主要河运和海运线。了解公路和航空运输状况。

第三编
中国旅游地理分区

第1章

旅游地理区划

一、旅游地理区划的基本概念

旅游地理和其他地理学科一样，具有明显的区域性特征，划分旅游区，即是反映这一特征。从学科的发展，便于组织旅游活动以及保护旅游资源等方面，都必须进行旅游区划。目前世界上划分旅游区的方法不一，旅游区的大小也因地而异。

旅游区应是一个表现出社会——经济、文化——历史和自然——地理条件的统一的地域单位。我国以科学院地理所为代表的观点认为，旅游区是含有若干共同特征的旅游景点组成的旅游单元，是规划建设旅游景区，统筹交通运输与接待服务设施，组织协调与管理旅游活动的地域系统。就是说旅游区是指以旅游资源特征为基础，具有组织旅游活动的相应机构、设施和旅游点的完整体系的旅游区域。按其范围和级别划分为基本旅游区和省级旅游区二级。

苏联学者卡苏莫夫在论述阿塞拜疆的旅游业和社会经济发展时曾提出三级区划的观点：第一级是旅游区，其界线可以和行政区域的界线一致；第二级是旅游小区，这是一个以自然和文化——历史特征而取胜的地域范围；第三级是旅游中心，这一地域内有可以满足旅游者在交通、食宿、娱乐和信息等方面需要的设施。

旅游区的大小是相对而言的。从世界范围看，过去一般分为六个旅游区，即欧洲、美洲、非洲、西亚、南亚和亚太旅游区，现在又可加上南极洲旅游区。中国被看作一个旅游区。在中国旅游区内，可以划分为若干个基本旅游区即一级旅游区；在基本旅游区内，对具有观赏价值的旅游地域，根据交通条件和经营管理的特点又划分出若干个独立的二级旅游区；二级旅游区下依次为风景区、旅游点和风景点。

风景区即风景名胜区，它指以某一特有的自然景观为主体，由许多相互联系、有机结合的风景点、古迹组成的独具风格的旅游区域，其范围不等，旅游点多寡不一。如我国已公布的国家级重点风景名胜区，有的面积广达几百平方公里，城镇田园村庄交错分布，形成一个特定的区域整体。旅游点是风景区内游览、参观、访问和娱乐等旅游活动的直接场所，构成风景区的基本单元，如颐和园、北海等都可称为一个旅游点。风景点仅指具体的观赏对象物，如佛香阁即为颐和园旅游点内的一个风景点。

二、中国旅游地理分区

我国幅员辽阔，地域环境复杂多样，旅游资源极其丰富。为合理开发利用旅游资源，突出区域资源特点，合理布局，开展旅游区划的研究和划分旅游区是十分必要的工作。目前旅游区划在我国还是新的课题。本章试图根据前述的旅游区的基本概念，提出划分中国旅游区域的几个基本原则。

首先，以不打破省、自治区、直辖市行政区划为原则：旅游业作为国民经济一个部分，也受地方行政机关的领导，并且与地区经济有着密切的关系；行政机关还负责协调地区内包括旅游业在内的各项计划的执行及各部门的联系，所以一二级旅游区应尽量与行政区一致。

其次，要考虑旅游资源的类型和协调管理因素：旅游资源的类型是多种多样的，成因也是很复杂的。尽管如此，由于这些资源都是由自然地理因素和社会人文活动因素形成的，因此，它们在地域分布上存在着一定规律性。把同一类型或近似的旅游资源划在同一级旅游区内，有利于开发利用和组织旅游活动。如东北三省，青海和西藏自治区，它们在自然地理上都分别是一个完整的自然单元，景观特点较一致，社会经济环境、历史、民族、风俗等都很相似，在旅游的协调管理上也有共同之处。因此东北三省划为一个东北旅游区，青藏两省区划为一个青藏旅游区。又如黄河中下游的陕、晋、豫、鲁四省以黄河为一条线，这里是中华民族的发祥地，集中了中国的古代文明，地上、地下保留的文物古迹众多，从旅游资源类型的共性这一特征考虑将其划归为黄河中下游旅游区。武夷山（见图 10）和南岭以南的闽、粤、桂和海南、台湾各省区，自然景观与其北有明显差异，具有南亚热带和热带景观，典型的丹霞地貌和岩溶地貌，独特的南国风情等，故划为一个华南旅游区。

基于上述基本原则，将全国划分为八大一级旅游区。

图 10　武夷山风光

（1）京、津、冀旅游区：包括北京市、天津市和河北省。

（2）东北旅游区：包括黑龙江、吉林和辽宁三省。

（3）黄河中下游旅游区：包括陕西、山西、河南和山东四省。

（4）西北、内蒙古旅游区：包括甘肃省、宁夏回族自治区、新疆维吾尔自治区和内蒙古自治区。

（5）长江中下游旅游区：包括湖北、湖南、江西、安徽、江苏、浙江六省和上海市。

（6）华南旅游区：包括广东、海南、福建、台湾四省和广西壮族自治区、香港特别行政区和澳门特别行政区。

（7）西南旅游区：包括四川、云南、贵州三省和重庆市。

（8）青藏旅游区：包括青海省和西藏自治区。

思考与练习

1. 什么是旅游区？

2. 理解划分旅游区的意义。

第2章

京、津、冀旅游区

第一节　京、津、冀旅游区的地理环境及其评价

京、津、冀旅游区是指由北京市、天津市和河北省组成的旅游地区，包括华北平原的中北部和西部太行山地、北部冀北山地的一部分。

一、京、津、冀旅游区的地形

京、津、冀旅游区位于华北大平原的中北部，山地由北、西北和西面包围着平原，东面濒临渤海湾，地形上分属于冀北山地、太行山地和华北平原三个地理单元。

冀北山地包括燕山山脉和辽西一带山地。它横亘于华北平原北部，西接太行山，是华北平原向内蒙古高原的过渡地带。它由山地和许多山间盆地组合而成，总称燕山，海拔一般在1 000米左右。东段河北省境内的雾灵山，海拔2 116米，是著名的游览山地。山间的许多山口，如南口、古北口、喜峰口、马兰关、二道关等，自古为南北的天然通道。山海关是燕山山地和渤海间的一处隘口，为关内外交通要冲。这些山口均为历代兵家必争之地。古长城即修在燕山之巅，如今成为游览观赏胜地。燕山山地中分布着一些陷落盆地，如密云、怀来、宣化、承德盆地等，均有黄土或黄土状沉积填充物，成为重要的农耕地和人口密集地区。

燕山在北京市境内叫军都山，呈一向西北突出的弧形，主峰八达岭，海拔800余米，南侧山前地带形成许多著名风景点。

西部的太行山地，从晋豫交界处向东北延伸，绵延在山西与河北二省交界线上，长达500公里。它的西部属山西高原，坡度缓缓倾斜，东坡很陡。山地走向大致呈东北—西南向，平均海拔在1 000~1 500米，最高峰是河北省蔚县境内的小五台山，高程为2 870米，其次是涿鹿境内海拔2 420米的灵山。太行山被河流切割形成一些宽谷，成为东西交通的孔道，如紫荆关、倒马关、娘子关等。

太行山进入北京市一般称为西山，海拔2 003米的东灵山为北京市最高峰，

其次有大海坨山（高 2 000 米）、百花山（高 1 991 米）等。西山由西北向东南急速下降，西北部山峰都高达千米以上，且经过长期侵蚀风化，形成许多形态奇特的造型山地，如猫耳山、笔架山等。向东南到香山、卧佛寺一带海拔迅速降到四五百米，再到玉泉山、八宝山等海拔仅百十米。西山在历史上已形成很多风景点，构成今天北京市的沿山风景线。

处在冀北山地和太行山东南的平原即华北平原。它是燕山运动构成的陷落地带，后来地壳逐渐回升，山地抬升，平原则相对下降。在平原地区接受了各河流携带的大量泥沙堆积，厚度可达 5 000 米以上；在山麓地带形成堆积物大小、粗细不等的洪积冲积扇，这是山区与平原的自然过渡带。由冲积扇东部到滨海地区地势逐渐下降，地形单调，且多洼地和盐渍化现象，至滨海更发展成盐化低平原。

山麓洪积冲积扇平原是一上窄下宽的扇形地，海拔一般在 30~100 米，坡度 1/200~1/2 000，排水良好，地下水丰富，土壤不受盐碱化。冲积扇平原轴部突起有孤山、残岗、台地、沙丘等分布，形成许多微地貌景观，是发展旅游业的有利地形。冲积平原海拔在 50 米以下，坡度 1/5 000~1/10 000。平原上有许多湖沼。河北省中部以白洋淀为中心的洼淀，即是冲积平原上的一群湖泊。大致以 4 米等高线与冲积平原为界，以下直至渤海称滨海平原，地面坡降不到 1/10 000。该区除受河流冲积作用外，也受海洋沉积作用的影响，地表组成物质以黏土为主，地下水矿化度高，土壤是以氯化物为主的盐土，不利于农耕。渤海沿岸盐渍土最宽可达 60 公里以上。

二、河湖水系

京、津、冀旅游区的众多河流均发源于北部、西部山地，主要河流多属于海河水系。海河主流仅长 70 公里，而其支流 300 余条，组成的流域面积达 26 万平方公里。主要支流有北运河、永定河、大清河、子牙河和南运河。它们形成一扇形水系，汇于天津，始称海河，最后注入渤海。受该地区气候影响，河水补给不足，常年水道变浅，而众多支流夏秋之交又同时进入汛期，水势凶猛，易酿成水患，所以该区各河航运价值极小。目前全流域内有大中小型水库 1 500 余座，对于调节水量，改变地区小气候都起到了很好的作用。密云水库、官厅水库等许多库区成为旅游佳地。

滦河发源于冀北山地，流经河北省东北部，自成一水系，注入渤海。承德市即位于其支流武烈河西侧。

永定河是流经北京市最大的一条河流，源于山西高原，全长 700 多公里。在西山地区深切山谷，蜿蜒曲折，为山地增添了秀丽的景色。潮白河、拒马河、温榆河等都是流经北京市的河流。拒马河谷地貌多姿，有北国漓江之称，十渡已成为著名旅游点。

三、气候与旅游活动

京、津、冀旅游区位于中纬度暖温带气候区，东面面临渤海，西北以群山为屏，在东亚季风环流的控制下，形成暖温带大陆性季风气候。冬季受蒙古高压控制，盛行偏北和西北气流，气温迅速降低，呈现出寒冷干旱的气候，1月最低均温在0℃以下，北京地区为零下4.6℃。春季气温回升很快，降水只占全年的10%~15%，干旱多风沙，有时形成沙尘暴，黄沙滚滚，遮天蔽日。资料表明，该区每年大约有5~15天的沙暴日，多集中在春季。大风沙破坏了明媚的春光，影响人们出游及旅游效果，而且风沙大对古建筑及其他旅游资源都造成一定的破坏。夏季受东亚季风控制，形成炎热多雨的气候，7月均温在24℃，甚至超过28℃。夏季降水占全年降水总量的70%以上，山区多暴雨和冰雹。秋季蒙古高压又逐渐控制本区，特别是9月、10月，常出现连续的晴朗天气，气温适宜，是旅游的黄金季节。

秦皇岛、昌黎一带，受海洋影响较大，气温变化比较缓和，适于旅游避暑。承德盆地形成冬暖夏凉的小气候，是避暑的好去处。

本区自然植被属暖温带落叶阔叶林，但天然植被早已遭到破坏。一些山地次生植被较好，垂直带状分布也较明显。北京地区的松山、百花山、上房山等都是植被较好的山地。百花山自然保护区是一个北方难得的自然博物馆。

四、发展旅游业的经济基础

京、津、冀旅游区是我国开发历史较早的地区之一。早在春秋战国时期，这里已有赵、燕、中山等诸侯国，邯郸、涿郡、北京都是历史上著名的都市。本区自然资源丰富，又兼山海之利，有发展多种经济的条件。平原地区是我国重要的小麦、杂粮生产地和棉花生产基地之一。工业基础雄厚，开滦煤矿已有百年的开采历史，藏量丰富，所产煤不但供应区内，而且提供江南各省和出口。华北油田及渤海湾油气田是我国重要油气生产基地。

北京具有悠久的建城史和建都史，保留了雄伟的古建筑和众多的文物古迹。天津是我国沿海大工业基地之一，轻重工业均较发达。石家庄是华北地区棉纺织工业中心。唐山、邯郸、保定等城市及许多县乡也因地制宜地发展经济，为旅游业的发展提供了良好的经济条件。

本区还盛产暖温带干鲜果品：沧州梨和小枣、深州水蜜桃、张北沽源一带的口蘑、良乡栗子、北京鸭、白洋淀的莲藕以及沿海鱼、虾等海产品，可作为旅游食品的原料。

本区传统手工艺品生产历史悠久、种类多，如北京景泰蓝、玉雕、绢花，天津地毯、杨柳青年画等，均享誉国内外，是受欢迎的旅游纪念品。

2015 年中央审议通过了《京津冀协同发展规划纲要》，这是一个重大的国家战略，要求三地在协同发展框架下，谋划各自发展，完善落实京津冀协议责任，切实做到平等互助、相辅相成。

该纲要核心是有序疏解北京非首都功能。北京定位政治、文化、国际交往和科技创新四个中心。天津市为全国先进制造研发基地、北方国际航运核心区、金融创新运营示范区。河北省为全国现代商贸物流基地、京津冀生态环境支撑区等。

2018 年 11 月，中共中央、国务院明确要求以疏解北京非首都功能为“牛鼻子”推动京津冀协同发展，调整区域经济结构和空间结构，推动河北雄安新区和北京城市副中心建设，探索超大城市、特大城市等人口经济密集地区有序疏解功能、有效治理“大城市病”的优化开发模式。继 2008 年北京举办奥运会后，2022 年，张家口市与北京市共同举办 2022 北京冬奥会。2021 年 1 月 20 日，习近平总书记在考察冬奥时，首次公开提出“加快建设京张体育文化旅游带”，为京津冀协同发展战略注入新的内涵。京张体育文化旅游带是近年来在京津冀协同发展规划刚要中提出的一项重要任务，借助冬奥会有效整合京张地区的冰雪体育文化旅游资源，促进京张地区建设知名冰雪旅游度假目的地，并为京津冀协同发展提供新的机遇。

五、发达的交通运输业

京、津、冀旅游区内铁路、公路成网，交通四通八达。铁路网密度仅次于东北，居全国第二位，北京是全国铁路网中心。主要铁路干线有京哈、京广、京九、京包、京沪、京源、京通、京承以及石德、石太等，北京郊区还有专辟的旅游线路如北京—八达岭线、北京—承德线等。

北京又是华北地区公路网中心和全国航空网中心。北京与国内各省会及旅游中心城市之间都有航空线，国际航线由北京出发的有 100 多条，分别直达欧亚及北美各国。

天津新港和秦皇岛港是我国重要的货运海港，是华北地区进出口货物的集散地，并辟有到大连、烟台、青岛、上海等地的沿海旅游线。

第二节 北京市及其旅游资源

一、北京的历史沿革

北京的历史可追溯到50万年前的北京猿人故居——周口店，后期的山顶洞人也生活在这一带，所以北京是人类的发祥地之一。北京的地理位置，使其聚落出现较早，早在公元前1 000年前，蓟城已经在北京兴起。后来奴隶制的燕王国迁都于此，并把蓟城作为燕国的都城，称燕京。燕国为战国时七雄之一，据古地理情况推测，当年的燕京在明清北京城的西南。秦始皇统一全国后，蓟域成为广阳郡的治所所在地。从秦至唐末1 100多年间，蓟城始终保持着北方政治中心、军事重镇和商业大城的地位。我国古代两项伟大工程——长城和大运河在北京相会，足以证明其地理位置的重要性。许多佛教建筑，如龙泉寺（今潭柘寺）、悯忠寺（今法源寺）、石经山等都是此时所建。五代时辽在此建陪都，为其五京之一，称南京，又称燕京。辽南京城在今广安门附近，方圆18公里，当时已有30万人口，街巷寺观井然有序。天宁寺塔即是辽代所建，为北京现存最古老建筑之一。

金占领中原后，1153年，金海陵王完颜亮决定将都城从黑龙江迁到燕京，改称中都。一般认为，北京作为我国封建王朝统治中心的历史是从此开始的。金中都以辽南京为基础，但规模远较其大，城址建在今宣武区西部，呈长方形，规制十分完整。皇城内有宫城、苑囿，宫城建筑富丽堂皇。除皇宫外，1179年在中都城东北修建大宁离宫，成为城外优美风景区。1189—1192年在城西南的永定河上修卢沟桥。该桥为一石砌连续圆拱桥，长265米，宽8米，有石栏杆望柱281个，雕有姿态迥异的石狮485只，整座桥桥形优美、坚固，是北京地区保留下来的金代建筑之一，以其精湛的雕刻艺术吸引游人，“卢沟晓月”为清代京城名景之一。

元朝统治中原后，金中都毁于一炬。1267年，忽必烈决定以金大宁离宫为中心建设新都城，称元大都。元大都建筑规模宏大，城周30公里，中轴线贯穿南北，分宫城、皇城、苑囿，城中“九经九纬、左祖右社、面朝后市”，奠定了明清北京城的基础。元大都手工业、商业发达，经济繁荣，通过海运和大运河运来各地的漕粮和货物。对外文化交流也空前发展，成为当时文化交流中心之一。外国的科学家、医生、传教士相继前来，意大利旅行家马可·波罗就是在此时来到大都的。他把元大都描绘成天堂：“君等应知此宫之大，向所未见……宫墙及房壁满涂金银，并绘龙、兽、鸟、骑士形象”“大殿宽广，足容六千人聚食而有余……此宫壮丽富赡，世人布置之良，诚无逾于此者。顶上之瓦，皆红黄绿蓝及其他诸色，上涂以釉，光泽灿烂，犹如水晶”“其美善之极，未可言宣”（《马可·波罗行记》第 84 章）。

明朝攻入大都后，改称北平，1403 年又改称北京。明成祖决定将都城由南京迁到北京，利用元大都南部加以改、扩建，经过 14 年的营建，建成了明朝都城。该城分内城、皇城和宫城，原计划修筑外城，因朝廷财力不足，仅修起城南一带外城，故而使北京城平面呈一凸字形。内外城总面积 62 平方公里，城墙宏伟高大，城门、城楼、角楼一应齐全，宫城建筑考究，并有许多附属建筑、寺坛陵墓等。

清朝入关后迁都北京。清王朝全盘接受了明北京城的总体布局，并在原建筑基础上进行了整修和扩建，因此今天的北京城，仍为明代规模。清王朝对北京城的建设，主要在苑囿的开拓和营造，其成就远超过前朝。城内城外，离宫别墅规模宏大，富丽豪华。北海、中南海、颐和园、静宜园、静明园等都是规模巨大的造园杰作，形成城内外重要的风景旅游地，保留至今。（见图 11）

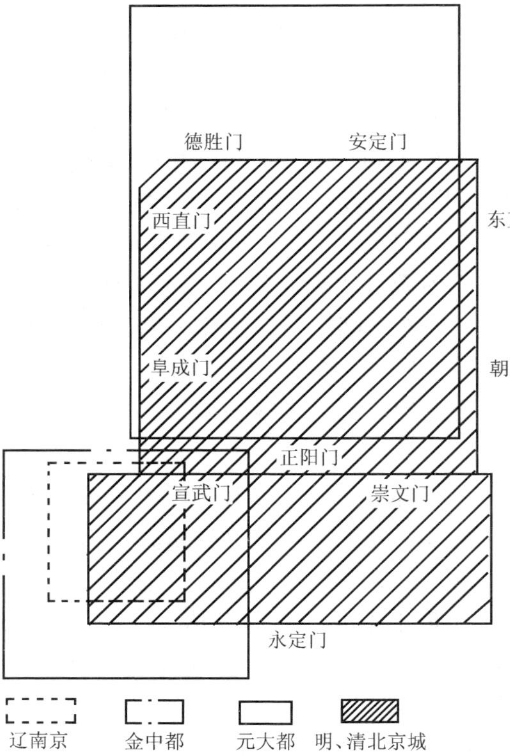

图 11　历代北京城变迁示意图

1912 年随着清朝的灭亡，北京作为封建王朝都城的历史随之结束。辛亥革命之后直至新中国成立前夕，北京的建设不但没有新的发展，而且许多古建筑年久失修，许多珍贵文物古迹惨遭浩劫，损失严重。北京的和平解放使古都城建筑和许多珍贵文物得以保存下来。新中国成立以后，北京被定为首都。70多年以来，城市面貌发生了根本的变化，古建、文物受到保护。

纵观历史，北京发展旅游业的条件是优厚的，资源是丰富的。第一，北京犹如一座研究人类发展史的天然博物馆，周口店猿人遗址已被联合国定为世界文化遗产，在研究人类发展史方面具有特殊的地位。第二，漫长的各个历史时期，出土和保留了大批有价值的文物，有的成了稀世珍宝，为研究中国古代和近代史提供了充足的物证。第三，北京都城与皇城的建设，以及众多集中了古建筑之大成的古寺、古塔、园林，也是世界建筑史上的杰作，闪烁着灿烂的光芒，成为观赏和研究的艺术精品。第四，北京是我国革命史上众多历史事件发生的舞台，是老一辈无产阶级革命家生活和从事革命活动的场所，许多革命遗址、遗迹、名人故居，不仅值得瞻仰和纪念，而且是研究中国革命史的圣地。第五，北京是我们社会主义祖国的首都，全国人民向往的地方，同时也是国际交往中心，吸引着各族人民和世界各地的游客。

二、北京的古都建筑及名胜

明北京城是在元大都的基础上进行改造和建设的，在平面布局上依据地理形势更加突出了皇城的位置，并将元大都的南城向南拓展，北城墙向南收缩。三重城墙，层层包围，一条贯穿南北的中轴线，长8公里，两侧街道对称分布。建筑的核心是皇城，特别是宫城，宫城又叫紫禁城，象征帝居之意。它是由许多单体建筑和广场、庭院组合成的一个总面积72万平方米的大建筑群，红墙黄瓦威严肃穆。贯穿全城南北的中轴线，从宫城中央通过，前后三大殿都在中轴线上。太和殿是前三殿的主体建筑，面阔11间，高35米，是朝廷举行大典之所，故称金銮殿。后三殿、三宫六院、御花园等建筑华丽精巧，古朴典雅，集我国古代建筑之大成。宫城北门——玄武门（清改称神武门）外为人工堆筑的土山，命名万寿山（景山）。这样一个巍然耸立的实体，标志着北京全城的中心。最后是鼓楼和钟楼。重要建筑分列在中轴线两侧，东有太庙，西建社稷坛。明北京城的规模和格局，以及宫殿配置和造型都体现了我国封建帝王之都的设计思想——“普天之下唯我独尊”，突出皇家尊严的建设主题思想表现得淋漓尽致。丹麦著名的城市规划大师S.E.瑞思穆森赞誉说:“整个北京城的平面设计匀称而明朗，是世界的奇观之一，是一个卓越的纪念物，一个伟大文明的顶峰。”

城内分区明确：皇城是内府官员的住宅，东西交民巷为各衙署所在的行政区，北城一带为王府，市场分别在东西城和鼓楼附近、正阳门外等地。

城区及附近水面，因属永定河故道，形成一系列几乎连续的湖沼洼池，从城西北的积水潭——后海——什刹海——北海——中南海以及城东部的龙潭湖等，起到了调节城区气候的作用。皇室、王侯利用这些自然水面，建筑离宫别墅。桥、塔、亭、榭点缀其间，为城市增添了色彩，也与西北郊远景互相呼应，从而扩大了空间深度。各种形体的不同建筑，共同组成了参差起伏的城市艺术构景，使城市景观变幻多姿。

与宫殿配套的寺庙坛社，如天坛、地坛、日坛、月坛、先农坛、孔庙等不下几十处，分派不同的用场。天坛是皇帝祭天祈谷之所，祈年殿建筑奇特壮观，被誉为“世界古建筑瑰宝”。明帝王陵区建于昌平区的天寿山，长长的神道，高大的石像生，与皇宫建筑相媲美的棱恩殿以及明楼、宝城等都彰显了皇权的威严，也使北京城更加完整、典型，成为人类文明史上的不朽之作。其建筑本身以及其间保存的大量文物都是我国的稀世珍宝，价值连城，不仅可用于观览，也是研究明清历史的珍贵实物资料。

三、北京的古代园林

北京市山地占全市面积的2/3，特别是西部的西山，由西北向东南急剧下降，高差变化极大。在这个山地向平原的过渡地带，地表形态复杂，又处在永定河冲积扇边缘，山冈、丘壑、湖沼、远山近水，自然风景不逊于江南。早在辽代即在玉泉山修行宫，建大觉寺的清水院；金时在香山建造了芙蓉馆、景会楼。此后，帝王的离宫别墅，王侯权贵的别墅、坟院相继建在这一带。明代在瓮山建成好山园。明朝武清侯李伟首创清华园，号称“京国第一名园”；著名书法家米万钟于清华园东墙外建勺园，取“海淀一勺”之意。当时人评论“李园壮丽，米园曲折，米园不俗，李园不酸”。

清朝王室和权贵们更在西北郊大搞园林建设。康熙、雍正、乾隆三代经过130多年的经营，使海淀以北的西北郊区成为一个园林区。乾隆时达到了造园的鼎盛时期。康熙年间在清华园旧址修起了畅春园，其北建圆明园，毗连它陆续修起了长春园、绮春园。在瓮山、玉泉山、香山分别修建了清漪园、静明园和静宜园。各园均以规模宏大、修饰华丽为特点。

圆明园自康熙年间开始修建，规模越来越大，它由圆明、长春、绮春三园构成。模仿江南名园创造了40景，每景中又建若干小景，共有百余处。其布局以水景为主，河湖、池沼、小山为构景基础，巧妙地安置叠石假山。殿、台、亭、榭，设计精巧，景色宜人。虽为园林，清代皇帝也在此设置朝署值衙，举行朝政、宴会，因此也是清王朝的一个政治活动中心，并且收藏了历代保存下来的文物精华。该园于1860年和1900年先后两次惨遭劫掠后被八国联军焚毁，使一代名园沦为废墟。近年来圆明园遗址公园在不断建设中对外开放。

颐和园占地约290公顷，康熙四十一年（1702年）在明代好山园旧址上扩建为行宫，乾隆十五年（1750年）弘历为庆祝其母60寿辰，在此改建大报恩延寿寺，改瓮山为万寿山，同时利用山湖建成清漪园。咸丰十年（1860年）被英法侵略军劫掠焚毁。1888年慈禧挪用海军军费进行修复，后改称颐和园，取“颐养冲和”之吉利。1900年被八国联军破坏。1905年修复保留至今。

颐和园利用自然，创造了接近自然的景物，集我国建筑艺术的精华，堪称民族园林艺术的典范。全园共有殿、堂、楼、阁、亭、廊、轩、榭等各式建筑3 000余间，桥梁30座，以及数十处奇巧山石和漫长的沿湖石栏，恰到好处地组合在一起，高低错落，层次分明，互相资借，彼此衬托，极尽变化之能事，并借远处西山诸峰与宝塔为背景，增加景深与层次。1998年颐和园成为世界文化遗产，被予以保护，成为来北京旅游的中外朋友的必游之地。

四、人民的新首都

北京市是全国的政治中心，也是国际交往中心，又是文化古都。全市总面积16 410.54平方公里。半个多世纪以来，北京的城市建设和发展是惊人的。为开拓城市交通，对旧城市进行改建，除紫禁城外，拆除了几乎所有的城墙、城门及大多数的城楼，只保留了正阳门及箭楼、北海团城、东便门城楼、古观象台等少数有特色的古建筑。拓宽了天安门广场，建起了人民大会堂、历史博物馆（现改为中国国家博物馆）、体育场馆等一批现代化宏伟建筑，同时也兴建了农业展览馆、美术馆、民族宫等具有中华民族特色的建筑物；修建了以旧城市为中心呈同心圆状的一环路至六环路和百十座不同形式的立交桥，以及20多条地下铁路和城市轻轨铁路，使市、郊交通十分方便。城市建设焕然一新，集群式宾馆饭店以及居民小区建设各具特色。

作为古都遗存，除故宫外，北京城区和郊区散布着众多的寺庙、古塔、御苑、王陵，如雍和宫、白塔寺、大钟寺、天坛、卧佛寺、碧云寺、潭柘寺、戒台寺等，已经整修接待游人。经过整修还开放了八达岭长城、慕田峪长城和明十三陵旅游点，特别是定陵地下宫殿也经发掘整修开放。同时开辟了各种类型的公园，如中山公园、北海公园、天坛公园、颐和园、动物园以及圆明园遗址公园，等等。随着现代化娱乐活动的兴起，北京也先后建起密云游乐场、石景山游乐场、顺义高尔夫球场、世界公园、中华民族园、奥林匹克公园等具有现代化水平的娱乐场所。近年来，远郊区的自然山水风景地经过考察不断得到开发，如龙门涧、百花山、灵山自然风景区、拒马河谷风景区、松山、官厅水库、密云水库风景区、康西草原、上方山云水洞、石花洞等都已成为游览地。目前，北京市已开放的文物古迹、风景旅游点达百余处。北京古迹之多，园林之美，山水之胜，在国际上有很高的知名度。作为古都和历史文化名城，北京不仅展现着古代都城红墙黄瓦，飞檐彩绘的古城风貌，同时作为新首都也显示着现代化的新姿。

北京市已颁布了《北京历史文化名城保护条例》，条例提出从整体上保护旧城。对历史水系、传统中轴线、皇城、旧城、凸字形城郭，道路及街巷胡同等的建设高度、建筑色彩、古树名木等都做了具体要求和规划。

目前，北京有 7 处名胜已被列入《世界遗产名录》。另有 100 多处国家级重点文物保护单位，400 多处市级保护单位，5 处国家地质公园，15 处国家森林公园，其他文物几千处。风景名胜区面积约占城市面积的 13%。此外，绿化工作也取得了较好的成效，森林植被基本上构成了环绕京城的生态环境圈，对改变地区气候和人们的生存环境都起到重要作用。

第三节　天津旅游区

天津地处华北平原东北部，渤海湾的西部顶端，海河五大支流汇口处，“地当九河要津，路通七省舟车……当河海之要冲，为畿辅之门户”。天津在元朝时因漕粮转运，由一小渔村开始发展起来，1316 年元代设置“海津镇”，明朝时称天津（天子的津渡之意），并筑城设卫，故有天津卫之称。由于天津市腹地广大，兼河海运之便，近代经济得到发展，现为我国综合性工业基地、对外贸易口岸和华北地区经济贸易中心、首都北京的海上门户。天津现包括 16 个区，面积 11 966.45 万平方公里。地形以平原为主，仅北部有占面积 5% 的山地。天津新港建在海河口北岸，开港已有百年历史，有万吨泊位十余个。塘沽作为经济开发区，正在建设中。海河蜿蜒穿过市区，成为天津的象征，河上有多座不同形式的桥，海河公园沿河约 5 公里。市区以和平路——东马路商业街为主干，呈现出欣欣向荣的工商业城市景观。近年来先后建成食品街、旅馆街、服装街及以天后宫为中心的文化街仿古建筑群；并修复文庙、吕祖堂、鼓楼、广东会馆等古建筑，与海河风景线共同构成了主要游览观光地。也是我国四大自由贸易区之一。

蓟州区西北部的盘山是花岗岩山体，山水奇伟清秀，云海松涛，变幻多姿，古称“京东第一山”，跻身于我国名山之列。蓟县城关西门的独乐寺是一座千年古刹，其观音阁为唐代大型木构建筑。蓟州区北部绵延着雄伟的长城，黄崖正关、八卦街和小平安寨风光壮丽，颇有特色。此外，贝壳堤和震旦系标准地层都是具有科研和观赏意义的地貌景观。

第四节　清东陵和清西陵

这是两组清帝后陵寝和园寝组合群的总称。东陵建在河北省遵化市燕山南麓的马兰峪，西陵位于河北省易县太行山东麓的紫荆关以东。二陵区分别在北京的东方和西南方，均距京 100 多公里。

东陵共有陵寝和园寝 14 处，其中帝陵五座，后陵四座，妃园寝五座，共埋葬五个皇帝（顺治的孝陵、康熙的景陵、乾隆的裕陵、咸丰的定陵和同治的惠陵）及其皇后、妃子，此外还有亲王、公主、太子的园寝。陵区面积 48 平方公里，依山岳起墓，顺地势布局，形成统治者乐于称道的“龙蟠凤翥”之势。

西陵有帝陵四座（雍正的泰陵、嘉庆的昌陵、道光的慕陵和光绪的崇陵）以及皇后、妃子、亲王等的园寝。

两组陵寝各组成一个庞大的古建筑群，每个陵区分前圈和后笼两部分，布局整齐划一，以山为屏障，主要建筑如隆恩殿、宝城、明楼等均在南北中轴线上。整体建筑庄严雄伟，在规制上与明陵大体相仿，但建筑装饰进入了一个更成熟的阶段，工艺更完美，吸收和融会了历代陵寝建筑之长。

清陵概括了清代帝王的家族史，同时也反映了清王朝从盛到衰以至灭亡的过程。作为一代文物，反映出我国从 17—19 世纪社会的一个横断面，因此它是研究清代史的重要文物。随着陵区的不断开发，它的历史作用将更明显地反映出来。清各陵多次被盗，特别是 1928 年发生的震惊中外的盗陵案，破坏严重。1961 年国务院将其列为全国第一批重点文物保护单位。现已经过整修接待游人。

第五节　秦皇岛旅游区

秦皇岛是河北省东北部一个港口城市，一市三城，秦皇岛居中，东北有山海关，西南有北戴河，各距 15 公里左右。秦皇岛市北依燕山、南临渤海，由于其依山连海的地理位置，和囊括关城、海港及海滨旅游资源优势，近年来地区旅游业发展十分迅速。港口冬季不冻，是渤海湾唯一良港，目前年吞吐量 3 500 万吨，是以出口为主的单功能港口，出口物资中 70% 是煤炭，建有大型自动化煤码头。秦皇岛腹地广大，距北京仅 300 公里，无论城市经济、港口建设和旅游业发展潜力都很大。

北戴河因戴河流经而得名。它由一小渔村发展为一个舟楫聚泊之所，明代在此设金山卫。北靠联峰山，南连渤海，受海洋调节，夏季气候凉爽。最热月份午后最高气温平均只有 28℃，比同纬度内陆的北京低 4℃ ~6℃；如果以 22℃以上为夏天计算的话，北戴河夏长 67 天，比北京短 25 天。海风登陆，气温陡降，湿度上升，空气清新而湿润，凉爽宜人，春无大风沙，是渤海湾沿岸最好的避暑胜地。海岸地区有 20 多公里的沙质海岸，滩面平缓，沙软潮平，潮差仅 1 米左右，附近入海河流短小，泥沙量不大，故海水清澈洁净，水温较高，全年适于海水浴的天数有 110~120 天，因此又是理想的海滨浴场。由于海浪等的作用，海岸带发育了突出海中的岬角、陡峭的海蚀崖，还有残留的礁石等海岸地貌，构成以其形态命名的金山嘴、鹰角石、老虎石等景观。海滩以上有两级海蚀阶地，是海滨建筑所在。莲花石公园奇峰异石、千姿百态、松柏竞秀，山上建有观音寺，山顶建有望海亭，登亭可俯瞰海滨全景。

自清朝末年开辟为避暑区以来，外国人和军阀政客蜂拥而至，建起了各种造型的别墅，北戴河成了少数人的乐园。新中国成立后它成为劳动人民的避暑旅游胜地，新建了海滨浴场、劳动人民文化宫、鲁迅公园和许多疗养所。旅游季节，每天约有 20 万人在此避暑疗养。

北戴河西南 17 公里的昌黎县是一处优良沙质海岸。它背靠巍巍碣石山，面临滔滔渤海，有着长 42 公里的海岸线，沙细、滩缓、水清、潮平、污染少。海岸沙丘绵延二三十公里，宽 2 公里左右，高度 20~50 米，坡度达 80 度，是理想的海水浴和滑沙场所。并且有很好的海岸防护林带，气候条件与北戴河相似。游人在此可以领略海岸沙滩风情，并可乘滑板做滑沙游戏，被誉为“黄金海岸”。昌黎海滨能同时容纳 30 万人，极大地缓解了北戴河旅游地的拥挤状况。

第六节　承德旅游区

一、避暑山庄和外八庙的自然环境

承德市坐落在河北省东北部，是冀北山地中的一个陷落盆地，滦河的支流——武烈河从它东面流过。承德市群山环抱，林深谷幽，海拔在 400~1 000 米。周围山地发育了典型的丹霞地貌，奇峰奇石，耸立山巅，孤峰突兀富多种造型。双塔山、鸡冠峰、元宝山、棒锤峰、蛤蟆石等形象逼真。棒锤峰更构成避暑山庄的借景物，具有很高的观赏价值。由于盆地的形势，北部山地抵挡了来自北方的冬季风，造成冬暖夏凉的小气候，夏季 7 月均温比北京低 2℃ ~3℃，是避暑消夏的好地方。

避暑山庄建在市区北部，占地 5.64 平方公里，沿山势起伏修筑了 10 公里长的宫墙。宫墙外沿山麓一带分布着融合我国各民族建筑风格的八座寺庙，俗称“外八庙”。

山庄内地形复杂，有山、有谷、有平原，也有水面，在不大范围内地形高低变化悬殊，层次分明，湖光山色层峦叠翠，风景优美，造园条件甚好。加之湖区有常年温水的“热河泉”，不仅为湖沼提供水源，保持湖水清澈，而且由于湖面的调节，使夏季气候更为凉爽宜人。

二、营建避暑山庄的历史背景

避暑山庄始建于1703年，当时清入关不久，康熙皇帝为了镇压北方边境地区少数民族的分裂活动，遏制沙皇俄国的骚乱与侵略，每年定期北巡，并在今围场县设立木兰围场，作为清王朝御用狩猎之所。在北巡沿途设置行宫驿站多处，以供休息。山庄原是古北口到围场之间13处行宫之一，因它位置适中，景色优美，气候宜人，所以被朝廷选中大力营造，建成最大的一处行宫。避暑山庄建成后，康熙、乾隆等清王朝皇帝每年都有五六个月在此处理朝政，接见王公大臣和少数民族首领，甚至接见外国使臣，因此山庄的作用远远超过了避暑，而成为清王朝的另一个政治活动中心。避暑山庄在增强边疆各族王公贵族对清皇室的向心力、维护大清帝国的统一和抵御沙俄的侵略等方面，都有它的战略意义。

三、避暑山庄的建筑风格

避暑山庄是清代一处皇家园林，但其建筑风格与北京园林迥然不同。该地风景优美，营建过程中尽量保持了大自然原有风貌，天造地设自然成趣。建筑物建在原有的山、谷、湖面和平原上，富有浓厚的山庄野林情调。山庄内分两大部分：一部分为宫殿区，包括正宫、松鹤斋、东宫（现已不存在）和万壑松风四组建筑，古朴庄重，是皇帝处理朝政和居住的地方；另一部分为苑景区，包括山峦、湖面和草原。山区占山庄面积的4/5，山峦起伏，林木茂密，峡谷深邃。湖面占地80公顷，以如意湖为主体，以热河等泉为水源，泉涌水清，亭、榭、楼、台点缀其间，湖光变幻，洲岛错落。湖区北岸一片草地，绿草如茵，麋鹿成群，犹如祖国江山之缩影，令人心旷神怡，流连忘返。（见图12）

山庄宫殿主体建筑“澹泊敬诚”殿，全部为楠木结构，俗称“楠木殿”，灰砖灰瓦突破一般皇宫的建筑格调和色彩。湖区建筑多模仿江南园林的风格，如仿杭州的芝径云堤，仿镇江的金山寺，仿嘉兴南湖的烟雨楼，等等，因此整个山庄建筑将北方的浑厚与江南的小巧融合在一起。在布局上采取分散布局、多种造景的手法，使其美景甚多，仅康熙、乾隆二帝题名的即有72景。

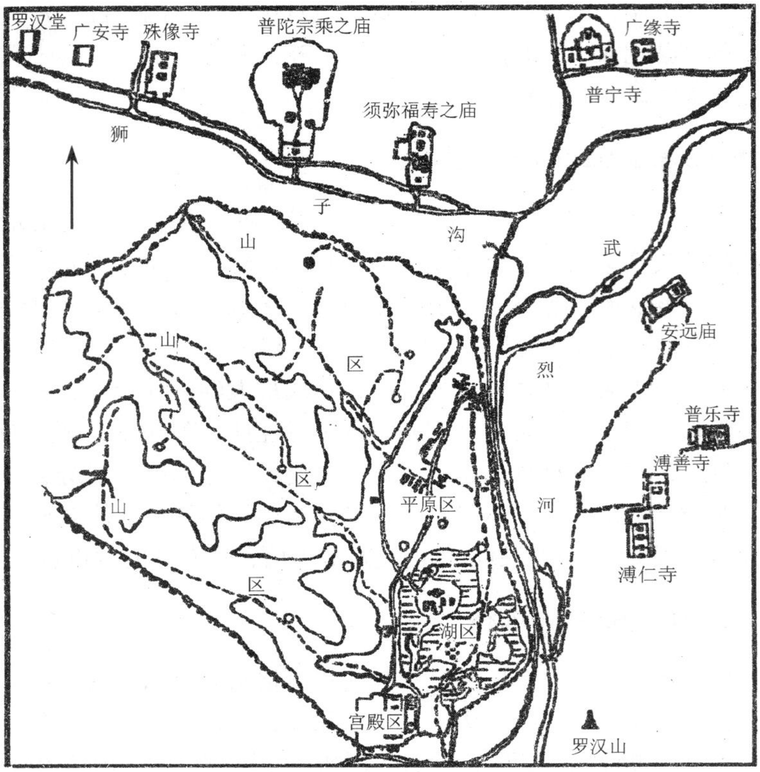

图 12　承德避暑山庄、外八庙示意图

四、外八庙的营造

外八庙是围绕在山庄东面和北面、沿山麓地区营造的八座寺庙，建筑年代为 1713—1780 年。原建筑 11 座，各有其营造背景（见“承德避暑山庄外八庙一览表”），是清王朝为了笼络少数民族头领，巩固国家统一。在建筑构思和布局上独具匠心，各庙依山傍水，按其各自的区位、角度对准山庄宫殿区，宛如众星捧月，象征皇权至上和民族统一。它的建筑风格、形式与山庄不同，集中融合了汉、藏、蒙等民族建筑艺术特点。其造型奇特，气势雄伟，色彩绚丽，并富于浓厚的封建迷信和宗教色彩。这里既能见到汉式的殿堂、楼阁，又有藏式的塔、白台、红台，给人以严整和谐之感。各寺庙都保存大量碑刻和其他文物，因此不仅有极高的艺术价值，也为研究历史和宗教提供了宝贵的资料。

承德避暑山庄外八庙一览表

寺 名	建寺年代	建寺缘由	形制与布局	碑刻
溥仁寺（前寺）	1713 年	蒙古各部王公贵族为祝贺康熙 60 大寿所建	汉族寺庙形式	
溥善寺（后寺）	1713 年		与上相同	
普宁寺	1755 年	乾隆为表示对西北各民族宗教信仰的尊重，进一步加强中央政权的统治，决定建该寺，彰显朝廷的威严和豪华，并给他自己记功	仿西藏三摩耶庙式分东西二部：西部依汉族寺庙样式；东部以藏式阁为主体	《普宁寺碑文》用满、汉、蒙、藏四种文字书写《平定准噶尔勒铭伊犁之碑》《平定准噶尔后勒铭伊犁之碑》，分别记述了清政府平定达瓦齐、阿睦尔撒纳叛乱之经过
安远庙（伊犁庙）	1764 年	为迁居热河的蒙古族达什达瓦部举行宗教活动，接待蒙古王公贵族朝觐和瞻礼而建	仿建新疆伊犁河畔的固尔扎庙	
普乐寺（圆亭子）	1766 年		主体建筑为阁城，似北京天坛祈年殿	
普陀宗乘之庙	1767 年	为庆祝乾隆 60 大寿和太后 80 大寿	仿西藏布达拉宫形式	《土尔扈特全部归顺记》《优恤土尔扈特部众记》两块用满、汉、蒙、藏四种文字刻成的大型石碑
殊像寺	1774 年	乾隆及其母去五台山烧香后仿建	仿五台山殊像寺汉族形式	
须弥福寿之庙（行宫）	1780 年	乾隆 70 寿辰为六世班禅来山庄祝寿所建	仿六世班禅西藏日喀则住所——扎什伦布寺形制	
广缘寺	1780 年		汉式建筑	

第七节 雄安新区旅游区

雄安新区是河北省管辖的国家级新区。2015 年 2 月 10 日，习近平总书记在中央财经领导小组第 9 次会议审议研究《京津冀协同发展规划纲要》时，明确提出了“多点一城、老城重组”的思路：“一城”就是要研究思考在北京之外建设新城问题。2016 年 3 月 24 日，习近平总书记主持召开中共中央政治局常委会会议，听取北京市行政副中心和疏解北京非首都功能集中承载地有关情况的汇报，确定了新城的规划选址，同意定名为“雄安新区”。2017 年 4 月 1 日，中共中央、国务院印发通知，决定设立国家级新区河北雄安新区。雄安新区地处北京、天津、保定腹地；东接廊坊市固安县、文安县、霸州市，西与保定市清苑区、徐水区接壤，南邻高阳县、任丘市，北与定兴县、高碑店市相连，起步区面积约 100 平方千米，中期发展区面积约 200 平方千米，远期控制区面积约 2 000 平方千米。包括雄县、容城县、安新县及周边区域。2019 年地区生产总值已达到 215 亿元。2020 年，雄安新区人口 120.54 万人。

设立雄安新区，是以习近平同志为核心的党中央深入推进京津冀协同发展作出的重大战略选择，是一项历史性工程，举世关注，万众瞩目。2018 年 4 月，中共中央、国务院批复了《河北雄安新区规划纲要》。设立河北雄安新区，是以习近平同志为核心的党中央深入推进京津冀协同发展作出的一项重大决策部署，是重大的历史性战略选择，是千年大计、国家大事。规划建设雄安新区意义重大、影响深远。经党中央、国务院同意，国务院正式批复《河北雄安新区总体规划（2018—2035 年）》。2019 年 1 月 24 日，《中共中央、国务院关于支持河北雄安新区全面深化改革和扩大开放的指导意见》发布。5 月 7 日，雄安新区征迁安置工作正式启动实施。6 月，《河北雄安新区启动区控制性详细规划》与《河北雄安新区起步区控制性规划》对外公示，公示日期 30 天，自 2019 年 6 月 1 日至 2019 年 6 月 30 日。8 月 30 日，中国（河北）自由贸易试验区正式揭牌，雄安新区设中国（河北）自由贸易试验区雄安片区。

雄安新区有南拒马河、大清河等河流，华北平原最大的淡水湖泊白洋淀也位于雄安新区东南部。虽然雄安新区历史较短，但拥有不可移动文物 215 处，其中全国重点文物保护单位 3 处；省级文物保护单位 8 处，市、县级文物保护单位 81 处。其中南阳遗址、宋辽古战道、三各庄遗址均为具有重要历史意义的文化遗址。新区还拥有圈头音乐会、安新芦苇画等非物质文化遗产。当地的水上婚礼也具有较强的民俗特色，具有一定观赏价值。雄安新区旅游区是一个新的具有特色的旅游区，在历史文化旅游产品开发方面有着较为广阔的前景。

思考与练习

1. 了解京津冀旅游区的地理环境。
2. 认识北京市发展旅游业的优越条件。
3. 北京作为古都城的历史开始于何时？现保存的辽、金时代的建筑有哪些？
4. 掌握明清北京城的建设特点及名胜古迹。
5. 掌握清代北京主要的园林及景观。
6. 掌握明清帝王陵墓的分布及陵区布局。
7. 熟悉本区主要的海滨旅游地。
8. 熟悉承德避暑山庄的自然环境和建筑风格。

第3章

东北旅游区

第一节　东北旅游区的地理概况

东北旅游区位于我国最东北部，北、东、东南各方分别与俄罗斯及朝鲜为邻。北达北纬53°　31′，东至东经135°　20′，南北最长距离约1 500公里，总面积79万平方公里，包括黑龙江、吉林、辽宁三省。

该区现有人口9851万（2022年），是我国少数民族聚居区之一。主要少数民族有满族、蒙古族、回族、朝鲜族、达斡尔族、鄂伦春族、锡伯族、鄂温克族、赫哲族等。

东北旅游区自然地理环境完整、独特，有壮丽的白山黑水、瑰丽的火山胜景、迷人的林海雪原、奇异的北国风光。该区工业基础雄厚，铁路交通四通八达，为发展旅游业提供了良好条件。

一、历史及经济发展

东北地区早在旧石器时代已有人类活动，在历史上相当长的一段时期里，这里主要是一些少数民族的游猎地区。自公元10世纪开始，契丹、女真、蒙古等民族先后在此建立了辽、金、元等政权。明末女真族首领努尔哈赤完成了对女真各部族的统一，建立了后金政权，先后迁都辽阳、沈阳等地，后改国号大清，于1644年迁都北京，成为统治中国200余年的清王朝，所以东北是清代的发祥之地。

东北是我国经济、文化发展较晚的地区之一，发展历程十分曲折。19世纪中叶以后，东北经济开始得到比较迅速的发展，但接踵而来的帝国主义的侵略、掠夺，使该区经济遭到严重摧残。九一八事变后，东北沦为日本帝国主义的殖民地，经济、文化也随之殖民地化。

东北地区有丰富的煤、铁、石油等资源，土地资源也极丰富，耕地面积广大，土质肥沃。新中国成立后，迅速建成了我国第一个重工业基地，钢铁、机械、石油、化工等工业产品在全国都占重要地位。同时也建立起以毛纺、亚麻纺织、造纸、粮油、制糖等为主的轻工业部门，还是我国重要的商品粮和木材生产基地。粮食商品率较高，木材产量约占全国的1/2以上，其南部是我国温带水果产区。此外，该区盛产珍贵的毛皮和药材。

二、地理环境

山环水绕、沃野千里的盆地形势 东北地区的地貌类型多，但分布很有规律。该区外围的东、北、南三面均为江、河、湖、海所环绕，只有西部连陆，水界占全区疆界的1/3。其内侧，西、北、东三面又分别被大兴安岭、小兴安岭和东部山地环绕，略呈一弧形，包围着东北大平原，因此形成一个山环水绕的盆地形势。山地丘陵与平原的面积大体相等，大部分山地海拔在1 000~1 500米。主要山脉有两列：西为大兴安岭山地，东为长白山地，其走向均以北北东为主。大兴安岭北起黑龙江畔，南止于西拉木伦河上游谷地，全长1 800公里，宽200~300公里，本区境内为其最完整宽阔的一段。大兴安岭北段向东南延伸的小兴安岭是一个新兴的山地，地壳活动比较活跃，山地西南侧有五大连池等火山群。东部长白山地由几条平行的中低山、丘陵和宽广的山间盆地、谷地相间排列组成，也属正在上升中的山地，有大规模的火山熔岩活动。长白山主峰白头山海拔2 691米，是由于多次火山喷发形成的。长白山地向南延伸为千山山脉，插入黄、渤海之间，构成辽东半岛之脊柱。东部山地是东北许多河流的发祥地。

在这些山地之间是广阔的东北大平原，由三江、松嫩和辽河三大平原组成，是我国面积最大、土壤最肥沃的平原区。三江平原地势低洼，分布许多湿地、沼泽；松嫩平原为一波状平原，许多小湖泊形成盐碱“泡子”；辽河平原一般海拔在50米以下，下游呈更低平的三角洲。

东北地区河流受山地构造的限制，紧紧围绕山地流动，故呈山环水绕之势。有4 000公里的河道在国境线上。大兴安岭北端和小兴安岭北侧是黑龙江干流；东部山地以东有乌苏里江、图们江、鸭绿江等水系；平原南部有辽河水系。东北地区河流是季风型河流，夏季风造成6月、7月、8月水量较大，但水流平稳，便于航运；河流结冰期较长，一般北部河流封冻期为五六个月，南部河流为3个月左右。封冻期间河面可行车马，故可充分利用其开展冰航等冰上运动。

本区山地多数山势低缓，山顶浑圆，冬季雪厚盈尺，具有发展滑雪、冰橇等体育运动旅游的优越条件。本区还多火山，有许多火山活动遗迹，如火山群、独特的山峰、火口湖、堰塞湖、温泉、熔岩台地等，造成了多姿多彩的火山自然风光，是东北旅游区最著名的旅游资源。

温带、寒温带季风气候 东北地区属温带季风气候类型，北部已进入寒温带，南端则为暖温带。气候特征为冬季寒冷而漫长，夏季温暖、湿润而短促。冬季直接受蒙古高压控制，盛行西北风，气温甚低，1月平均最低温度都在零下20℃以下，是世界上同纬度陆地气温最低的地区，比同纬度大陆低10℃以上。漠河曾创下零下53℃的全国最低温的纪录，称为“中国寒极”。一般冬季长达6个月左右，降水多以固态形式积聚地表，最厚达50厘米。夏季全区气温不高，7月平均气温，平原南部可达24℃，大兴安岭北部低于18℃，基本没有夏天，但大部分地区绝对最高温也可达到35℃以上。全年气温之差居世界同纬度地区之冠。春秋二季甚短，春天多大风，风沙天气占全年的60%以上，秋季一般天气晴朗。全区降水量大部分地区为400~700毫米，由东南向西北逐渐减少，只有长白山地东南侧降水高达1 000毫米。

东北地区气温低，降雪日数多，数量大，积雪日期长，一般平原北部和大小兴安岭、长白山区年平均降雪日在30天以上，积雪日达100天以上，天池附近可达268天。积雪深度，平原地区在20厘米左右，深的可达40~50厘米。河川冰期长，冰层厚，辽河冰封期为3个月，松花江在哈尔滨附近为5个月，瑷珲附近的黑龙江长达6个月，冰层厚0.4米，故有“雪原”之称。隆冬时节，漫山遍野，银装素裹，景色壮丽，为开展与冰雪有关的各项旅游活动创造了条件。

广阔的森林、草原和丰富的野生动物资源 东北是我国森林分布最广的地区，森林景观成为该区自然景观的主要特色。受气候带影响，东北地区植被具有过渡性特征，它是亚寒带针叶林的最南端和温带阔叶林的最北端，因此，南北植被的自然景观差异很大：北部多为亚寒带针叶林，中南部为温带针阔叶混交林，南端为暖温带阔叶林。主要树种有红松、落叶松、沙冷杉、枫桦、白桦、水曲柳，等等。东北地区保存了大面积的原始森林，也分布着可供观赏的风景林。由于向西北雨量逐渐减少，自然景观也由森林向森林草原和半干旱、干旱草原过渡。松辽平原，特别是平原西部一望无际的大草原，草类繁多，牧草茂盛，夏季鲜花盛开。

茂密的森林，广阔的草原为动物生存提供了良好的栖息、生存和繁殖的场所，因此，东北成为我国目前最重要的野生动物产地和狩猎区。珍贵的大型动物有东北虎、貂、熊、猞猁、狐等，禽类有丹顶鹤、柳雷鸟。

为了保护野生动植物和自然环境生态系统，东北已先后开辟多处自然保护区，各保护区有重点地保护某种或几种动植物，这些保护区将来可建成有特色的旅游区。因此东北旅游区发展森林、森林草原及狩猎等旅游活动的潜力很大。

稠密的交通运输网 铁路是东北地区交通运输的骨干。东北地区拥有发达的铁路网。该铁路网以“T”字形的滨洲、滨绥、哈大线为骨干，以沈阳、四平、长春、哈尔滨为枢纽，连接各干、支线，将东北地区的城市和工矿区连接成系统的经济整体。京沈和京通铁路是东北区与关内联系的重要干线。滨绥线在绥芬河与俄罗斯的铁路接轨，是重要的国际运输线。沈丹线是连接中朝两国的国际路线。

内河运输主要指黑龙江和松花江的航运。海上运输以大连和营口为重要港口。大连港港阔水深，冬季不冻，是我国北方对外贸易大港。

第二节　东北旅游区的主要旅游资源

一、海滨风景资源

大连——旅顺口风景名胜区　东北地区南部辽东半岛伸入黄海与渤海之间，海岸线曲折，长约 1 800 公里，多岛屿。千山山脉以东北—西南走向贯穿半岛，南端有大连、旅顺等著名海港，被定名为大连海滨——旅顺口是国家级重点风景名胜区。

大连市位于辽东半岛南端，与山东半岛隔海相望，濒临黄、渤二海之间。气候受海洋调节，温暖湿润，全年均温 8℃ ~10℃，最热月均温低于 25℃，因此夏天不酷热，是避暑消夏之所。大连依山傍海，港阔水深，冬不封冻，是我国重要的对外通商口岸。大连市容整洁，环境优美，有“花园城市”之称。市南郊东起黄白嘴，西至黑石礁，海岸线 24 公里，总面积 20 余平方公里，为海滨风景游览区。近海水深 5~35 米，潮差 3 米左右，滩底多为砂石，坡度小，海水清澈污染少，夏季海表水温达 20℃以上。有优良的海滨浴场和众多风景点，如棒槌岛、老虎滩、黑石礁等，有的已建成旅游公园和疗养所。

大连工业发达，已成为一个新型的海滨工业城市，是我国 14 个沿海开放城市之一。它还利用当地原料发展了玻璃器皿和贝雕生产，产品玲珑剔透，五光十色，是受欢迎的旅游纪念品。

大连西南的旅顺口和东面的金石滩海滨，都有着丰富独特的地质景观、种类繁多的动植物资源以及文化遗迹、战争遗迹等。现正在建设以大连、旅顺口、金石滩三点鼎立为主体，周围一些风景点为依托，集中与分散相结合，点、线、面相结合的风景旅游网络。这是一个以青山、碧海、蓝天、岛屿、礁石、沙滩等自然景观为主要特色的海滨游览区。

兴城海滨　兴城位于京沈铁路线绥中、锦西之间，东部濒临辽东湾。现保留的宁远卫城，为一座明代古城，于明宣德三年（1428 年）所建。平面呈正方形，各边长 800 余米，城墙高 10 米，辟四门，门上有城楼，现存西门和南门两楼；门外有瓮城。城内十字街正中建一座钟鼓楼，南街心尚存一石牌坊。它是我国现存最完好的一座古城。海滨滩涂广阔，附近有温泉等资源，适于开发滨海旅游活动，已被国务院定为第二批国家级风景名胜区。

二、山地风景资源

长白山风景区 长白山位于吉林省东南部，是第三纪以来火山活动熔岩喷溢的产物，多次火山喷发形成主峰白云峰主体，据记载，1579 年、1665 年和 1705 年曾先后三次喷发。山地广泛分布玄武岩流，形成熔岩高原、台地，因此著名奇景都与火山喷发后形成的地貌现象以及地表植物有关。主峰白云峰山势雄伟，山顶有火口湖——天池。天池面积 9 平方公里，湖面海拔 2 194 米，湖光山色风景清幽。由天池北阏门流出的水，形成高 68 米的长白瀑布，又为第二松花江上源，二道白河的源头。天池北侧分布有 1 000 余平方米的温泉群，称长白山泉。常年有热气从山石裂隙喷出，因水中含硫化氢，有理疗价值。长白山地区生长着大面积种类繁多的温带针阔叶混交林，还有东北虎、梅花鹿、紫貂等珍贵动物。1960 年建立了长白山自然保护区，以保护丰富的动植物资源、比较完整的自然环境和生态系统，并开展综合性的研究工作。保护区跨安图、抚松、长白三县，面积 20 余万公顷，保护着数以千计的植物和动物资源。由于独特的地质地貌、气候、土壤、动植物的分布，构成了典型的温带季风山地自然综合体，是个很有价值的风景旅游胜地和具有世界意义的自然博物馆。

千山风景区 千山也叫积翠山或千朵莲花山，自古为辽东名山。山地在鞍山市东 20 公里处，近千座奇峰迭起，峰奇石峭，犹如千朵莲花，最高峰仙人台海拔 708 米。该山为佛道两教圣地，在重峦茂林中，寺观遍布。佛教五大禅林：祖越、龙泉、大安、中会、香岩，明代时已经驰名，九宫、八庵、十二观也与其并存。现为国家级风景名胜区，风景区面积 44 平方公里，可供观赏景点达 80 余处。

罗通山游览区 该山位于吉林省柳河县，其山地风景特点是山洞奇特，洞内石笋罗列，钟乳密布，色彩斑斓，千姿百态，惟妙惟肖。

三、火山地貌景观

镜泊湖风景区 镜泊湖位于黑龙江省西南宁安市境内，由于牡丹江下游河道被火山熔岩堰塞而形成。湖形狭长，面积 90 多平方公里，是我国最大的高山堰塞湖，海拔 355 米。沿湖岸群山起伏，树木丛生，湖中八景（飞瀑、大孤山、白石砬子、小孤山、城墙砬子、珍珠门、道士山、老鹤山）景色最佳。湖水从 20 余米高处跌下，形成吊水楼瀑布。浪花翻滚，水珠飞溅，水声轰鸣，气势磅礴，其“水石相喷薄，咆哮如雷声”的景观颇为雄浑壮观。寒冬水瀑凝成冰帘，挂于悬崖之上，像舞台上垂下的银幕，别有风姿。野猪、水獭等野生动物出没其间，具有发展垂钓和狩猎旅游的条件。镜泊湖附近的熔岩隧道和地下森林景观奇特。地下森林在镜泊湖西北45公里处，是由于火山喷发后，火山管道中的岩浆冷却，不断收缩，火山口形成内部陡峭、深几十米至百米的坑，在土壤、肥料、水分、阳光、种子具备的条件下，天长日久生长出森林，犹如长在地下，风景清幽秀丽。

五大连池火山群风景区 五大连池坐落在黑龙江省德都县北部五大连池市、小兴安岭西南侧，被火山群环抱。风景区包括14座玄武岩火山锥、五个串珠状堰塞湖和一块熔岩台地。1720年曾有一次较大的火山喷发，涌出的岩浆把附近小白河堵截成五段，形成五个相互毗连的火山堰塞湖泊，宛如一串珠碟玉盘。五大连池火山群有各种形式、类型的新旧火山，熔岩微地貌形态丰富，保留着当年熔岩流动时呈现出的各种态势：有的酷似海龟、蟒蛇，有的像波浪、石塔，有的形成熔岩瀑布，因而有“火山博物馆”之称。五大连池南面药泉山的药泉属冷矿泉水，水温在2℃~5℃，因其奇特的理疗作用，被称为“神泉”“圣水”。改革开放以来，旅游者、疗养者络绎不绝。区内已建有五六十座疗养所，现已成为北方综合疗养胜地。该旅游区现已开辟为我国第一个火山自然保护区。

四、游览城市

沈阳 沈阳是座有2 000余年历史的古城，现已成为有900多万人口的现代化工业城市。以沈阳为中心，由鞍山、抚顺、本溪、辽阳等组成的城市群是东北工业区的心脏。沈阳又是辽宁省省会，位于京沈、哈大、沈丹、沈吉铁路的交点上，交通四通八达。

沈阳最早是个边防要塞，元初改名沈阳。1625年后金努尔哈赤迁都于此，改为盛京。清朝入关后，将沈阳改为“陪都”，因此沈阳的主要古迹多为清代所建，如沈阳故宫、东陵和北陵。沈阳故宫位于旧城中心，是清代努尔哈赤和皇太极两代皇帝的宫殿，建于1625年，是我国现仍保存的第二个古代宫殿建筑群。其建筑风格融会了汉、满、蒙三个民族的特色，建筑形式反映出清前期的政权形式和满族传统习俗的各个侧面，现为沈阳故宫博物馆。东陵原称福陵，是清皇努尔哈赤和皇后的陵墓，背靠天柱山，面朝浑河，风景优美，建筑规模宏大。北陵原称昭陵，是皇太极及其皇后的陵墓，规模也很大，建筑宏伟壮丽。新中国成立后，陵前部已开辟为公园，成为沈阳市最优美的风景游览地。此外，沈阳还建有志愿军抗美援朝烈士陵园和中山公园、南湖公园等20多座公园。

鞍山是我国最大的钢铁工业基地。市郊东面有著名的千山风景区；市南汤岗子温泉具有较高的医疗价值，以泥疗闻名，现建有大型理疗康复中心。

抚顺是我国煤都，在产煤的同时，还生产琥珀和煤精，东郊的大伙房水库是一游览点。

长春　位于松辽平原中部，吉林省省会，新中国成立后城市发展迅速，现有人口900多万。长春是一个以机械制造工业为主的工业城市，汽车生产在全国占重要地位，故被称为“汽车城”。长春有全国著名的电影制片厂、省博物馆和几十所高等院校。市区街道整齐、宽阔，市容美观。近郊有月潭林场、新立城水库等游览点。八大部——净月潭已被列为国家级风景名胜区。

吉林市　位于松花江畔，被长白山支脉环抱，依山傍水，景色如画，又有“江城”之称。该城重点发展化学工业，是全国有名的化工城。著名的旅游点有北山公园、龙潭山、小白山、江南公园等。“江城树挂”是该市特有自然条件下形成的天然景观。“树挂”气象学上叫“雾凇”，它是由雾、水汽凝结而成的。第二松花江呈“S”形回绕市区，上游因有丰满水电站，江水不冻，在冬季最低气温达零下30℃的情况下，暖水面不断蒸发的水汽，遇到空气中大量烟尘、杂质而凝结，常形成浓雾，雾遇冰冷的树枝，便迅速凝成树挂。其形象似蜡梅、玉菊、银链、蒲棒……沿江两岸，一片霜白，吸引了许多美术工作者和摄影爱好者前去创作。松花湖为吉林市南郊的一个山谷水库，湖长200公里，水面480平方公里。湖岸曲折，两岸奇峰林立，青山叠翠，湖上渔帆点点，构成吉林市郊一优美风景点。

哈尔滨市　该市历史较短，是20世纪初随着东清铁路通车才发展起来的城市。几十年来由于帝国主义列强的经营，市内有许多古旧的异国建筑。新中国成立后很快发展成为一个以机械制造为主的工业城市。哈尔滨是我国北方江城，松花江穿过市区，为城市带来生机。沿江有许多大型建筑和著名公园。太阳岛公园别具一格，夏季近江处清净的沙滩是理想的浴场和避暑疗养胜地，冬季又是观赏雪景的佳地。该市冬季寒冷，雪量大，结冰期长达四个月，为开展冬季冰雪旅游活动创造了条件，因此诸如滑冰、滑雪、冰球、冰帆、雪橇等体育活动甚为活跃。著名的冰灯游园活动，以其特有的冰雕艺术吸引了几十个国家和地区的游客。

哈尔滨市东北的桃山林区建立了桃山狩猎场，包括大型滑雪场、滑冰场。游人除打猎外，还可进行观雪、滑冰、滑雪、坐马爬犁、打靶等活动，并可参观养鹿场和养参场。

丹东市　位于鸭绿江口，是水陆联运港，我国通往朝鲜的边境口岸，通过鸭绿江大桥与朝鲜新义州市相连。该市以柞蚕丝绸工业闻名，此外有造纸工业等。

思考与练习

1. 了解东北旅游区的自然地理环境。

2. 本区火山地貌景观主要分布区和景观特点。什么叫火山堰塞湖？

3. 掌握长白山风景区的景观特点。

4. 吉林市最著名的观赏景观是什么，它是如何形成的？比较哈尔滨、沈阳、大连三市主要的旅游景观。

第 4 章

黄河中下游旅游区

黄河中下游旅游区包括黄河中下游流经的陕西、山西、河南、山东四省。该区自然环境优越，黄河以其博大的胸怀，哺育了中华民族的远古居民。蓝田猿人是黄河流域最早的居民，相继出现了丁村人、河套人。从仰韶文化到龙山文化，他们培育了高度发达的原始文化，并率先由原始氏族公社进入了奴隶社会。

中国大地上最早的奴隶社会夏、商、周就是在黄河中下游地区发展起来的。早期封建社会也多在此建都。在相当长的历史时期内，黄河中下游地区是我国政治、经济和文化的中心，故有“中原”之称。历史为后人留下了无数的遗迹、遗址、古建、文物。人文景观丰富多彩，成为本旅游区最突出的特点，不仅向游人展示我国悠久的历史、灿烂的古代文明和传统文化，而且对研究中国古代历史、文化以及宗教艺术等都具有重要意义。

第一节　黄河中下游地区的地理环境

一、地貌与气候

该区在地理上包括秦晋黄土高原和关中盆地、陕南山地和豫西山地、豫鲁平原和山东丘陵等几个地貌区域。

秦晋高原和关中盆地　秦晋高原由陕北高原和山西高原两部分组成，是我国黄土高原的一部分。东部山西高原是以石质断块山为主体的高原，海拔约 1 000 米，黄土嵌在山间谷地、盆地和高原面上，厚度较小，一般地区为 20~30 米。晋西高原以吕梁山为主体；晋东是以太行山为主体的山地，自北而南有恒山、五台山、系舟山、太岳山和中条山等。五台山主峰海拔 3 058 米，是山西省最高峰；晋中是由大同盆地、忻县盆地、太原盆地、临汾盆地和运城盆地五大河谷盆地组成的盆地地形，土壤肥沃，灌溉便利，是山西省主要农业区和经济活动中心。

西部为陕北高原，是个盆地形高原。因黄河、渭河河谷深切，高原东侧和南侧都成陡峭坡壁，使整个盆地显示出高原形态。

秦晋高原上覆盖着深厚的黄土层，习惯上称为“黄土高原”（黄土高原还包括甘肃中部和东部）。黄土覆盖厚度一般在100~120米。黄土物质疏松，孔隙度较高，层理不明显，而垂直节理发育，透水性较强，因而易被雨水冲刷和流水切割，形成特有的黄土地貌。黄土地貌区沟壑充分发育，密度大，沟谷地貌和谷间地貌广泛分布，地表被切割得支离破碎，水土流失现象严重。黄土高原主要地貌形态是塬、墚、峁等。黄土塬是黄土堆积的高原面，地势平坦，顶面广阔，是最适宜农耕的地域。目前平整的塬面已不多，大部分地区被分割成千沟万壑的丘陵沟谷区。黄土墚是长条状的丘陵。黄土峁指孤立浑圆状、顶部是穹形的丘陵。黄土窑洞是黄土高原地区居民因地制宜建造的住宅，也是黄土高原最具自然地理特色的人文景观。

陕西中部断层陷落地带，经渭河及其支流泾河、洛河等冲积成东西长约300公里、宽约30~80公里、面积3.4万平方公里的渭河平原。它东起潼关，西至宝鸡，北抵陕北高原，南接秦岭，故称“关中平原”。这里平均海拔500米，地势低平，土壤肥沃，气候温暖，雨量适中，灌溉便利，很早即成为人类生活、生产的重要基地，古称“八百里秦川”。

黄土高原属暖温带大陆性气候，但受地形影响显著，由于东部太行山脉的阻挡，海洋气流不易深入，本身地势较高，故大部分地区出现偏冷偏干的半干旱区的气候特点。气温年较差和日较差都较大。年平均温在12℃~15℃。晋北一些山地夏季最高日均温不足20℃；而汾河、渭河谷地夏季气温很高，常造成焚风酷暑天气，日较差比华北平原大，生长期缩短，陕北、晋西北山区不足150天，太原盆地、黄河沿岸为170天。大部分地区年降水量在400毫米左右，而且变率大，只有渭河、汾河南段，因夏季海洋气流可沿黄河谷地伸入，降水可超过600毫米。

陕南山地和豫西山地　陕南山地包括由秦岭和大巴山组成的秦巴山地，以及其间的汉中盆地。秦岭横亘于我国中部，东西长400~500公里，南北宽100~150公里，海拔一般在1 500~2 500米，主峰太白山3 767米。秦岭是我国自然地理南北差异的重要界线。古人描绘秦岭“九州之名阻，天下之险峻”。山地东部褶皱紧密，多断裂谷地，也多花岗岩高峰，如太白山、华山等，巍峨险峻，成为我国名山。大巴山地绵亘于陕、川、鄂边境，本区境内西高东低，河流切割较强烈，多峡谷。秦岭和大巴山之间的汉水谷地，由一系列东西向断裂构成，汉中盆地为其著名盆地。

秦岭山地属暖温带半湿润气候，仍较干冷。秦岭南坡及以南的大巴山、汉水谷地已属北亚热带湿润季风气候，年均温为14℃~16℃，1月均温上升到2℃~3℃，年降水量750~800毫米，青山绿野，郁郁葱葱。

秦岭向东延伸至河南境内构成以崤山、熊耳山、外方山和伏牛山为主的豫西山地，山地高度由西向东逐渐下降。中岳嵩山即是外方山向东北的延续，主峰海拔 1 440 米，山势峻拔。秦岭向东南出现在鄂、豫、皖三省边界，形成桐柏山和大别山，海拔一般在 1 000~1 500 米。它们与淮河以南的一些低山丘陵，总称为淮阳山地，构成长江与淮河流域的分水岭。

豫鲁平原和山东丘陵 豫鲁平原在黄河下游区域。黄河在中条山和崤山之间穿过最后一个峡谷——三门峡。孟津以东，由于构造陷落地势急降，黄河携带的大量泥沙开始沉积，现黄河主槽以每年 10~20 厘米的速度堆积，使河床高出两岸平原 10 余米，成为世界上少有的“地上悬河”。平原地区地表坦荡，地下水丰富，山东境内海拔更低。沿海地区平原不断向海湾伸展，在黄河口呈扇形突出。由于古今黄河多次决口泛滥、改道与修筑堤坝等，地表形成许多洼地、坑塘、堤坝。在山麓冲积平原与黄河冲积平原之间的低洼地带形成带状湖群，如东平湖、南四湖等。

山东境内大部分地区为 200~500 米的低山丘陵，鲁中南有泰山、蒙山、沂山、鲁山等断块山地。泰山主峰玉皇顶海拔 1 545 米，是山东丘陵的最高峰，平地拔起，气势雄伟，为我国五岳之首。山东半岛的主体也是海拔 400 米以下的低山丘陵，但因是坚硬的片麻岩、花岗岩，故山势险峻。崂山海拔 1 131 米，屹立黄海之滨，山海相连，风景清幽。

该区域气候自东向西大陆性逐渐显著。山东半岛气温受海洋影响，夏季比同纬度低。特别是沿海地区没有 35℃以上的高温，因此青岛成为避暑胜地。冬天温度又高于华北同纬度内地，而且春温低于秋温，故是北方春天少风沙、春旱轻的地区，适于种植温带果木。河南和鲁西一带冬季冷而干，夏季热而多雨，春季干旱多风沙天气。

二、河流水系

本区兼有海河、黄河、淮河和长江四大水系，但以黄河水系为主。黄河贯穿本区四省，首先从内蒙古向南，穿行在晋、陕交界的黄土高原上，在昕水河以南、吕梁山西南端，形成壶口瀑布及龙门急流。自潼关黄河转向东流，在中条山和崤山之间穿过三门峡，形势险要。三门峡以下，特别自孟津以东，黄河在华北大平原上流速骤减，所携泥沙大量沉积，直到山东东营市入渤海。晋、陕境内的汾河、渭河、洛河等是黄河主要支流。孟津以下至海，因河床高于地面，不再有支流汇入。

淮河发源于豫南桐柏山，长约 1 000 公里。其南北支流极不对称，北侧支流既多又长，均在本区境内，流域面积占淮河流域总面积的 40% 以上。河床平浅，水流缓慢。

汉水是长江最大支流，源于陕西西南部，流经秦巴山地，到湖北武汉市注入长江。

第二节 黄河中下游旅游区的历史和经济状况

黄河中下游地区是中华民族的摇篮，丰富的文化遗产构成本区旅游资源的突出特点。黄河流域自古以来，气候温暖，土地肥沃，灌溉便利，适于人类的生存和繁衍，中华民族的祖先就是在这一带发展了原始文化和华夏文化，创造了古代文明。经考古发现了大约 80 万年前旧石器时代早期的蓝田猿人、10 万 ~20 万年前的大荔猿人，以及新石器时代的仰韶文化、大汶口文化和龙山文化。仰韶文化最早发现于河南渑池县仰韶村，并广泛分布于黄河中下游，特别是关中盆地、晋东南到豫西北一带。龙山文化最早发现于山东章丘市龙山镇，它与大汶口文化都分布于黄河下游鲁东南一带。传说的黄、炎二帝也活动于黄河中下游。黄帝部落最后定居中原，其后代与其他部落共同融合，形成中华民族。所以几千年来，黄帝被尊为中华民族的始祖，黄河被誉为中华民族的摇篮。

自夏以来的奴隶社会，虽因各种原因都城几经迁徙，但终没离开黄河中下游，其势力和影响范围也限于黄河南北，春秋五霸、战国七雄除吴越等少数诸侯国占据长江流域外，绝大多数诸侯国集中在晋、陕、豫、鲁、冀各省，争霸中原。长安、咸阳、太原、洛阳、开封、临淄、商丘、曲阜等黄河流域的城市，都先后定为各国都城。自秦建立统一国家后的封建社会，关中平原、河南等黄河流域的经济文化得到更快发展，形成当时封建帝国的政治、经济、文化中心。西安、洛阳、开封不仅是我国历史上的大都城，而且是世界有名的国际贸易都市。经过几千年的发展建设，黄河中下游留给后人的石窟艺术、殿宇碑刻等古迹、古建筑众多，也极有历史价值。

黄河中下游地区土地辽阔、气候温暖，垦殖条件良好，水陆交通便利，是我国农业开发最早的地区。平原地区开发尤其充分，土地平整，灌溉便利，精耕细作。关中平原、晋中平原、豫鲁平原都成为我国重要的小麦和杂粮产区。本区也是我国棉花产区之一，河南省棉花种植面积一向在全国领先。此外，花生、芝麻等油料作物也在全国占重要地位。山区和半山区实行多种经营，林、牧、药材等得到综合发展。各地物产种类繁多，不胜枚举，如烟台苹果和梨、莱阳梨、德州西瓜、乐陵小枣、临潼柿子、栾川木耳、黄河鲤鱼、豫鲁两省的烟草、陕北皮子等。

本区煤、油、气资源丰富，在全国占重要地位。山西是我国煤炭资源最丰富的省，煤的品种齐全，质量高，产量大，已建成全国最大的煤炭工业基地，所产煤炭供销全国各地。山东胜利油田成为仅次于大庆的我国第二大油田。太原是我国大型钢铁基地之一，洛阳是全国最大的农业机械生产基地。轻工业中棉、麻、毛纺工业占重要地位。本区传统的手工艺产品，如河南与陕西的唐三彩、河南钧瓷、山东半岛的抽纱花边和绒绣、陕北柳编等历史悠久，工艺精湛，不仅畅销国内，也受到国际旅游者的喜爱。

该四省交通以铁路运输为主，横向有胶济、陇海线，纵向自东向西有京沪、京九、京广、同蒲、太焦—焦枝、宝成等线，分别与华北、华东、中南、西北、西南等省区连接。公路以豫、鲁两省密度较大，陆上交通便利。青岛、烟台是本区两大海港，向南北均有航线，可连接上海、天津、大连等城市。

第三节　黄河中下游旅游区的主要旅游资源

本区以丰富的人文景观旅游资源为其特点，古代人类遗址遗迹、古都遗址、帝王陵墓，以及名寺、古塔、石窟比比皆是。同时，风景资源也有其独特之处。自然风景以山地风景为主，历史上有名的五岳，除南岳衡山外，其他四岳均在本区境内。还有秀丽幽雅的骊山、崂山山地风光和青岛、烟台等海滨游览地。本区位置优越，可进入性大，近年来，西安、泰山、青岛等地都成为我国旅游的热门地。

一、山岳风景资源

华山风景区　华山坐落在陕西省华阴市东南，是秦岭北坡的一条支脉。南依秦岭、北环渭河，东南西北中五峰环峙，状如莲花，故名华山。南峰最高，海拔2 200米。华山岩体是白垩纪时，由于地壳强烈运动、花岗岩侵入而形成的一个“岩株”，后经上升与河流切割、风化剥蚀等内外力不断作用，花岗岩岩株出露地表，故形成四面如削，倚天拔地“自古华山一条路”之险峻、陡峭的山形。千尺幢、百尺峡、猢狲愁、苍龙岭、擦耳崖等都是十分险峻之处。苍龙岭宽不足1米，两旁万丈深渊，如蛟龙昂首腾空，“韩愈投书处”的石刻即立于此。

华山上部气候多变，冬季长6个月，日温差可达25℃之多。山地松柏竞秀，华山松与黄山松相似，能生长于峭壁石缝之中，抗风耐寒，适应性强。

华山镇岳宫、西岳宫、玉泉院等寺院建筑宏伟，并保存有历代碑碣题刻。

骊山风景区　骊山是秦岭山脉的一个支脉，坐落在陕西省临潼县西南，海拔800米左右。山上有东绣岭和西绣岭两峰，山地青松翠柏，林木苍郁。人们游览骊山的历史悠久，山顶的土台，据传是周幽王为博取褒姒一笑而举烽火戏诸侯的烽火台。西绣岭上的老君殿是唐华清宫的长生殿所在地。山腰处有兵谏亭等。“骊山晚照”为古长安八景之一。

骊山温泉久负盛名，水温在43℃，含有碳酸锰、硫化钠等多种矿物质，适于浴疗。早在秦始皇时已“以石筑室砌池”名“神女汤泉”；唐朝时改名“华清宫”。安史之乱中为兵燹所毁，早年建筑已荡然无存。清代重建华清池，后在其基础上改建为公园。园内宫宇楼阁鳞次栉比，雕梁画栋，富丽堂皇，保留了贵妃池等古迹。骊山北麓有秦始皇陵。

恒山风景区 相传在4 000年前，舜帝巡狩四方，见此山势雄伟，故封北岳。恒山位于山西浑源县，绵延150公里，山体由古寒武纪、奥陶纪石灰岩构成，犹如多匹骏马奔腾，故有“恒山如行”之说。主峰海拔2 017米，山势雄伟，横亘塞上，自古为兵家必争之天险。山上怪石争奇，古树参天，“岳顶松涛”“夕阳返照”甚为绮丽，自然景观幽静清雅。楼台殿宇遍及山间，古有十八胜景，现保存九天宫、悬空寺等10余处。悬空寺始建于北魏晚期，因建于峭壁之上，故山岩上凿石为基，半空中起屋，殿宇参差错落，构筑惊险，造型奇特。游人走悬空栈道，如行绝壁，极富诗情画意。

五台山风景区 五台山位于山西省五台县，环周250公里内，由五座山峰环抱而成，峰顶平坦宽阔如台，分别以东南西北中命名。《名山志》云：“五台山五峰耸立，高出云表，山顶无林木，有如垒土之台，故曰五台。”五峰海拔均在3 000米以上，以北台最高。山势自主峰分东西二支向南延伸：东支苍崖峻石，深沟大壑；西支峰峦漫布，迤逦而下，气势磅礴。夏季气候凉爽，林木葱郁，是避暑胜地，古有“清凉胜境”之誉。

五台山是文殊菩萨的经场和居住圣地，山寺庙宇主要供奉文殊菩萨。自汉明帝建大孚灵鹫寺以来，五台山就成为我国佛教中心之一。以后魏、北齐以及隋、唐等各代不断修建寺庙，到明代时已有佛寺百余座，成为我国佛教名山。现仍保存40余座寺庙、佛殿及众多佛教文物。著名的佛寺有显通寺、塔院寺、菩萨顶、殊像寺以及唐代南禅寺大殿和佛光寺等。佛光寺现保存的唐代木构建筑，以及泥塑、壁画、墨迹、石雕、墓塔等，是我国文物中的瑰宝。此外，五台山古迹甚多，台山十景是五台山传说的胜迹，如高达17米的千手佛、重4 999.75公斤的铜钟、高6米的铜塔、白玉雕刻的石牌坊、70米高的白塔等。

嵩山风景区 嵩山谓之“中岳”，位于河南省登封市西北，由太室山和少室山各36峰组成，东西绵延30余公里，峰峦起伏，山体如卧，峰顶峻极峰仅1 400多米，但古有“峻极于天”之说，历史上为我国儒、释、道三教汇集之区。自秦建立太宗祠始，历代都建大规模宗教建筑，山麓地带名胜古迹星罗棋布，尤以少林寺、中岳庙、嵩阳书院等闻名。少林寺建于465年，是佛教禅宗发祥地，武功技艺名扬四海，寺内壁画、碑碣、石刻众多。寺西不远的塔林，现存砖石墓塔200余座，形式繁多，造型丰富。中岳庙是一座道教寺庙，始建于秦，唐宋时盛极一时。现存为清代重建，面积10余万平方米，建筑400余间，是河南省规模最大的寺庙。庙内石刻碑碣百余，还有北宋年间铸造的四尊铁人，为宋代铸造艺术的佳作。

泰山风景区 泰山位于山东泰安市，成山于太古代，距今已24亿多年，是一个古老的片麻岩、花岗岩构成的断块山地。主峰玉皇顶海拔1 545米，突起于群峰之上，巍峨挺拔，气势磅礴，登顶眺望，有“登泰山而小天下”之感。

泰山古称“岱山”或“岱宗”，历史上记载有“泰山处五岳之首而独尊，显赫百世”之言，历来被视为吉祥、神圣、崇高的象征。相传自夏、商以来，历代君主登泰山封禅朝拜，不仅使此山四海扬名，而且殿宇众多，各历史时期碑刻达千余。大量描绘泰山优美风景的诗文佳作，更为泰山增添了文采。有些碑刻诗文千古称绝，脍炙人口。

登泰山始自岱宗坊，登山路线长9公里，可划为五个游览小区。沿途风景名胜甚多，著名的有王母池、斗母宫、中天门、云步桥、五大夫松、普照寺、南天门、碧霞祠等。登顶可观云海玉盘、黄河金带、旭日东升和晚霞夕照四大自然名景。岱庙是泰山第一名胜，始建于汉代，以后各代均有增修、扩建，规模宏大。主殿天贶殿高22.3米，宽9间，重檐八角，红墙黄瓦，斗拱彩绘，雄伟壮观，与北京故宫太和殿、曲阜孔庙大成殿并称为我国三大古建筑殿宇。庙内藏有自宋以来的壁画及石碑150余方，还有铜亭、铁塔等古迹。泰山是优美的自然风光和人文景观巧妙融合的典型风景名胜区，在我国最早列入世界自然与文化双重遗产。

崂山风景区 崂山在山东半岛西南的崂山湾处，南濒黄海，山海相连，为一灰黑色花岗岩山体。主峰崂顶，海拔1 133米，登临其上，唯见水天一色，还可观日出，所谓“巨峰旭照”。山体东部尤其峻峭，山上林木繁茂，浓荫蔽日，白沙河九曲连环、龙潭瀑、潮音瀑都十分壮观。圣水泉、金液泉等众多山泉，洁净甘洌，质地优良，中外驰名。全山奇峰迭出，秀水纵横，构成雄奇壮观、灵秀幽清的自然景观，为内地名山所不及。崂山自古称“神仙之宅，灵异之府”，宋元以来成为道教名山，鼎盛时有九宫、八观、七十二庵。华严寺、太清宫等道教建筑简朴无华，具有清幽寡淡特色。

二、古代文化遗址遗迹及古墓葬

自发现河南安阳殷商遗址以来，在黄河流域不断发掘出历代以及史前时期的重要遗址、遗迹和珍贵文物。西安市东的半坡展览馆，即是在发掘出的一处母系氏族公社时期典型的氏族村落遗址上建立起来的。整个遗址有5万平方米，包括住宅区、制陶窑场和公共墓地三个部分，由此可以了解新石器时代人们的住宅结构和布局、制陶业、生产工具和经济生活、埋葬制度和墓地位置等状况。彩陶是这个时期的代表，说明在距今六七千年前黄河流域，特别是黄河中下游已有原始人生活、繁衍，而且创造了新石器文化。在河南发掘出了殷墟以前的偃师二里头文化和郑州二里岗文化，它们都属于商代前期青铜器文化。安阳小屯村殷墟文化属商代晚期文化，在此出土了宫殿遗址、甲骨文、青铜器、玉石器、陶器等大量商代文物。作为商代都城，已将其列入历史上七大古都之一。在距西安不远的沣河东岸，发现了西周时的丰镐遗址，传说是文王的苑囿。咸阳发掘出秦咸阳宫一号遗址，这是咸阳群中高台建筑遗址之一。此外，还有汉唐长安都城城墙、城门和部分宫殿遗址、遗迹、古墓，等等。这些古代文化遗址、遗迹有很多保存着它们的原始状态，是向人们进行历史知识教育的课堂，也为研究中国历史提供了宝贵的实物资料，同时也是难得的旅游资源。

王陵是本区重要的旅游资源之一。本区集中了自黄帝以来，秦、汉、唐、北宋各代帝王陵墓多处。相传黄帝衣冠冢在今陕西黄陵县北桥山。陕西临潼县东有秦始皇陵，在陵东侧发掘出震惊世界的兵马俑丛葬坑，这是一批大型雕塑群像。兵俑姿态各异，表情多变；马俑膘肥体壮，充满活力。布阵严密，军容整肃，表现了秦始皇的治军思想及秦代卓绝的雕塑技艺，被称为“世界第八奇迹”。此外，遍布于西安周围的帝王陵墓群，地面、地下珍宝，雕塑、石刻，均价值连城。西汉 11 座王陵都在渭河以北的咸阳原和西安郊区，汉武帝的茂陵等已建博物馆；唐朝 18 座王陵排列在渭北高原上，昭陵和乾陵都建了博物馆。北宋陵区在今天的河南省巩义市，七帝八陵、后妃及王公大臣等陵百余座，形成庞大的陵墓群，现部分已改建为宋陵公园。

三、石窟艺术遗存

云冈石窟 在山西大同市西 16 公里的武周山南麓，开凿于北魏年间。凿石开山，因岩结构，东西长约 1 公里，现存主要洞窟 53 个，造像 5.1 万余尊。造型古朴刚健，具有典型的北魏造像风格。方形窟室，中央刻满浮雕的方形塔柱是云冈石窟特色之一。最大塔柱断面为 60 平方米。塔柱与整个洞壁嵌满大小佛像、菩萨、罗汉和飞天造像。进入石窟可以领略当年“山堂水殿，烟寺相望”的佛教盛况，同时也为雕塑家们精湛的雕刻技艺而赞叹。

龙门石窟 开凿在河南省洛阳市南 13 公里的伊河两岸，长达 1 公里。石窟造像开创于北魏，历经东西魏、北齐、北周、隋唐、北宋共 400 余年的大规模营建。该窟大都利用天然溶洞扩展建成，因而窟室平面简单，且为平顶形式。共计有窟龛 2 100 多个、造像 10 余万尊。另有题记和其他碑刻 3 600 多品，佛塔 40

余座，佛像形态各异，面目清秀，线条流畅，栩栩如生。造像艺术有明显的世俗化和民族化趋势，摆脱了早期外来影响和神秘色彩，表现了汉语系佛教造像艺术的独创风格，因此在我国雕塑艺术史上占有重要地位。

四、寺观、名祠和古塔

白马寺和少林寺 白马寺在洛阳市东10公里，背靠邙山，南临洛水。东汉明帝为纪念白马驮回经卷，于永平十一年（68年）建寺并命名，使其成为佛教传入我国的第一座寺院。如今白马寺门外还有两匹戴鞍驮经的宋代青石雕白马，姿态浑重，气度沉着，刻画出当年长途跋涉驮经东来的形象。该寺初建受印度佛教影响较大，后经历代重修，已演变为中国民族形式的建筑。以中轴线为主线，建筑层次分明，结构严谨，高低错落有致。主殿大雄殿面阔5间，单檐歇山顶，供奉释迦牟尼和文殊、普贤，称“释迦三圣”。寺内清凉台和寺外13层齐云塔，也都是具有民族风格的建筑。齐云塔为一方形密檐式砖塔，线条柔和，古雅秀丽，是洛阳保留的最早的古建筑之一。

少林寺在河南登封市西北，少室山北麓、五乳峰下茂林之中。建于北魏年间，由印度高僧菩提达摩开拓，为我国佛教禅宗之“祖庭”，号称“天下第一名刹”，现在建筑为明清时期重建。中轴建筑共七进，总面积3万平方米。千佛殿规模宏大，殿内后檐保留300平方米的大幅明代壁画《五百罗汉朝毗卢》。大殿地面留有操演少林拳的遗迹，闻名中外的少林武术就源于此。寺内各代所建殿、亭、塔等，在我国建筑史上都有重要地位。现仍保留有唐代以来的碑刻300余品，甚为珍奇。

晋祠 坐落在太原市西南25公里的悬瓮山下，晋水源地。其初创的历史年代已难以考证，最早的文献记载见于郦道元《水经注》，自北魏算也有1 000多年历史了。唐李渊父子曾在此起兵灭隋，所以唐初在晋祠大兴土木。唐太宗还亲临晋祠，撰写了《晋祠之铭并序》，立于贞观宝翰亭，从此晋祠名声大振。

晋祠建筑分三大部分：北部是以文昌宫、东晋祠、三清洞为代表的景物建筑群；南部是有江南园林特色的楼台耸峙；中间是以圣母殿为主体的中轴线建筑群。三组建筑是不同时代陆续修建的，但整体布局精巧紧凑，既有庙观的院落，又像皇室的宫苑；既有开敞堂皇的局面，又有曲折深邃的雅趣。特别是难老泉、周柏、隋槐和宋代侍女塑像，更为景区增彩。泉水晶莹清澈；槐柏老枝纵横，郁郁苍苍；侍女像体态俊俏，栩栩如生，被誉为“晋祠三绝”。

孔府、孔庙和孔林 都在孔子的故乡曲阜。曲阜是春秋时鲁国都城，现已列为我国历史文化名城。由于历代王朝尊孔、崇儒，孔氏庙府建筑规模不断扩大。孔府旧称“衍圣公府”，是历代衍圣公的官署和私邸。几经扩建，面积达16余公顷，九进院落，幽深雅致。府内收藏大批历史文物，以及元以来数以千计的衣冠剑履、袍笏器皿和内容浩繁的档案，它们从不同角度反映出我国各时期的政治、经济、文化状况。孔庙建于公元前478年，后历代维修扩建，占地20余公顷，规模宏大，殿宇众多，与北京故宫、泰山岱庙并称为我国三大古建筑群。大成殿是孔庙的主体建筑，高32米，长54米，重檐九脊，斗拱交错，庄严宏伟，规模仅次于北京故宫太和殿。奎文阁为高34.3米的阁楼式建筑。孔庙内珍藏历代碑刻2 100余方，是仅次于西安碑林的我国第二个书法艺术宝库。孔林是孔子及后裔族人的墓地，面积2 000余公顷，古树2万余株，四时不凋，形成一处古老的人造园林。

名塔 本区是我国保留古塔较多的一区，而且类型多样，具有很高观赏价值。

大、小雁塔：大、小雁塔都是唐代建筑，耸立于唐代都城长安，随寺所建。大雁塔建在长安慈恩寺内，原名“慈恩寺塔”，为保存玄奘由印度带回的经卷所建。初为砖表土心方形五层，曾先后改为青砖七层、十层方形楼阁式。现存七层，高64米，方角锥状，造型简洁、古朴，结构坚固。塔内每层有方形塔室，四面各有砖券拱门一个，有梯可登至塔顶，一览西安市容。小雁塔建在荐福寺内，为密檐式方形砖构建筑，原有15层，受地震破坏，现只保留13层，高43米。

嵩岳寺塔位于嵩山南麓，建于北魏，是我国现存最早的一座砖塔。平面为正12边形，为现存砖塔中绝无仅有的孤例。塔高41米，15层，密檐式，底层开四门，塔身造型下段素平有力，构成全塔的坚强支柱，上段丰富多彩，全塔外廓呈轻快秀丽的抛物线造型。

山西省应县木塔原名“佛宫寺释迦塔”，建于辽代，高67米，平面为一八角形，五层六檐，构架连成一个整体，坚固美观，内有木梯直达塔顶，是我国现存最古、最高的木构佛塔，也是我国古建筑中功能、技术和造型艺术取得完美统一的优秀范例之一。内藏珍贵文物是研究辽代政治、经济、文化等方面的重要资料。

铁塔位于开封市，为宋代所建，原称“祐国寺塔”。外壁镶以褐色琉璃砖，近似铁塔故得名。平面呈八角形，13层，高54.66米，塔身雕饰精细，登塔可眺望古城开封。此外，开封繁塔以其别具风格的粗矮体型和塔壁砖雕佛龛，给游人留下难忘的印象。

五、其他古代建筑遗存

登封古观象台 为元代郭守敬主持创建，是我国最古老的观象台。观象台由台身和石圭两部分组成：台身总高12.62米，平面方形，下大上小，形似覆斗，壁面用水磨砖砌造；石圭长 31.196 米，具有测量日影、观测星系和计时功能。经有关部门实测证明，石圭南北方位与今测子午方向相符，水平程度也较好，至今仍被称作“称天秤”和“量天尺”，是第一批全国重点保护文物之一。

西安钟楼 坐落在西安市中心，初建于明洪武十七年（1384 年）。高 36 米，为重檐覆屋四角攒尖顶的木构楼阁，楼上悬钟一口，作为报时之用。游人可登楼梯盘旋至顶，一城风光尽收眼底。

六、名城胜迹

西安市 是我国历史上六大古都之一。它所处的关中平原地理环境十分优越，早在新石器时代就有部落形成，半坡遗址就是距今 6 000 年前的母系氏族村落遗址。自公元前 11 世纪西周建都丰镐以来，秦、西汉、前赵、前秦、后秦、西魏、北周、隋、唐等 10 个王朝先后在西安及其附近建都（包括新莽和西晋，共 12 个朝代）（见下表）。农民起义军黄巢、李自成也曾在此建立政权。因此，西安是我国历史上名副其实的千年古都。

西安地区历代建都年代简表

朝代	起止年代	京城
西周	公元前 11 世纪—公元前 771 年	丰镐
秦	公元前 383—公元前 207 年	栎阳、咸阳
西汉	公元前 206—公元 8 年	长安
新莽	公元 9—23 年	长安
西晋（愍帝）	公元 313—316 年	长安
前赵	公元 319—329 年	长安
前秦	公元 351—385 年	长安
后秦	公元 386—417 年	长安
西魏	公元 535—557 年	长安
北周	公元 557—581 年	长安
隋	公元 581—618 年	长安
唐	公元 618—904 年	长安

西周开始建都于沣水西岸的丰京，后迁都于东岸的镐京。春秋时秦国最初定都于雍（今凤翔县南），后迁都咸阳，即今西安西北的渭河北岸。汉、唐盛世，西安曾是全国乃至世界最大的政治和文化中心。经发掘，汉长安城建在今西安市的西北部，因受渭水所限，城平面呈不规则形，所以一般称为斗城。城周长 25.1

公里，边三门；城门各有三个门道，每个门道可容纳四个车轨（车轨宽度是 1.5 米）。从城门通往城内的大街，由三条并列的道路组成，宽度与门道相同，可见气魄雄伟、壮观。城中有建章宫、未央宫和长乐宫三组宫殿，规模也相当宏大，并有上林苑等皇家游猎禁苑。随着东汉向洛阳迁都，汉长安城的地位迅速下降，宫廷建筑遭到焚毁。尽管后来有五个王朝建都于此，但都因时间甚短，又连年征战，再也未能恢复汉长安的壮观。

隋、唐时代都城移到了汉长安的东南方，隋称“大兴城”，唐时复称长安。《新唐书地理志》（卷 37）载：“京城前值子午谷，后枕龙骨山，左临灞岸，右抵沣水……”外城周长 35.5 公里。城内沿中轴线呈对称形式，规划整齐，布局匀称，街道宽敞，宫殿规模宏大，建筑雄伟壮丽。寺院、园苑遍布，保留至今的大、小雁塔，都是唐代的遗构。随着唐王朝的灭亡，长安失掉了作为国都的地位，关中一隅之地也完成了作为国都所在地的使命。唐长安皇城和宫城，以及大明宫、兴庆宫、芙蓉园等主要宫殿、园苑遗址现都已勘察清楚，发掘了部分城墙及宫殿遗址、遗迹。

宋朝以后，长安城缩小到唐皇城的范围，明代后长安改称“西安府”，成为西北地区军政、文化重镇。今日西安城的规模是明初奠定的。明代修筑的城墙、城楼、角楼、护城河及城中十字街口高大的钟楼、西侧的鼓楼等都经修饰，现已恢复了当年的雄姿，并兴建了环城公园、唐城等旅游点。

西安除作为古都的胜迹外，南面有太白山、终南山、翠华山，东面有华山、骊山，都是风景旅游山地。骊山晚照、咸阳古渡、灞柳风雪都曾被列为古长安八景。

西安陕西省博物馆内的碑林，是一处集书法、雕刻艺术于一体的艺术宝库。初创于宋哲宗元祐五年（1090 年），收藏了汉、魏、隋、唐、宋、元、明和清各代碑志 2 000 余块，内容十分广泛，荟萃名家手笔，既是我国古代文献保护所，又是古代石刻图案汇集地，极为珍贵。

西安还保留了抗日战争时期八路军驻西安办事处旧址。

作为都城与宫殿同时修建的还有帝王陵墓。西安周围的关中地区散布着 70 多座各代帝王陵墓。秦陵、汉陵、唐陵等每座陵墓地面、地下，建筑、雕塑、文物都很多，是一个历史博物馆。现西安已成为有 1 300 多万人口的工业城市，市区早已超出明城的范围。以钟楼为中心棋盘式的道路，宽敞整齐，高楼林立，古都新貌，吸引了众多的国内外游客。

洛阳市　洛阳是一座古老的城市，在其附近发现的新石器时代文化遗存非常丰富，并发掘有夏商遗址。因洛阳“处天下之中，挟崤渑之阻，当秦陇之襟喉，而赵魏之青集，盖四方必争之地也”，从东周起，历东汉、曹魏、西晋、北魏、隋、唐、后梁、后唐，先后有九个朝代在此建都，故有“九朝古都”之称。

东汉时曾对洛阳进行大规模的都城、宫殿和苑囿建设，商业也盛极一时。汉晋都城、宫殿、市场的建设，基本上符合“面朝后市，左祖、右社”的传统建设规制。隋、唐时期洛阳作为陪都称“东都”。《元河南志》记载东都城周围52里，城门10个，北为紫微城即皇城，气势雄伟，它的地位有时超过长安。自隋炀帝开始，在营建东都的同时动工开凿运河，以便于对全国的控制和方便漕运。北宋时洛阳园林盛极一时，今日的洛阳旧城是北宋时修筑的。

作为九朝古都，洛阳开发了以东周王城地下文物旧址为内容的王城公园。后魏古城遗址、白马寺和龙门石窟，都为全国重点文物保护单位。近郊还有香山等风景避暑胜地。

一向有“甲天下”之称的洛阳牡丹，2003年建成中国洛阳国家牡丹园，现有牡丹品种700余种，种植牡丹50余万株，涵盖了世界主要牡丹生产国的牡丹基因。每当花开时节，游人如织，成为该市一项重要的游览观赏活动，也是我国第一个以国家名义命名的花卉类专业园。

开封市　开封作为中原古都，早在5 000年前已有了居民。开封位于河南省东部、黄河南岸。附近汴河等诸多河道，使其很早就成为一个水运交通枢纽。战国时期的魏国最早在此建都，称“大梁”。隋唐时称“汴州”。五代时后梁定都汴州，改称“开封府”。后晋、后汉、后周也建都于此，并改称“东京”。960年北宋建都东京，使其成为当时全国政治、经济、交通和文化中心。北宋王朝采用了我国传统的国都城市布局，修建了皇城、里城和外城，三重城墙，坚固雄伟。北宋末年是开封历史上经济发展最兴盛时期，手工作坊和工场规模都很大，商业繁荣，大街小巷店铺林立，酒楼茶坊通宵达旦。外国使节、宗教徒等也纷纷来到东京。张择端的《清明上河图》是当时东京生活情景和社会面貌的现场写生。北宋以后，开封城市走上了日趋衰退的道路。目前，开封还保留了北宋时期修建和扩建的相国寺、铁塔、繁塔及禹王台等古迹。相国寺是创建于北宋时的佛教寺院，现存殿、楼为清乾隆时重修。寺内有高约7米、大银杏树雕成的千手千眼观世音像一尊。禹王台在城东南部，台上建禹王庙大殿，为纪念禹王治水之功。其东侧有纪念李白、杜甫、高适三诗人而建的“三贤祠”，现辟为游览公园。

大同市　是晋北高原一古城，位于内外长城之间，“东连上谷（张家口、宣化一带），南达并恒（太原、恒山），西界黄河，北控沙漠”。5世纪北魏在此建都。因北魏崇尚佛教，使佛寺石窟等建筑艺术得到很大发展。市西北的云冈石窟即此时开凿的。华严寺、善化寺都是佛教古建筑群。此外，明代五彩琉璃镶砌的九龙壁是全国第一琉璃照壁。大同是我国重要煤炭基地。

太原市　古称“晋阳”，有2 400余年的历史。太原位于晋中盆地，三面环山，西临汾河。市西南有著名的晋祠，西北有大佛寺，还有开元寺、连理塔、双塔寺、天龙山石窟、多福寺等许多寺观塔窟。

济南市　位于鲁中南丘陵和华北平原的接触带上。城南面为断层石灰岩结构，有大量地下溶洞，储水丰富，随地势北流，在济南市受阻，聚集起来，成为该市泉水水源，遇有地上裂隙涌出地面成泉，因此济南是号称有72泉的泉城。趵突泉、黑虎泉、珍珠泉、五龙潭等都为名泉。济南是一个“四面荷花三面柳，一城山色半城湖”的美丽城市。城北有由珍珠泉等众泉汇成的大明湖，一湖烟水，绿树蔽空，亭台楼阁，水榭长廊，参差有致。市南部有海拔285米的千佛山。千佛山翠绿、清新而幽静，登山还可俯瞰济南全景。市内还有宋代女词人李清照纪念堂和南宋诗人辛弃疾纪念堂。

青岛市　位于山东半岛南部，胶州湾东南岸，为港阔水深、风平浪静、冬季不冻的优良海港。是我国北方航道的重要枢纽，也是我国14个沿海开放城市之一。青岛市建在崂山山脉末端，城市随山势而建，高低错落，青山、碧海、绿树、红墙交织成一幅美丽的景色。最热的8月平均气温只有25℃，凉爽宜人，是避暑胜地。海滨岸线曲折，多港湾，岩礁星罗棋布，胜景甚多，可供游览观赏。市东20公里海滨的“石老人”，是酷似老人的海蚀柱地貌景观。市南青岛湾中，伸入大海的栈桥及回澜亭是青岛十景之一。栈桥东南海中，小青岛（琴岛）上有高15.5米的白色八角灯塔，构成“琴屿飘灯”一景。在汇泉湾、太平湾一带，开发了面积宽阔的海滨浴场。山麓海滨疗养院星罗棋布。青岛市海产博物馆，建于1932年，是研究和介绍我国海洋环境和海洋资源、普及海洋科学知识的专门性博物馆。

烟台市　是山东半岛北部黄海之滨的一个港口城市，古称“芝罘”，原为福山县一小渔村。19世纪50年代开始发展，1862年设立海关，1937年设市。7月均温为25℃，气候比青岛更宜人。烟台地区经济富足，黄金储量占全国40%，盛产苹果、对虾、花生等。手工艺品有花边、网扣、绒绣及各类草制品，色彩丰富，具有乡土气息。市区有毓璜顶公园、烟台山、人民公园和天后圣母庙等古建筑。市西100公里处有著名胜迹蓬莱仙阁。它高踞丹崖山巅，初建于宋仁宗嘉祐元年（1056年），由吕祖殿、三清殿、蓬莱阁、天后宫、龙王宫以及苏公祠等组成，规模宏大，有“人间第一楼”之称。

七、黄河文化传承保护

黄河是中华民族的母亲河，是我国的第二大长河，更是世界第六长河流，对我国历史和文化具有非常重要的意义。黄河的中下游区域为中华民族重要的发祥地之一，也是中国历史上重要的经济与文化中心之一，在其中孕育的黄河文化更是深入每一个中华儿女的心中。保护传承弘扬黄河文化，就是保护中华文明的“根”，传承弘扬中国远古文明。早在6 000多年前，流域内已开始出现农事活动。大约在4 000多年前，流域内形成了一些血缘氏族部落，其中以炎帝、黄帝两大部族最强大。世界各地的炎黄子孙，都把黄河流域认作中华民族的摇篮，称黄河为“母亲河”，为“四渎之宗”，视黄土地为自己的“根”。保护传承弘扬黄河文化，就是保护中华民族的“魂”，传承弘扬蕴含的时代价值。在唐宋以前，黄河流域一直是中国政治、经济和文化中心，黄河流域以其先进的农业经济为基础，用自身先进的深厚内涵和强大的传统习俗力量，对各个少数民族产生巨大的感召力和同化力。在生计文化层面，象征着古代先进物质文明的农业生产技术、天文历法、数理算术、传统医药、灌溉工程、四大发明等均产生于此，并向全国、全球扩散，对后世影响深远；在意识形态层面，中国历史上的炎黄始祖传说、诸子百家思想、旷世史学、文学巨作、宗教信仰、伦理观念等均诞生于此并影响至今，成为中华文明的精髓，深刻影响着中华民族的民族心理与性格。黄河文化因此而成为华夏文明发展演变的主轴，也成为中华民族“魂”之所附。黄河文化是中华文明几千年积淀的成果，是中华文化的精髓与制高点，因此我们对于黄河文化的力量应该有更为深切的体会。

2020年9月18日上午，中共中央总书记、国家主席、中央军委主席习近平在郑州主持召开黄河流域生态保护和高质量发展座谈会并发表重要讲话。他强调，要坚持绿水青山就是金山银山的理念，坚持生态优先、绿色发展，以水而定、量水而行，因地制宜、分类施策，上下游、干支流、左右岸统筹谋划，共同抓好大保护，协同推进大治理，着力加强生态保护治理、保障黄河长治久安、促进全流域高质量发展、改善人民群众生活、保护传承弘扬黄河文化，让黄河成为造福人民的幸福河。

他指出，保护、传承、弘扬黄河文化。黄河文化是中华文明的重要组成部分，是中华民族的根和魂。要推进黄河文化遗产的系统保护，守好老祖宗留给我们的宝贵遗产。要深入挖掘黄河文化蕴含的时代价值，讲好“黄河故事”，延续历史文脉，坚定文化自信，为实现中华民族伟大复兴的中国梦凝聚精神力量。

可见黄河文化在中国与中华民族之间的崇高地位，保护黄河文化是实现中华民族伟大复兴的强大精神文化力量。

思考与练习

1. 掌握本区山地风景旅游资源，著名的风景名山所在位置和景观特点。
2. 本区古文化遗迹和古代建筑遗存有哪些？

3. 寺观建筑与其他宗教胜迹有哪些？

4. 秦汉唐宋各代王陵的分布区，对外开放的展区及其旅游价值。

5. 了解西安作为古都和西部重镇的历史和主要旅游资源。

6. 洛阳、开封作为古代都城的主要胜迹有哪些？

第5章

西北、内蒙古旅游区

第一节　自然地理概况

本区包括甘肃省、新疆维吾尔自治区、宁夏回族自治区和内蒙古自治区四大省区。是我国北部和西北的边陲地区。自然地理上大致可分为东西两大地貌单元：西部为高山与盆地相间分布的地表结构；东部为坦荡的高原和河套平原地貌。

一、西部

西部指新疆全境及内蒙古和甘肃西部地区，高山与盆地相间分布，构成这一地区地表结构的基本特征。其布局是阿尔泰山与天山之间为准噶尔盆地，天山与昆仑山、阿尔金山之间为塔里木盆地；北山山地以北为阿拉善高平原，北山与祁连山之间为河西走廊。

阿尔泰山在准噶尔盆地东北侧，走向西北，海拔一般在3 200~3 500米，气温低，山地西南坡气候比较湿润，有大片的山地草原和森林，为新疆主要牧场之一。

天山横亘于新疆中部。天山具有景观和生态演化过程的完整性。它是由复杂的山地和众多的山间盆地组成，山峰海拔一般超过4 000米，永久积雪和冰川规模都较大。西段地势险峻，冰川发育，最高峰托木尔峰海拔7 435米；东段山势较低，一些断裂谷地成为南北的重要通道，吐鲁番、哈密、伊犁谷地等都是天山中面积较大的谷地，形成发达的农牧业区。天山冰雪是重要的水资源。天山草场植被资源丰富，牧草种类繁多，北坡森林茂密，以云杉为主要树种。

处在天山和阿尔泰山之间的准噶尔盆地中部，是古尔班通古特沙漠，多为固定或半固定沙丘，水分条件稍好。盆地南缘形成一系列富饶的灌溉绿洲，是新疆的农垦区。古代丝路的北新道就穿过此带。

天山以南的塔里木盆地是个封闭的干旱盆地。盆地中的沉积物、湖积物在极干旱的气候条件下，经过风的吹扬、翻动、再堆积作用，形成浩瀚的塔克拉玛干大沙漠，面积广达32万余平方公里。塔里木河流经天山南麓，形成现代冲积平原。这里土地资源丰富，热量资源充足，是重要农业区。古代丝路的北道（后改中道）就是沿此道向西的。盆地南缘是昆仑山北麓冲积扇地带，分布着点点绿洲，历史上许多古城如若羌、且末、和田、莎车等均沿山麓分布，连成古代丝路的南道。

阿拉善高平原位于内蒙古自治区的西部，贺兰山以西、北山以北。大部分地区海拔在1 000~1 500米，地势由南向北缓倾，地面起伏不大，少数山地超过2 000米，最低处居延海附近海拔820米。高原南部有北山、合黎山、龙首山，海拔多在1 800~2 600米。在甘肃境内，合黎山、龙首山与祁连山之间是东西狭长的平原，称“河西走廊”。它主要是由祁连山北麓许多冲积—洪积扇构成的山前倾斜平原，东西长1 000公里，南北仅宽数10公里，海拔在1 100~1 500米。在扇形地下部地面多为黄土状物质，长期引水灌溉，形成历史悠久的灌溉农业区，现为西北的粮棉基地之一。武威、张掖、酒泉、敦煌等城市都分布在这一地带，也是古代丝绸之路由古长安通向西域的必经之地。

二、东部

东部包括内蒙古自治区的大部分和宁夏回族自治区的一部分。本区基本上为一完整的高原，海拔在1 000~1 500米，地势由西南向东北缓缓倾斜，地表起伏和缓，分割轻微，地形较单调。高原东部是大兴安岭，西部是贺兰山。阴山山脉横亘于中南部，东西长1 000公里，西高东低，主峰超过2 000米，北坡平缓，南坡陡峭，成为我国内外流域的分水岭和气候上的分界线。由于高原地区气候干燥、风力侵蚀堆积作用强烈，形成石骨嶙露的大戈壁。戈壁外围则形成沙丘累累的沙漠和沙地。沙漠外围细土物质大量堆积，大部分沙丘已成固定或半固定状态。主要沙漠有腾格里沙漠、毛乌素沙漠等。

河套平原是被夹峙在贺兰山、阴山与鄂尔多斯高原之间的一个断陷冲积平原，黄河贯穿整个平原。河套平原包括宁夏平原和内蒙古河套平原两部分。平原地区地势平坦，土壤肥沃，灌溉便利，开发也较早。河套平原集中了内蒙古自治区90%的耕地和80%的农业人口，成为内蒙古重要的粮仓。宁夏平原气温较高，日照充足，昼夜温差大，无霜期较长，盛产稻麦，有“塞上江南”之称。

三、大陆性干旱气候

本区属温带大陆性干旱、半干旱气候区。其特点是热量资源丰富，气温变化大，降水稀少，光照资源充足。冬季本区大部在蒙古高压控制之下，由高压中心气流向外辐散，在其影响范围内，天气晴朗少云，风力强劲，吹蚀作用显著，春季常有大风天，并有沙暴伴生；夏季处于大陆低压边缘，西部可受西风气流微弱的影响，东部受到东南季风的影响，带来一定量的降水。内蒙古东南部、天山北坡等地，年降水量可达400~500毫米，其他大部分地区为100~200毫米，南疆及甘肃西部等地降水仅几十毫米。地面受强烈太阳光辐射，温度很高，天气晴朗、干燥、炎热，形成荒漠半荒漠景观。内蒙古高原是我国东部湿润半湿润气候向西北大陆性干旱气候区的过渡地带，草原面积广阔，特别是东部草类生长茂盛，草质优良，成为优质牧场。

本区一般年日照时间长达2 900~3 400小时，白天气温高，夜间气温急剧下降，故气温日变化大，平均日温差都高于11℃，南疆和河西走廊可高达16℃~20℃。

第二节 区内主要旅游资源

本区深居大陆内部，自然景观的突出特点是分布着大面积的沙漠、戈壁，同时广泛分布着各种风成地貌；温带草原面积广阔，是我国重要的畜牧业基地。历史上匈奴、乌孙、回鹘等民族曾在这里建立过许多国家。经过漫长的历史发展和民族融合，形成了今天的蒙古族、回族、维吾尔族、哈萨克族、塔吉克族等，成为我国少数民族聚居的一个地域。多姿多彩的民族风情，构成本区重要的旅游资源。甘肃和新疆两省区是古丝绸之路的必经之地，虽然自然条件恶劣，但随着丝绸之路的开辟和繁荣，沿途许多地方得到开发，曾繁荣一时。武威、张掖、酒泉、敦煌、楼兰、吐鲁番、拜城、喀什等地，不同程度地保留下来的历史的遗迹和一些富于民族特色的建筑、艺术，构成了本区另一类重要的旅游资源。

一、沙漠及风成地貌景观

本区是我国沙漠的集中分布地区，包括塔克拉玛干沙漠、古尔班通古特沙漠、巴丹吉林沙漠、腾格里沙漠以及库布其沙漠和毛乌素沙漠等。由于气候条件的变化，各地沙漠表现出明显的地域分异：塔克拉玛干沙漠流动沙丘占优势，是世界第二大流动性沙漠，沙丘高大，形态复杂；古尔班通古特沙漠是我国面积最大的固定、半固定沙漠，植物生长较好，是优良的冬季牧场；阿拉善地区沙漠属干旱荒漠；鄂尔多斯地区属温带荒漠和干草原过渡地带。

在沙漠地区风力活动十分活跃，成为塑造地表的主要营力。风成地貌是风力对地表物质的吹蚀、搬运和堆积而形成的各种地貌形态，可分为风蚀地貌和风积地貌两大类。

风力对地面物质的吹蚀和风沙的磨蚀作用称为风蚀。风蚀地貌的形态很丰富，有风蚀洼地、风蚀长丘、雅丹地形、风蚀槽以及矗立在沙地上的风蚀蘑菇、蜂窝石、风蚀柱等。位于准噶尔盆地的乌尔禾地区正值风口，狂风刀刻斧凿般地雕凿出一个个状如城堡、楼阁、宫殿、塔等蚀余方山地形和形态逼真的卫士、禽兽等形态。相对高度多在二三十米，高者达 50 米，高低起伏，如一座古城废址中街巷两旁的断垣残壁，被称为“风城”。又因经常狂风肆虐，天昏地暗，怪声嘶啸，怪影憧憧，又被称为“魔鬼城”。这是一个引人入胜的风蚀地貌区。

风积地貌主要指沙丘。连绵的沙丘构成波涛起伏、浩瀚无垠的茫茫沙海。沙丘有流动性和固定、半固定沙丘之分。流动沙丘表面无植物覆盖，或仅有少许植物，风沙活动强烈，流动性大；半固定沙丘表面植被呈斑块状分布，有局部风沙活动，流动量较小；固定沙丘有密集的植被覆盖，沙丘不易被风吹蚀，比较稳定。风沙流动的稳定程度，主要取决于气候条件，特别是水分条件。随着水分条件的变化，我国流动沙丘大致自西向东逐渐减少，固定、半固定沙丘逐渐增多。沙丘也有各种形态，如新月形沙丘和沙丘链、复合型沙丘链、纵向沙垄、金字塔沙丘、穹状沙丘、蜂窝状沙丘、树枝状沙垄，等等。

响沙是沙漠地区一种有趣的自然现象。敦煌鸣沙山高达百米，峰峦陡峭，沙脊如刀，登上山丘顶后下滑，沙亦随着泻落，轰鸣作响，故称“鸣沙山”。在这茫茫沙海中，有一翡翠般的天然湖泊，形似一弯新月，名为“月牙泉”，成为沙漠中的奇景，现已被列为第三批国家重点风景名胜区。库布齐沙漠中段一宽 60 米、高 40 米的沙丘，在下滑或用手拨动沙子时也会发出轰鸣响声。

国内外把历史时期干旱和半干旱地区由于自然和人为活动而引起生态系统破坏、环境退化和最终变成不毛之地产生沙漠的过程，叫沙漠化。在各历史时期中，沙漠的发展变化，掩埋了大量古代人类活动遗迹，如沙漠中的古长城、古居延城、黑城以及尼雅遗址等。对这些遗址的发掘，有助于我们进一步了解历史和古代文化。

二、草原风情旅游资源

草原是发展现代化畜牧业的基地，也是调节气候、涵养水源、保持水土、防风固沙、维护大自然生态平衡的重要因素。我国草原面积广达约 3.53 亿公顷，包括温带草原、干旱荒漠草原和高寒草原。我国温带草原主要分布在东北平原、内蒙古高原和西北干旱荒漠区森林线以下的山地地区。本区内蒙古高原北部和中部，由呼伦贝尔西半部向南经锡林郭勒盟、哲里木盟、昭乌达盟直到黄土高原的北部地区，属典型的温带草原区，外貌华丽，季相变化显著，水清草绿，景色宜人。内蒙古草原宽广辽阔，一望无际，茫茫草原犹如烟波浩瀚的大海，绿浪翻滚，牛羊遍野，“天苍苍，野茫茫，风吹草低见牛羊”是对该草原兴旺发达的描绘，这里是我国的优质天然牧场。

在一望无际、绿草如茵的草原上骑马、骑骆驼、观赏大草原的风光、体验草原牧民的生活，到牧民帐篷中做客，以及参加赛马、马术、骑射等牧民的娱乐活动，是草原旅游的主要内容。近年来内蒙古自治区先后开发了多处草原旅游点，如呼和浩特附近的乌兰图格、白音忽少、辉腾锡勒，锡林浩特的卓勒乌拉、平顶山、白音希勒牧场等。呼伦贝尔草原水草丰美，草深过膝，绿浪千顷，羊群如流云飞絮，生态环境保持较好，是理想的草原旅游环境。在这里，可以参加草原篝火晚会，观草原日出、草原夜景，访问蒙古族牧民，骑马、骑骆驼、狩猎、垂钓、品尝草原风味食品等丰富多彩、充满浪漫色彩的旅游活动，使游人感到新奇，乐不思蜀。

三、石窟艺术

敦煌石窟 敦煌位于河西走廊西端，党河下游的冲积平原上，南面有三危山、鸣沙山组成的断块山和砾石戈壁，北连平坦的基岩戈壁，党河依靠祁连山雪水滋润着敦煌绿洲。汉武帝时敦煌为河西四郡之一，是东西往来的必经之地，也是面对西域的第一个前哨基地，佛教东传的第一站。西汉时，党河下游先后建成六个县，并在其西设立了玉门关和阳关两个关城。为保障敦煌地区的农业生产和商旅往来，由此向西修了一系列亭障、烽火台，敦煌就成了东来西往人们休息、补充给养和储备淡水的中间站。随着佛教的传入，以凿洞窟为寺院的敦煌石窟应运而生。

敦煌石窟最早开凿于前秦建元二年（366 年），包括莫高窟（俗称“千佛洞”）、西千佛洞和安西的榆林窟（俗称“万佛峡”）。以莫高窟规模最大，内容最丰富。莫高窟开凿于敦煌县城东南 25 公里处的一条峡谷中，背依鸣沙山，面对三危山，南北长 1 600 米，现存洞窟中开凿最早的为南北朝时期，以后历朝均有开凿，直至元明，历时千年，现有洞窟 492 个，彩塑 2 000 身，壁画 4.5 万平方米。石窟大小不一，式样也不相同，大石窟可容纳身高 30 米的弥勒佛像，小石窟寺如小土地祠。

敦煌艺术以壁画成就最高。壁画题材广泛，内容丰富，色彩绚丽，线条流畅。内容以表现佛教思想为主，同时也有表现宫廷生活、战争以及农牧民生活、生产的场景，还有中外音乐、舞蹈、杂技等场面。人物造型优美生动，“飞天”即是敦煌壁画艺术的佳作。

敦煌石窟在艺术风格与技巧上，大致可分为四个时期：即北魏到西魏，隋、唐以及五代、宋、西夏、元。初期外来影响比较明显，线条粗犷；发展到唐宋时代，已将吸收的外来艺术融会成中国独特的艺术，“飞天”的民族特点很突出。

敦煌艺术是我国珍贵的文化遗产，在我国文化史上占有重要地位，对后世的文学、雕塑、绘画等领域都曾产生过深远的影响。今天更以“人类艺术的灵宫”吸引着中外游客。连同藏经洞中上万件文物的发掘，成为研究我国古代政治、经济、军事、宗教、文化、艺术、民族史以及对外交往的宝贵资料，受到中外学者的高度重视，并形成一门专门的学科——敦煌学。

麦积山石窟 麦积山坐落于甘肃省天水东南，它是一座独立的山峦，高 142 米，因形似麦垛而得名。石窟开凿于麦积山冈峦峭壁上，三面凿窟，上下错落，层层叠叠，密如蜂房，共有洞窟 194 个，泥塑、石像 7 000 余身，壁画 1 300 多平方米。各层石窟间架设栈道式走廊 10 余层，为石窟增添了诗的意境。该石窟自北周开凿以来，各代都有增建。初期受外来艺术影响明显，人物均有印度风格。泥塑是麦积山石窟中最有艺术特色的部分，它神情毕肖，栩栩如生，俨如一座泥塑佛像之宫，被誉为“东方雕塑馆”。

炳灵寺石窟 在甘肃省永靖县西南 35 公里的古黄河渡口处。石窟分布在两侧陡峭的石壁之上，现存石窟的最早年代是距今约 1 500 余年的西秦时期。其中唐代造像居多，佛龛均为印度覆钵式的塔形，菩萨浮雕也多为印度造型。现存 30 窟 149 龛，以石雕佛像为主，也有泥塑，壁画约 900 余平方米。

克孜尔千佛洞 位于新疆拜城县克孜尔镇东南，古龟兹国所在地，扼古丝绸之路要冲。洞窟开凿于木扎河河谷北岸两公里长的崖壁上，共 236 窟，大约于东汉末期至唐代所凿，是天山南麓最大的佛教石窟群。窟内塑像已被毁，现保存壁画 1 万平方米，题材多为本生故事画，故有“故事画之冠”的美誉。壁画也有不少是反映当时的生产、生活和民间习俗的题材。技法以凸凹画法驰名，形象逼真，线条刚劲有力。石窟后壁有古代龟兹文题记，为研究壁画内容，绘制年代提供了依据，成为研究新疆地区历史、宗教、文化艺术的珍贵资料。

须弥山石窟 该窟开凿于六盘山北端，宁夏回族自治区固原市城西北 60 公里的须弥山东麓。最早始于北朝，后历代均有营造。现保存完整窟室 20 间，其中唐代最多，蜿蜒 2 公里。早期窟中心有四方形塔柱，分层布佛龛；唐代塔柱已消失。第二窟内释迦坐像高达 25 米，造型洗练，比例适度，神情端庄，仪态威严，显示了古代匠师的高超技艺。另有唐、宋、西夏、金等各代题记。

四、寺观古塔

五当古刹（五当召） 它是内蒙古现存唯一完整的一座喇嘛教庙宇，坐落在内蒙古自治区包头市北 75 公里的固阳县吉忽伦图山下的五当沟内。周围景色优美，为包头市郊一处游览胜地。五当召汉名广觉寺，始建于清康熙年间，周围三面环山，陡崖峭壁，僧舍在山谷绵延 1.5 公里。召前清泉淙淙，环境幽静。建筑为藏式，屋宇共 2 500 间，主要建筑有苏古沁独宫、洞阔尔独宫、当屹希独宫等。泥塑、壁画绚丽多彩。五当召历经七代活佛，鼎盛时香火极盛。苏波尔陵盖是一铜质镏金骨灰塔，存七代活佛骨灰。现在在原活佛居住的地方陈列着活佛的日常用品和佛服等物件。

五塔寺 坐落在内蒙古呼和浩特城内，也叫金刚座舍利宝塔。由塔基、金刚座和顶部五个塔组成，造型优美，装饰别致。塔身刻有蒙、藏、梵三种文字的经文，并塑造 1 000 多尊小佛像。后山墙镶有一幅国内仅有的用蒙文标注的石刻天文图，因此是一座集历史、艺术和科学价值于一体的建筑。

承天寺塔 原坐落在银川市西南承天寺内，始建于西夏，明代时寺废塔存，1820 年重修。该塔为一平面八角形、楼阁式砖塔，11 层，通高 64.5 米。主体轮廓为角锥体，秀削挺拔，各层开有门窗，塔室内有木梯可登顶眺望。

艾提尕尔清真寺 是目前新疆最大的伊斯兰教清真寺，建于喀什市艾提尕尔广场。高大寺门两侧是 10 多米高的塔楼，建筑宏伟、壮丽，庄严肃穆。礼拜殿可容纳六七千教徒做礼拜。许多阿訇曾就学于此。因此该寺具有很高的宗教地位。

五、古城遗址遗迹

楼兰古城遗址 古代楼兰国大致在今罗布泊西北的孔雀河南岸。据考证，汉朝时建国，是古代丝路上的重要据点，曾经十分繁荣。魏晋以后，因蒲昌海（古罗布泊名）水泛滥，淹没了古楼兰国，从此丝路改道，古楼兰文化也成为历史上一个难解之谜。经考古发掘，古城周长约 330 米，城垣残存。城中心有一土坯建筑遗址，墙体厚 1.1 米，残高 2 米，估计为王国统治者的住所；城东残留佛塔高 10.4 米；城周有一些佛寺、烽燧等遗址、遗迹和古墓；城中有古渠道遗迹。出土文物中有大量古代的钱币，如汉五铢钱，王莽钱等，有彩棺和干尸，丝毛织品残迹，还有陶片、漆器、木器和玉器残迹物，这些都有助于研究历史上东西文化交流和边疆与内地的历史联系等问题。

交河故城与高昌故城 这两座故城遗址都在吐鲁番盆地，前者在县城之西 5 公里处，后者在县城东南 20 公里处。两座故城的兴废年代大体相同，大约西汉时兴起，经唐宋到明朝时始废。城市均有唐长安城的布局和特色。

交河在公元前 2 世纪中叶为车师前王国的治所（汉时称车师前王庭），因河水分流绕城下，故号“交河”。唐朝在此设安西都护府，作为经营西域的基地。该城位于高约 30 米、形似柳叶的台地上，房屋、墙壁均为夯土建筑。因吐鲁番气候干燥，遗迹保存条件良好，故地面残存建筑、古迹触目皆是。主要是唐及其以后的建筑，城墙、大道、街巷、屋宇、寺庙等的遗址残垣，对研究新疆古代城市建设和布局很有参考价值。

高昌故城入口处说明上写着："……古城……于公元前1世纪奠基，14世纪废弃，汉代它是屯垦士兵的驻地，东晋（前凉）在此设高昌郡，后为高昌封建王朝王城，公元640年为唐朝西州治所，10世纪中叶以后，为西州回鹘王城。古城分外城、内城、宫城三重，周围约5公里……布局略似隋唐的长安。""城内的建筑物仅留有矗立的四壁或院落，由于土层和气候的因素，游客能追昔这座古城2 000年的兴衰变化。"20世纪60年代在高昌城北阿斯塔那发掘出高昌国贵族古墓，并出土了壁画、文书、银币、丝织品等有价值的文物，它们生动地反映出晋、唐时期的丝路盛况。

六、古墓

青冢 即相传的王昭君墓。王昭君名嫱，湖北兴山人，为西汉元帝的宫人。公元前33年，南匈奴呼韩邪单于请求与汉和亲，昭君自愿远嫁，从此汉匈两大民族和平相处五六十年。周总理曾说："王昭君是发展中华民族大家庭有贡献的人物。"蒙古族人民怀念她与蒙古族人民的友好情谊，敬仰她的英姿，为她建了青冢。墓地坐落在呼和浩特市南面10公里的大黑河南岸。土丘高23米，深灰色夯筑而成。冢前有碑，碑后建亭，绿树环绕，青翠秀丽。西侧建有历史文物陈列室，陈列着清代以来颂扬王昭君的诗文碑刻。

成吉思汗陵 成吉思汗名铁木真（1162—1227年），曾为蒙古各部的统一和建立蒙古汗国立下了汗马功劳，1227年病逝于甘肃六盘山下的清水行宫。现陵是1954年根据蒙古族人民的愿望，收其遗骸运至内蒙古鄂尔多斯高原东南、伊金霍洛旗南约20公里处修建的。它是三个蒙古包式的并联建筑，高20多米。主体是中央纪念堂，上置以金黄色琉璃宝顶，光耀夺目。纪念堂正中塑有成吉思汗坐像，两廊有彩绘壁画，堂后寝宫安放灵柩。蒙古族人民每年6月在此举行一次成吉思汗祭典。

西夏王陵 西夏帝王陵墓包括八座帝王陵园和70余座陪葬墓。陵区在银川市西30公里的贺兰山东麓，南北长10公里，宽4公里。史载该陵"仿巩县宋陵而作"，每座陵园都是一组完整的建筑群，现地面建筑已成废墟，但黄土夯筑的灵台、阙台、神墙等还巍然屹立。大量的砖瓦、造型生动的绿色琉璃、灰色的鸱尾、兽头、雕龙石柱和碑碣残片，显示了昔日西夏陵园的宏伟规模和豪华景象。现为国家重点风景名胜区。

阿巴和加麻扎（墓） 相传是埋葬清乾隆皇帝爱妃香妃家族的墓地，在新疆喀什市郊区，为一座伊斯兰教建筑，原为金顶（已被盗），墙壁上雕刻精细。

七、主要游览城市

乌鲁木齐市 位于天山北麓，海拔600~900米。1760年清政府在此设立营房，逐渐形成城市。1884年新疆建省时，定乌鲁木齐为省会。新中国成立后该市仍为新疆维吾尔自治区的首府，政治、经济和文化的中心。乌鲁木齐河将城市分为新旧两市区。市内有10多个民族共居，其建筑风格、习俗均有明显的民族特点。人民公园、红山公园和南郊燕儿窝都是著名游览点。红山及山顶宝塔矗立于市中心，成为乌市的象征。

距乌市120公里的天山天池，是著名的高山湖泊风景区。天池为一冰川湖，一池碧水平铺在海拔2 000米的冰峰雪岭中，古代被神化为瑶池，相传王母娘娘“蟠桃盛会”在此大宴群仙。背后是海拔5 400米的博格达雪峰，雄伟壮观，山坡上生长着浓密的塔形云杉。淡蓝的天，碧绿的水，宛若一幅风景油画。旅游季节也是游人云集之地。

喀什 位于帕米尔高原东麓，喀什噶尔绿洲的中心，是我国最西部一座古老的维吾尔族聚居的城市。古称疏勒，西汉时受西域都护府管辖，唐代为一国际市场，又是古代丝绸之路重要的中继站。喀什是典型的维吾尔族城市，市内伊斯兰风格的建筑、古老的清真寺、人们的维吾尔族装束以及街巷集市，席地而坐的街头茶馆等，无不反映出浓郁的维吾尔族色彩和氛围，它强烈地吸引着中外游客。市中心广场的艾提尕尔清真寺是全国最大的伊斯兰古寺；著名的阿巴和加麻扎墓相传是香妃一家五代的墓地，现已成为人们参观游览地。

伊宁 这是一座位于伊犁河谷地的城市。这里气候温和，雨量丰富，土壤肥沃，水草丰茂，宜农宜牧，是古乌孙国所在地。汉时开始屯田，唐代发展成丝路上的重镇，清代乾隆年间设伊犁将军统辖全疆，今惠远城钟楼即清代所建。城市开发较早，林带、水渠纵横，建筑整齐，街景有江南特色，现为哈萨克族聚居的城市。鸦片战争后，林则徐被发配至此，他兴修水利，勉励农垦，为开发边疆作出了贡献。人们为纪念这位民族英雄，建了“林公坊”，并以他的名字命名“林公渠”等。伊犁马、细羊毛、长绒棉、啤酒花等，都是该地区特产。

兰州市 城市坐落在黄河上游河谷中，由古代军事要塞发展而成，故有“金城”之称。汉代以后成为丝绸之路上的重要交通枢纽，现为甘肃省省会和西北地区综合性工业城市。白塔层峦为兰州八景之一。附近还有炳灵寺石窟、刘家峡水电站、兴隆山等游览景点。

思考与练习

1. 了解本区主要少数民族分布地域、语言和宗教状况。
2. 温带草原的主要分布地区和最佳草原旅游区。
3. 风成地貌的主要类型及景观。
4. 了解本区著名的石窟和寺庙资源。

第6章

长江中下游旅游区

长江中下游旅游区包括长江中下游的六省一市，即湖北、湖南、江西、安徽、江苏、浙江六省和上海市。该区东滨黄海和东海，长江横贯东西，开发历史悠久，土地广阔，人口稠密，经济发展水平高，是我国主要的商品粮、油和工业基地，也是我国旅游业比较发达的一个地区。

第一节 长江中下游旅游区的地理概况

长江中下游旅游区地域广阔，根据其不同的地貌结构，将其分为长江中游平原、长江下游及三角洲平原、江南丘陵和皖浙丘陵、黄淮平原和淮南山地等几个自然地理单元。

一、长江中游平原

长江中游平原处于洞庭和鄱阳两大盆地之中，比较开阔，包括江汉平原、洞庭湖平原和鄱阳湖平原。两湖平原分布在湖北省南部和湖南省北部，在地质构造上是个下陷地带。古代原为一个巨大的湖泊，后来由于长江泥沙不断淤积，逐渐成为平原。宋朝以前这里还称云梦大泽，目前湖泊仍然很多。两湖平原以长江干流（荆江）为界，其北称江汉平原，主要由长江与汉水冲积而成，特别是汉水所带泥沙对江汉平原的形成起着主要作用，其地势由西北向东南倾斜。荆江以南称为洞庭湖平原，由长江及湘、资、沅、澧四水带来的泥沙冲积而成，地势平坦，港汊交织。洞庭湖由于泥沙淤积和围湖造田，面积已大大缩小，位置不断南移，并被分割为东、西、南及大通湖几个部分。

鄱阳湖平原也称鄱阳盆地，位于江西省北部，为鄱阳湖水系的赣江及信水、抚水、修水等冲积而成，各河泥沙也使鄱阳湖面向东、北、南方向压缩，平原地势平坦，海拔在100米以下，是富庶的鱼米之乡。鄱阳湖口江道狭长，两侧山丘紧逼，著名的石钟山和庐山分别坐落在湖的东西，是鄱阳湖风景名胜荟萃之所。

二、长江下游及三角洲平原

长江下游平原也称苏皖平原，指由江西湖口以下到镇江之间的长江冲积平原。此段江流曲折而平缓，两旁山丘夹峙，平原纵长，特别是西部更狭窄，海拔一般在 7~20 米。平原上河漫滩、河曲、天然堤、堆积阶地以及残丘、湖泊、江心沙洲星罗棋布，其中以巢湖面积最大。芜湖以下，江面收缩，在马鞍山、南京都有山崖伸入江中，形成“矶”，形势险要，自古为江防要地。江苏境内的茅山、宁镇丘陵海拔升到 200~400 米，构成南京附近的名山。

长江在镇江以下，江面迅速展宽，三角洲西起镇江、北及通扬运河、南临杭州湾，包括江苏省东南部、浙江省杭州湾以北地区和上海市，面积 3 万平方公里。以太湖为中心的太湖平原是三角洲的主体。这里曾是浅海大陆架的一部分，多次被海水淹没，大约在距今 7 500 年前后，开始由长江所携带的泥沙淤积而成。海拔多在 10 米以下，水道纵横，湖荡棋布，苏南间有一些孤丘残立，原为大海中的孤岛。如无锡的惠山、苏州的天平山、常熟的虞山、南通的狼山、松江的佘山等，海拔在 200~300 米。

三、江南丘陵和浙皖丘陵

长江中下游以南的广大地区，主要是海拔 1 000 米以下的低山丘陵，地理上称为江南丘陵，西起武陵山，东至武夷山。这里三叠纪初期普遍受到海浸，到上三叠纪时全部上升成陆地，并发生褶皱运动，形成一系列北东—南西走向的新华夏构造体系。中生代大规模岩浆活动，浙江沿海一带喷出大量流纹岩，往内则有大量花岗岩侵入，第四纪构造运动主要表现为差异隆起，一些山地上升。由于第四纪气候转冷，且波动较大，少数高山生成积雪，甚至有冰川，庐山、黄山等山地即可见到冰蚀和冰碛地貌的某些遗迹。江南丘陵红岩盆地分布普遍，特别是江西、湖南一带，盆地中的红层在地貌形态上主要表现为坡度浑圆和缓的丘陵与峭壁陡崖的丹霞地貌。

该区有许多北东走向，略具脉络的山脉和比较高大的山岭，如武夷山、雪峰山、幕阜山、九岭山、武功山、衡山、罗霄山、九华山、黄山、天目山、天台山、括苍山、仙霞岭、会稽山、雁荡山等。黄山、九华山、衡山等都由花岗岩或其他坚硬岩石构成，相对高度大，雄伟秀丽，是我国著名的旅游避暑胜地。

浙江省除北部平原外，大部分地区为低山丘陵，丘陵高度大都在 400 米左右。山脉作西南—东北走向，主要山脉有两条：一为怀玉山脉，向东北延为天目山；二为仙霞岭，向东伸出有括苍山、天台山、会稽山、雁荡山、四明山等，海拔在 1 000 米以上，其中雁荡山悬崖深谷，峰峦奇特，为浙东名山。山地逐渐过渡到沿海丘陵和台地，继续伸至海滨和海岸线成斜交，使岸线曲折多港湾，沿海岛屿有 1 100 多个，仅舟山群岛就有 300 多个岛屿星罗棋布，是我国最大的一组群岛，舟山岛上的普陀山风景旖旎，又是我国四大佛教名山之一。

四、黄淮平原和淮南山地

黄淮平原位于苏皖二省北半部，属华北大平原的一部分。地表由淮河及其支流的黄泛冲积物覆盖，地势西高东低，海拔在 20~40 米。平原北部江苏省的徐州和连云港附近有局部侵蚀残丘分布，海拔可上升到 100~200 米，最高的云台山海拔 600 米。安徽境内江淮之间有大别山地和淮南丘陵分布，总称淮南山地。这里成山历史悠久，经长期剥蚀，山势较低，海拔一般在 1 000 米左右，多为低缓残丘和红土冈地。

本区河流属淮河水系。淮河发源于河南桐柏山区，流经安徽，到江苏注入洪泽湖。出湖后，大部分水由高邮湖入长江，还有一部分经苏北灌溉总渠入黄海，长约 1 000 公里，流域面积 26 万平方公里。由于历史上黄河多次改道南下，挟带大量泥沙，打乱了淮河水系，并使洼地形成一系列湖泊，每遇汛期常泛滥成灾。中华人民共和国成立后进行了全面治理，使水患基本得到控制。

淮河是我国自然地理上的一条重要分界线，河流两侧气候和地貌环境都有较大差异。

五、亚热带季风气候

本区大部分地区属湿润的亚热带季风气候，冬温夏热，四季分明，降水丰沛，季节分配比较均匀，热量资源丰富。除淮河平原属暖温带气候区，气温较低，年降水量仅有 750 毫米外，其他广大地区，1 月均温都在 0℃以上，长江以北在 0℃ ~2℃，长江以南为 2℃ ~6℃，最南部可达 8℃。但由于本区北面无高大山地阻挡，冬季受北来冷空气影响较大，各地绝对最低气温都可降至 0℃以下，故冬季气温较同纬度世界其他地区为低。夏季则普遍高温，7 月平均气温在 28℃左右，有些地方超过 29℃，5~9 月常出现日温高出 35℃的酷热天气。特别是七八月因受到副热带高压控制，晴天多，日照时间长，绝对高温超过 40℃，武汉、南昌、九江、南京，有“江南火炉”之称。

本区大部分地区降水量在 800~1 600 毫米，在分布上由东南沿海向西北递减，一般山地多于平地，许多山地向风坡降水可达 1 800 毫米。在季节分配上，以夏季最多，冬季降雨量亦可占全年总量的 10% 以上。这里还是全国春雨丰沛的地区，梅雨是该区降水的重要组成部分。梅雨期的长短、降水量的大小，对本区旱涝影响极大。

本区春秋两季气候温和，春季无大风沙，秋季降水较少，多晴日，是旅游活动的最好季节。夏季以到山区避暑旅游为佳，滨海旅游也是本区旅游活动的一项内容。

本区自然植被早已遭到破坏，次生植被表现了明显的过渡性，大部分地区植被是以常绿阔叶树种为主的亚热带常绿阔叶林类型，但也混有南方热带型植被类型和北方温带型植被类型，故植被种类繁多。典型的亚热带常绿阔叶林主要分布在长江以南。具有较高经济价值的植物种类很多：樟、楠、栲以及杉木等都是优质木材；大量的木本油料作物、种类繁多的药材，以及暖温带和亚热带水果，都很著名；茶的品种很多，产量大，驰名中外的名茶有杭州的龙井、祁门红茶、歙县绿茶等。

六、发达的经济

长江中下游地区自然条件极为优越，人口众多，开发历史悠久，历史上已是我国重要的农耕区。现代工业的发展和方便的交通运输条件，对本区农业的发展起到了有力的促进作用，农业生产在全国占有十分重要的地位，粮食作物以水稻为主，其次为小麦。水稻的种植面积和单位面积产量都处于全国领先地位；淮河以北主要生产小麦。长江三角洲平原、鄱阳湖盆地、洞庭湖平原等都是我国重要的商品粮基地，两湖平原是我国重要棉产区之一。太湖流域植桑养蚕历史悠久，自唐宋以来，已发展成为我国三大蚕丝产地之一。本区还是木本油料作物和茶、竹、药材的重要产区。长江中下游地区河网稠密，湖泊众多，汛期长达五个月，水资源丰富，为发展各种水生生物提供了良好条件。淡水鱼种类繁多，产量大，青、草、鲢、鳙以及太湖银鱼、阳澄大蟹、富春江鲥鱼、西湖鲤鱼等都是名产；扬子鳄是国家重点保护的淡水兽类。沿海盛产各种海洋鱼类和其他海产，舟山群岛是我国最大的海洋渔场。

本区民族工业发展较早，基础雄厚，部门齐全，发展水平也较高，许多产品供销全国。新兴工业城镇不断涌现。传统工业和手工业历史悠久，种类多，质地优良，许多品种成为受欢迎的旅游商品，如苏南、杭嘉湖平原传统的丝绸织品和各种丝织、刺绣工艺品、瓷都景德镇的瓷制品和宜兴紫砂陶制品的造型及工艺都有独特之处。安徽的“徽墨”“歙砚”“宣纸”，浙江的“湖笔”，所谓“文房四宝”，也以本区生产的历史悠久、质地佳。此外，我国四大名绣之一的湖南湘绣、无锡惠山泥人、常州的梳篦、常熟花边、扬州漆器和玉雕，江西宜春夏布等都是久负盛名的传统工艺品，携带方便，很受旅游者的欢迎。

2014 年 9 月，国务院印发《关于依托黄金水道推动长江经济带发展的指导意见》，部署将长江经济带建设成为具有全球影响力的内河经济带、东中西互动合作的协调发展带、沿海沿江沿边全面推进的对内对外开放带和生态文明建设的先行示范带。2016 年 9 月，《长江经济带发展规划纲要》正式印发。纲要从规划背景、总体要求、大力保护长江生态环境、加快构建综合立体交通走廊、创新驱动产业转型升级、积极推进新型城镇化、努力构建全方位开放新格局、创新区域协调发展体制机制、保障措施等方面描绘了长江经济带发展的宏伟蓝图，是推动长江经济带发展重大国家战略的纲领性文件。2018 年 11 月，中共中央、国务院明确要求充分发挥长江经济带横跨东中西三大板块的区位优势，以共抓大保护、不搞大开发为导向，以生态优先、绿色发展为引领，依托长江黄金水道，推动长江上中下游地区协调发展和沿江地区高质量发展。

第二节 长江中下游旅游区的旅游资源

长江中下游六省一市地域广阔，旅游资源丰富，而且类型多样，特别是自然风光，历来人们都用“山明水秀”“水乡泽国”等优美的词句来形容这里的湖山景色。“山为地之胜，寺为山之胜”，该地区的许多风景山地，历史上形成了佛教与道教圣地，因此不仅自然风光秀美，而且宗教建筑宏伟壮丽，提高了其旅游价值。长江犹如一条彩带，自西向东把整个中下游地区联系起来，沿岸景色多姿多彩，乘船在江中、湖中游览是本区旅游活动的一大特色。

早在公元前 1240 年商代末期，周太王的长子泰伯就在无锡建立过“勾吴国”。春秋战国时期，吴、越、楚等国先后各据一方，建立城池，发展经济、文化。三国时期沿江上下是魏蜀吴三国争霸的重要地区和主要战场。许多历史古城遗址、遗迹以及古代文物、墓葬构成本区重要的旅游资源，便于组织不同类型的历史题材的旅游活动。

本区经济、文化发达，城镇毗连，水陆交通便利是组织区域旅游活动和发展旅游的有利条件。

一、名山风景旅游资源

黄山风景区 黄山坐落在皖南低山的中心。总面积 1 200 平方公里，是一座西南—东北走向的花岗岩断块山，号称 72 峰。群峰相连，以莲花峰最高，海拔 1 872 米，是我国东部少有的高峰。相传黄帝曾在此采药炼丹，因此有关黄帝的传说很多，并曾得名“黄岳”。黄山风景区是以光明顶为中心，包括东海、西海、前海、北海和天海，方圆 154 平方公里。

“五岳归来不看山，黄山归来不看岳”的评说，足以说明黄山风景兼各地名山之长。自古黄山以其苍劲挺拔的青松、造型奇特的石峰、变幻无穷的云海和清澈甘洌的清泉闻名于世，吸引着四方游人。黄山的奇景与它的地理环境有直接关系。由于黄山花岗岩山体垂直节理发育，经长期的外力侵蚀和重力作用，造就出各种形态的奇峰怪石，“梦笔生花”“猴子观海”“兔子望月”“姜太公钓鱼”“童子拜观音”等形态逼真的造型地貌十分丰富。黄山松与石伴生，生长在巨石之间，有极强的生命力，但由于山上气温低、风速大、日照短，使松树不能笔直向上生长，故顶平如削，针叶短而稠密，枝杈趋向水平迎风展开，成不对称的旗形树冠。形态有如卧龙，有似凤凰或蒲团，也有著名的“迎客松”。黄山以其云划分五海，云的高度一般在 1 600 米左右，凝聚于山峦之间，立于山顶俯视云层，似大海波涛翻滚，妙不可言。黄山温泉终年不涸，水质清澈，水温在 42℃左右，可饮可浴，极有理疗价值。此外，瀑布、珍禽等都为黄山风景增色，“百丈瀑”“人字瀑”各季都有不同的景色，八音鸟（山乐鸟）玲珑小巧，能发出八音，相思鸟、白鹇等都属观赏鸟类，使黄山更加生机勃勃。

九华山风景区　九华山位于皖南丘陵青阳县境内，隔青弋江与黄山相望。方圆 100 公里有 99 峰，以天台、莲花、十王等九峰最突出，李白以诗“昔在九江上，遥望九华峰，天河挂绿水，秀出九芙蓉”赞美九峰。山体由花岗岩组成，山形峭拔凌空，素有“东南第一山”之称，今保留着乾隆赐御笔金匾“东南第一山”。

九华山自东晋开始有佛寺建筑，唐末辟为地藏菩萨道场，多少朝代佛事兴盛不衰，至明清寺庙达两三百座，僧尼五六千众，“九华一千寺，洒在云雾中”，成为我国四大佛教名山之一。至今仍保留化城寺、祇园寺、百岁宫等 78 座寺庙，1 000 余尊佛像以及千余件古代文书、字画、印信等文物。

衡山风景区　五岳独秀的衡山耸立在湘中衡阳盆地的北缘，绵延于湘资二水间，逶迤盘旋 400 公里，山势如飞。全山 72 峰，主峰海拔 1 290 米，相传上古时火神祝融氏安葬于此，故得名“祝融峰”。明代初年在峰顶建祝融殿，殿前舍身崖为全山最险处，崖下万丈深潭，站立崖顶眺望，洞庭、九嶷山如在眼前。在夏季酷热的湘中地区，衡山年平均气温仅 11.3℃，与沈阳一带近似；年平均降水量 2 250 毫米，为湖南“雨都”，气候凉爽宜人，成为避暑佳地。山地植被苍翠，古木参天，尤其在庙宇、寺院周围，保存着较好的常绿阔叶林和落叶林。

据传南岳历史上有 48 胜景，祝融峰之高、藏经殿之秀、方广寺之深、水帘洞之奇合称“南岳四绝”。此外，有八桥、九潭、二十五池、三十八泉、二十五溪、十洞、十五崖等。南岳大庙、祝圣寺、方广寺、藏经殿、祝融殿、南台寺、福严寺等名刹古庙和历代高僧名儒的题刻碑石遍布全山。南岳大庙为唐代始建，至今已有 1 200 余年历史，是五岳中规模最大、布局最完整的古建筑群。历史上衡山还是读书人聚集讲学之地，故有邺侯书院等古建。

庐山风景区 庐山是鄱阳湖平原上的一座断块上升山地，孤峰突起，北带长江，东临鄱阳湖，高出鄱阳湖平原 1 200~1 400 米，正是“一山飞峙大江边，跃上葱茏四百旋”，气势十分磅礴。全山 90 余峰，以大汉阳峰最高，但主峰不明显。群峰争奇斗胜，姿态迥异，有的挺拔，有的秀丽。东南部和西北部断层规模较大，并与山体延伸方向一致，因而山地周围多断崖绝壁和峡谷；南部因岩层松软，易形成浑圆如华盖的峰峦；东部岩性坚硬，多形成大的山岭。庐山属古老变质岩地垒式断块山。由于差别侵蚀的结果，形成一些“仰见飞石突缀其间，岩端石歧横出”的岩石悬空、棱角锋利的奇景，仙人洞即是差别侵蚀的产物。庐山在地质历史上经历了第四纪冰期，至今保存了冰蚀和冰碛地貌，如“U”形谷、角峰、山麓地带的冰碛物，等等。

庐山自然胜景包括断崖陡壁、深邃幽谷、流泉飞瀑、杉林松海和雨雾烟云。牯牛岭、龙首崖、五老峰都是著名的峰峦山崖。水流从悬崖陡壁飘洒而下，有“飞流直下三千尺，疑是银河落九天”之势。大小瀑布有几十处，著名的有三叠泉、黄龙潭、乌龙潭、石门洞，黄岩、香炉峰瀑布等。庐山具有山地气候特点，7 月均温只有 22.6℃，比山下九江低 7℃ ~10℃，成为长江中游平原热海中的一个凉爽的小岛。春来迟，秋去早，夏季凉爽，历史上已成为避暑胜地。云雾也是庐山构景要素之一。这里年均降水量在 1 600 毫米，春末夏初相对湿度大、水汽多，云雾变幻莫测，有形有声，令人神往，并常使山隐没于云海中，故有“不识庐山真面目”之语。庐山地区植被茂盛，种类多。20 世纪 30 年代已在含鄱口建立了庐山亚高山植物园，现在植物园规模庞大，培育了数以千计的各种类型的树木、花草、药用植物。还保存了一个自然植物群落地带，成为庐山天然植被的活标本，具有经济价值和科学研究价值。

“匡庐奇秀甲天下。”桂林虽美但缺云雾，黄山虽美但缺江湖，而匡庐多胜一筹，无怪历代文人墨客都为庐山风景着墨添彩。

雁荡山风景区 雁荡山坐落在浙江省东南乐清市境内，开发历史较早，唐宋时已盛极一时，历来以“奇”“秀”成为浙东名山。主峰雁湖岗，“岗顶有湖，芦苇丛生，结草为荡，秋雁宿之”，故称雁荡。

雁荡之奇指地貌奇特。该山为火山流纹岩山体，节理与裂隙发育，经外力侵蚀形成奇峰异洞，岩峰、岩柱、岩墩、岩洞的外形、宽窄、崖面、裂隙在各个侧面均不相同，形成不同的造型，同时在不同的时间、地点、距离又能观赏到多种造型。最著名的灵峰由左右两峰组成，在白天、傍晚及不同方位、地点观赏，可以欣赏到有如合掌、夫妻、双乳、雄鹰等十几种形态逼真的变幻造型，令人叹为观止。此外还有独秀峰、天柱峰、展旗峰、双鸾峰等造型山地，所以雁荡山不愧为“造型地貌”的博物馆。

雁荡名胜有 300 余处，大龙湫瀑布水帘高 190 米，是我国落差最大的瀑布之一。三折瀑、小龙湫等名瀑都随季节和雨量的变化而显现不同的景色，是雁荡奇景之一。雁荡全山植被十分茂密，更为山景增加了秀色。植被主要为中亚热带常绿阔叶林和落叶阔叶混交林。

雁荡古刹有 18 座，灵峰寺、灵岩寺等初建于北宋，都有千年历史。

普陀山风景区　普陀山是位于杭州湾以东，舟山群岛中的一个小岛，全岛面积 12.76 平方公里，最高峰佛顶山海拔 291.3 米。作为佛教名山，相传自五代开始即已供奉观音。历史上佛事最盛时有庙宇200多座，僧尼2 000余众，称为“海天佛国”。现存佛寺规模宏大，建筑考究，是我国清初佛教建筑群的典型。

普陀胜景兼山海之胜，全山风景点有 20 余处。山峰秀丽，奇岩幽洞，云涛莫测，气候宜人，是夏季避暑胜地；海滨浴场宽阔，因此，普陀山不仅是朝圣者的圣山，每年也有大批游客纷至沓来。

武当山风景区　该山位于湖北省西北部十堰市。属大巴山脉的一支，方圆 400 公里，主峰海拔 1 600 余米，四壁削空，如一柱擎天，故名天柱峰，全山 72 峰，以及洞、潭、泉、池、涧等奇峰险谷幽洞，游程达 60 公里。

武当山历来以道教名山而发迹。自汉代以来，各朝道学家均来此修炼，故道教建筑遍及全山，规模宏伟，但元代以前庙宇多毁于兵火，明代以后大兴土木，先后建成拥有八宫、二观、三十六庵堂、七十二岩庙、三十九桥、十二亭的庞大道教建筑群，形成“五里一庵、十里一宫、丹墙翠瓦”的宏伟气势，现仍保留明代建筑体系和部分古迹古建。

金殿建于天柱峰顶，铜铸镏金，仿木构建筑，重檐叠脊，结构精巧，雕饰华丽，至今仍金碧绚丽，是武当第一名胜，也是我国古代建筑和铸造艺术中的一颗明珠，被定为全国重点文物保护单位。

武当山山高林密，层峦叠嶂，云雾缭绕，富有道教清净、神秘的色彩，旅游季节游人如织，摩肩接踵。

神农架林区和自然保护区　神农架林区在湖北省西部、长江与汉水之间，面积 3 200 平方公里。神农架山脉属大巴山褶皱带，地质史上形成很多断层，岩层紊乱，节理发育，整个林区群山起伏，山川交错，脊岭连绵，谷深壁陡。海拔超过 3 000 米的高峰有六座，形成“华中屋脊”，主峰大神农架 3 052 米，称华中第一峰。林区气候温凉而湿润，年均温 9℃左右，十分有利于植物的生长。群山青翠，花果遍地，神农架犹如一块翡翠，镶嵌在川鄂山地之间。自然风光兼有黄山、庐山等风景名山之美：有 15 里锦绣的红坪画廊；风光秀丽的巴东垭、燕子垭；有“山中一夜雨，处处挂飞泉”的瀑布飞流；也有“山色空濛雨亦奇”意境的高山雾海和千奇百怪的奇洞异穴。整个林区具有美、奇、秀、险、幽的观赏特点和价值。

神农架林区处在我国东西南北植物过渡地带，据考察植物树种有 2 000 多种，有林面积 16 余万公顷，原始森林古老而浓密，森林覆盖率达 70% 左右，木材蓄积量 1 570 万立方米，是我国重要的林业基地之一。主要树种有桦山松、楠木、黄杨木、冷杉，以及油桐、杜仲、漆树、核桃等经济林，还有多种珍贵和孑遗树种，如珙桐、水杉、水青、香果树、鹅掌楸等。鲜红明艳的杜鹃花海、金黄的箭竹、高山金腊梅，使得林区景色丰富而生动。该区有动物 500 余种，列入国家保护类的动物 20 多种，金丝猴、云豹、毛冠鹿、大鲵以及各种白变动物白猴、白熊、白蛇都能在此繁衍接代。神农“野人”传闻已久，至今谜底尚未揭开，吸引着各国科研人员和好奇者前去考察。

为了保护林区生态环境和珍贵的动植物资源，1984 年在此建立了自然保护区，保护区面积 20 平方公里，主要保护森林生态环境和珙桐、水杉、香果树、水青树、金丝猴、大鲵等动植物。

武陵源风景区 在湖南西部张家界市，风景区面积 130 平方公里，属武陵山脉，构造上是一个完整的盆地，周围环峙着由古老地层形成的高山。山岩 80% 以上为砂岩，其次为石灰岩，厚度很大，石英砂岩组成单纯，硬度大而脆，垂直节理发育，在长期侵蚀和重力作用下，发生裂隙和崩塌，加之河流强烈下切，形成柱状群峰和深邃的峡谷、嶂谷等地貌，被称为“砂岩峰林峡谷地貌”。景观特点是奇峰林立、沟谷纵横。景区内有 2 000 多座大小不一的石峰，相对高度在 100~200 米，多拔地而起，形态丰富，根据其形态，人们冠以它们一些生动的名字，如“雾海金龟”“劈山救母”“秀才看榜”“夫妻岩”“猴头峰”等。

该旅游地区气温较低，风力小，年均温在 16℃ ~17℃，1 月均温 1.6℃左右。相对湿度大，水汽凝结多云雾，山峰在云雾笼罩之下，更加栩栩如生，出神入化，观云海是一大奇景。该地植被体现了过渡性特点，以常绿阔叶林为主，并有热带型的红毛椿和寒带型的冷杉、雪松等树种，植被覆盖率达 94% 以上。特别是山体上部天然林保存较好，木本植物有 500 余种，其中有孑遗树种珙桐、银杏，稀有珍贵树种巴东木莲、红豆杉、鹅掌楸、红榧木、滇楸木等。林中有麝、岩羊、猕猴、背水鸡等几十种兽类和鸟类，是一个生机盎然的风景世界。

张家界景区建有我国第一个国家森林公园，面积约 1.3 万公顷，以森林自然景观为主体。游人可在宛若碧波的林海中休憩、游乐，还可以观赏各种珍稀树木和动物，开阔眼界，增长知识。

二、历史古迹

荆州地区古代遗存 长江在宜昌以下，从湖北枝城到湖南城陵矶一段，习惯上称为荆江。荆江长约400多公里，江面开阔，故有“楚地阔无边，苍茫万顷连”之语。该段河道曲折，江流缓慢，大量泥沙沉积，河床淤高成“地上河”，民谚说“船从楼顶过，人在水中行”。两岸筑高坝管束水流，其中被称为“九曲回肠”的一段（从藕池口—城陵矶），长80公里的直线距离内，大拐弯16处，河道长达247公里，因此江水宣泄不畅，河床日益抬高，历史上经常泛滥，所谓“万里长江，险在荆江”。新中国成立后整治了荆江河道，修建了许多水利工程。

荆江地区是古代楚国所在地，三国时期是三国争雄的重点地区，故楚汉文化和三国遗迹十分丰富。

纪南城遗址：在荆州以北五公里，是公元前楚国都城，历时400年。现仍存土筑城墙，断垣残壁。城内发掘出古建筑台基、古井、窑址以及大量楚汉古墓。

荆州古城遗址：古荆州因其镇巴蜀之险、据江湖之会，故为历代兵家必争之地。三国时期，魏蜀吴围绕其归属展开了长期的政治、外交活动和军事争夺，留下了许多古迹。古城据传为蜀将关羽所建。现城墙为清代重建，起伏曲折，气势雄伟，古色盎然，保存完好。城内有不少三国时的文物古迹。荆州市现为历史文化名城，是荆江地区的文化中心。荆州地区的特点使其有条件组织以“三国胜迹”或楚遗址等为内容的专题旅游，使游人发思古之幽情。

赤壁之战遗址和东坡赤壁　三国赤壁在湖北省赤壁市的长江南岸，当年孙刘以火攻大破曹军，火光冲天，江岸崖壁照得一片彤红，由此得“赤壁”之名。临江的赤壁山斜亘百丈，石壁上镌刻“赤壁”二字，字径达150厘米 ×104厘米。气势雄健，遒劲苍古，相传系周瑜亲笔所题。此外还有各种文字印记、诗赋和画像，成为历代名人攀登凭吊、吟咏抒怀之地。

东坡赤壁位于长江北岸、大别山南麓。在武汉以东90多公里的黄州（今鄂州市），故也称“黄州赤壁”。苏轼被贬黄州，寓情于景，“发抒牢骚假曹、周以寓意”，写下了“留传万口中”的二赋（《赤壁赋》与《后赤壁赋》），成为我国文学史上的佳作，使黄州赤壁光彩满天下，提高了它的声誉，因此人们又称其为东坡赤壁，后代诗人画家以黄州赤壁为题的诗画作甚多。黄州赤壁建筑历经几建几毁，现为清同治七年（1868年）重修，是一组富于民族风格的楼、堂、阁、亭建筑群，鳞次栉比，峥嵘起伏。近年扩建成赤壁公园，门额书“东坡赤壁”，内保存苏轼著名的书法手迹和名画，以及历代名家书法作品，成为鄂东有名的旅游地之一。

“彝陵之战”古战场遗迹　三国时一次大战役“彝陵之战”，就发生在湖北宜昌附近。宜昌市位于长江北岸，扼三峡出口、川鄂咽喉。附近三国胜迹很多，有“三楚明山”玉泉山和“荆楚丛林之冠”的玉泉寺，有张飞拒曹兵的长坂坡，有关羽兵败被擒的麦城以及关羽葬身之地——关陵。现宜昌是鄂西政治、经济中心，长江上的一大河港，葛洲坝水利工程就建于宜昌市西约 5 公里、临江北岸突出江中的一个孤岛上。水电站和船闸工程规模十分宏大，雄丽壮观，可供参观旅游。附近南津关、三游洞等古迹景点集中。

三、主要城市及旅游区

武汉市 武汉坐落在湖北省江汉平原、汉水与长江交汇处和南北交通中点上，素有“九省通衢”之称。春秋战国时为楚国所在地，秦统一后属南郡，三国时在汉水南北岸和长江东岸分别建起鲁山城、却月城和夏口城，即现在的汉阳、汉口和武昌三镇，形成隔江汉鼎足而立之势，合称武汉市。

武汉地区地势低洼，有大小湖泊百余个和一系列东西走向的残丘，使地貌景观丰富多彩。蛇山、龟山和洪山都是海拔 80~120 米的残丘，形成武汉名胜古迹集中地。“龟蛇锁大江”，蛇、龟两山夹江对峙。蛇山又名黄鹤山，位于长江以东武昌城内，江南三大名楼之一的黄鹤楼即建于山上。该楼始建于三国吴黄武二年（223 年），历史上屡毁屡修，最后一次于清光绪十年（1884 年）毁于火灾。现黄鹤楼以清代黄鹤楼为蓝本重建。龟山位于汉阳城北，状若巨龟，形势险峻，历代多建寺院亭阁，晴川阁自古隔江与黄鹤楼相辉映。武汉长江大桥的桥头，就分别坐落在蛇、龟二山坚硬的岩石上。归元寺位于龟山西侧，建于明末清初，为武汉最大的佛教圣地。寺内有大士阁、藏经阁、罗汉堂、大雄宝殿等，罗汉堂内 500 罗汉塑像可与北京碧云寺和苏州西园罗汉堂媲美。

东湖及其周围是武汉最大的风景区，湖面广达 33 平方公里，岸线曲折，港汊交错，碧波万顷，渔舟荡漾，青山环绕。风景区面积有 87 平方公里，西北岸是游览中心，亭台楼馆金碧交辉，园林花圃争芳竞艳。主要名胜有九女墩、听涛轩、行吟阁、长天楼、濒湖画廊、水云乡以及屈原博物馆、省博物馆等。

截至 2022 年 12 月，武汉有常住人口 1373.9 万人，是长江中游主要工业基地，武汉钢铁公司大型轧钢设备在全国首屈一指。武汉在我国近现代革命史上占有重要地位，现保存有辛亥革命政府旧址和武昌首义广场，建有辛亥首义烈士陵园。此外，有中央农民运动讲习所旧址、二七烈士纪念碑、八七会议旧址以及八路军驻武汉办事处旧址等革命纪念地。

长沙市 长沙是个古老的城市，早在战国时期已得到发展，秦统一中国后即设立了长沙郡。1933 年设长沙市。长沙周围地区多楚汉古墓，震惊世界的马王堆汉墓就是在长沙东郊发掘的。从出土的大量文物不难看出，长沙附近一带在西汉时经济和文化发展已达到较高的水平。

长沙位于湖南省湘江下游，西有岳麓山，北连洞庭湖，滔滔湘江穿城而过，江心形成一条长约 5 公里的沙洲，因其上广植橘树，故称作“橘子洲”，现为橘子洲公园。市区、橘子洲和岳麓山以湘江大桥相连，构成长沙的风景带。岳麓山腰有麓山寺，山麓建有岳麓书院。该书院是北宋开宝九年（976 年）潭州太守朱洞所建，张栻、朱熹等曾在此讲学。岳麓书院后有清代所建爱晚亭，其名取自唐代诗人杜牧的“停车坐爱枫林晚，霜叶红于二月花”之意，亭周枫林四季可观不同佳景。

长沙和它南面的湘潭、株洲三市组成以有色冶金工业为主的湘中工业区。

南京市 南京位于长江下游南岸、沪杭宁三角地带西端，西北濒临长江，其他三面环以山地，东面是海拔200~400米的宁镇山脉，西有清凉山，南有雨花台。秦淮河自东南向西北注入长江，山环水绕，地势险要，腹地富庶，交通便利，进可攻，退可守，一向被视为要害之地。

春秋时代南京一带是吴国领地，后被楚所灭，改称金陵邑。东汉末年到三国时期，南京始成为政治中心。212 年，孙权在清凉山高地筑石头城，改名建业。“十六年，权徙治秣陵，明年，城石头，改秣陵为建业”（《三国志・吴书・吴主传第二》卷 47），故有所谓“钟阜龙蟠，石城虎踞”之誉。此后直到隋文帝开皇九年（589 年）（除 280—317 年外），南京相继为东晋和南朝宋、齐、梁、陈的国都。东晋以来，建业便是“贡使商旅，方舟万计”的大港口，江南商业中心。由于南朝时佛教兴盛，“南朝四百八十寺，多少楼台烟雨中”，南京也建了很多寺庙，灵谷寺即为当时所建。

1356 年，朱元璋选定南京为明朝国都，改称应天府，并历时七年大兴土木，扩建城池，修筑宫殿，南京开始成为第一个统一皇朝在江南所建的国都。南京城规模庞大，城周 34 公里，因受地形所限，形状不规则，但城墙高大，一般高 14~21 米，城基宽 14 米，城门外有瓮城。此时南京城人口已近 90 万，百姓散居 24 坊、20 乡和 39 厢“……内为宫城，亦曰紫禁城，门六……”，城中置钟鼓楼。明朝时南京丝织业已很发达，成为国内丝织中心。作为一个大港口，郑和下西洋庞大的船队就是从南京港起航的。明成祖迁都北京后，才正式有南京的名称，太平天国也曾定都于此。

辛亥革命后，孙中山极为欣赏南京的地理环境，将国都定于南京。中华人民共和国成立后，南京成为江苏省省会。

南京地处江河湖泊、平原丘陵相会之处，历史上又是六朝古都，所以从旅游资源来看，南京是个既有自然山水之胜，又有历史古迹之雅的名城。古有“金陵四十八景”、“灵谷深松”（今灵谷公园）、“栖霞红叶”、“燕子矶”等均为古城胜景。南朝石刻，形体硕大，造型生动。紫金山雄踞东部，是南京风景名胜集中地，南麓的明孝陵是我国现存最大的帝王陵墓之一，中山陵规模宏大、气势非凡，灵谷寺也建于此。紫金山天文台是我国建设最早、设备完善的天文台。城南低岗缓阜的雨花台，修建了烈士陵园。市内有玄武湖公园、莫愁湖公园、白鹭洲公园、中山植物园、秦淮河、夫子庙、瞻园等可供游览的各类园林名胜。

南京长江大桥的建成，不仅便利了南北交通，“天堑变通途”，而且大桥建筑宏伟壮观，桥头堡和公路引桥桥孔富于中国民族特色，成为南京市的象征，是重要的旅游点之一。

杭州市 杭州是闻名遐迩的风景游览城市。该市位于浙江省钱塘江口北岸，兼有山水之美、林壑之秀和古文化胜迹。西湖原是钱塘江边小海湾，后来由于钱塘江沉积，逐渐将湾口堵塞，形成一个面积约 5 平方多公里的潟湖。西湖的北、西、南三面被一系列山岭环绕，这些山地属天目山余脉。外围山体多为泥盆纪砂岩，山势较高峻，天竺山海拔 412 米。内圈山体由石炭、二叠纪石灰岩构成，如玉泉山、南高峰、飞来峰等，山势较缓，岩溶地貌发育，地表沟壑纵横，地下洞穴幽深。湖北岸还有由中生代火山喷出岩构成的宝石山、孤山等，高度仅几十米到百米。周围山地与西湖水面大小比例恰到好处，山水相映，景色和谐。

杭州成为一个风景旅游城市，是经过长期开发建设的。早在春秋战国时期，杭州即是越国所在地，秦朝时为秦钱唐县，杭州此名出现于 589 年的隋文帝时，唐代开始对西湖进行治理、开发。907 年，五代吴越国在此建都，对西湖的开发以及杭州地区的建设具有重大意义。此时不仅修建了罗城、宫殿、筑海塘，而且大兴寺庙佛塔，昭庆寺、净慈寺、灵隐寺、六和塔、保俶塔、雷峰塔等都为当时新建或扩建。北宋以后，特别是南宋定都临安，使杭州成为当时南方的政治、经济、文化中心，西湖周围都为皇室、贵族的宫苑所占，一个个景区相继建成，到南宋末年已出现了“平湖秋月”“曲院风荷”“雷峰夕照”“三潭印月”等西湖十景。元时继而形成钱塘十景。马可 · 波罗在他的游记中赞誉杭州“无疑是世界第一繁华富裕的城市”。六和塔、保俶塔、灵隐寺、净慈寺等都是历史的杰作。在近 50 平方公里的风景区内，以西湖水面为中心，山为背景，湖水平静，堤岛错落，山峰嵯峨，树木苍翠。在峰、岩、洞、壑之间，穿插着泉池溪涧，又巧妙地组合了楼、亭、桥、塔、榭等园林建筑，使景区内处处有景，步移景换，真可谓“远山近水皆有情”，成为凝聚了自然美和人文美的娇柔秀美的湖泊风景区，正如宋代大文豪苏轼描绘的“水光潋滟晴方好，山色空濛雨亦奇。欲把西湖比西子，淡妆浓抹总相宜”。千百年来，西湖风景具有经久不衰的吸引力，被誉为人间“天堂”，使杭州城也成为我国著名的风景游览城市，并被国务院列入我国第一批历史文化名城，这是杭州市今后发展建设的基准。

杭州外围著名的旅游点还有绍兴市、富春江风光、海宁观潮等。

绍兴市是我国第一批确定的 24 座历史文化名城之一，位于杭州以东 67 公里，以水乡景色闻名。城内河道纵横，家家面河，户户临水，河上架有唐宋以来各代古香古色的石拱桥 200 余座。绍兴的名胜古迹多与历史上不同时代的名人活动有关：夏禹、越王勾践、王羲之、陆游、徐渭以及近代的秋瑾、徐锡麟以至鲁迅等先后在此居住、建业，为绍兴城市留下了诸如禹王庙、兰亭、沈园、秋瑾故居、鲁迅故居和博物馆等建筑和一些遗址胜迹以及东湖风景区。

苏南太湖周围旅游区 江苏省长江以南和浙江省毗连的太湖，是一个面积 2 400 平方公里烟波浩渺的大淡水湖，太湖地区土地面积 3.5 万平方公里，总人口 3 000 余万，除去水面，人口密度高达每平方公里 1 000 人以上，是世界人口稠密区之一。这里土地肥沃，水道纵横，农耕历史据考证已有 5 000 余年，历史上早已成为我国的重要粮仓，并以“鱼米之乡”“丝绸之府”著称。随着农产品集散和加工中心的发展，许多城镇兴起，如有“米市”之称的无锡市，早在 19 世纪中叶就形成“半里一村，三里一镇，炊烟相望，鸡犬相闻”的人烟稠密的城镇居民点分布格局。由于交通运输业的发展，特别是沪宁、沪杭两条铁路的兴建，对该地区城镇发展与空间布局有很大影响。许多城镇在铁路、运河沿线或环湖发展起来，除上海外，杭州、无锡、苏州、常州、嘉兴、湖州、常熟等大中小城市、县城、直属镇和乡集镇等，平均每 35 平方公里左右就有一座城镇，初步形成了以上海为中心、数量众多、大中小城镇（市）等级序列齐全、多层次的城镇网络。城镇间的职能分工明确，互相补充，成为目前我国工业化与城市化程度较高，经济实力雄厚的经济区。

本地区江河湖海、丘壑等自然风光一应俱全，景区密集，水陆交通方便。上海是国际性港口城市，又是我国三大进出口岸之一，与国内外交通联系条件优越，旅游客源可以得到最大限度的保证，十分有利于组织大范围的区域性和各种专题性旅游，因而成为我国旅游业发达地区之一。

位于太湖之滨的园林名城苏州市，具有典型水乡特色，有“东方威尼斯”之称。正如唐代杜荀鹤诗云：“君到姑苏见，人家尽枕河。古宫闲地少，水港小桥多。”苏州城始建于公元前 541 年，为春秋时吴国国都，史称姑苏。虎丘相传是吴王阖闾的墓地，称吴中第一名胜，虎丘古塔已成为苏州的象征，自六朝以来，江南经济开始发展，随之宗教建筑、私人园林也兴建起来，规模宏大的玄妙观为晋代所建，是国内最古最大的道教观殿之一。城西阊门外枫桥镇的寒山寺，始建于南朝梁武帝时，寺本不大无奇，但因张继《枫桥夜泊》一诗而名扬四海，“月落乌啼霜满天，江枫渔火对愁眠。姑苏城外寒山寺，夜半钟声到客船”，文因寺成，寺得诗传，胜境名寺，相得益彰。

苏州园林之多，在全国首屈一指。据载历史上最多时达 200 余处，均系官僚、地主、士大夫、巨富豪强的私人园林。他们利用纵横的水道、大大小小的湖泊，以及太湖石等有利的自然条件，以富于变幻的造园技艺，把天然山水凝缩到众多的园林中来，以小巧典雅取胜。代表性园林有拙政园、沧浪亭、狮子林、网师园、留园等，它们各有不同的特点，集中了江南园林艺术的精华，体现了文化高深的苏州园林艺术风格。美国纽约大都会艺术博物馆展出的“明轩”，即仿照具有明代园林特点的“殿春簃”而建。

位于太湖之滨的游览城市无锡市，是太湖流域稻米、蚕丝的主要产地和集散地，历史上的四大米市之一。19 世纪末开始发展现代工业，故有“小上海”之称。现为一座综合性工业城市。其风景名胜集中于市西的惠山、锡山、舜柯山、大箕山，直到太湖一线。

太湖湖周 500 余公里，向有浩渺烟波之势。湖岸山峦起伏，树木苍翠；湖中岛屿座座，波光粼粼，帆影点点。“太湖佳绝处，毕竟在鼋头。”鼋头渚状如鼋头，位于伸向太湖的充山半岛前端，是观赏太湖风光的最佳地。蠡园是以水饰景的江南名园，梅园以古淡清雅为特色。众多的园林古迹，使无锡成为太湖畔的一颗明珠。

被称为“洞天世界”和“中国陶都”的宜兴市，坐落在太湖西岸，善卷洞、张公洞都是古老而华丽的石灰岩溶洞。洞穴面积大，层数多，游程长，洞内怪石嶙峋，琳琅满目。善卷之奇更在下洞和水洞。水洞常年可通舟，奇幻异常令人神往；张公洞如海底宫殿，奥妙复杂；灵谷洞小巧玲珑，曲折幽邃。宜兴陶瓷工艺已有 2 000 余年历史，尤以紫砂陶瓷工艺高超，风格独特，古朴雅致，美观大方，很受游客欢迎。陶瓷陈列馆展出古陶瓷碎片和现代陶瓷珍品万余件，系统地反映了“陶都”的发展史。

扬州 是我国著名文化古城，自春秋时代吴王夫差开邗沟，筑邗城始，扬州经济、文化得到发展。扬州地处江淮要冲，水陆交通便利，物产丰富，文化发达，既是江淮经济文化的中心，也是对外贸易和国际交往的重要港埠。唐天宝年间鉴真大师从扬州东渡；宋末伊斯兰教穆罕默德的 16 世裔孙普哈丁来扬州传教，终年将墓园建在城东古运河畔；元初著名旅行家马可·波罗的足迹也曾踏遍扬州各县。扬州山明水秀，风景佳丽，各代帝王向往“十里扬州景物稠”的风景，而多次下扬州，在此修建了各式行宫。因此扬州不仅是个园林城市，而且文化景观资源十分丰富。著名的古迹有古运河、壮观的平山堂、古刹大明寺、以清秀俊丽著称的瘦西湖、具有四季假山风景的个园、富有山林野趣的平山西园等。鉴真纪念堂，是有很高知名度和宗教地位的胜迹。扬州是我国第一批历史文化名城之一。

此外，山林城市镇江、龙城常州、文化名城常熟等，也都以其特有的魅力吸引着游客，它们共同组成我国旅游业最发达的地区。

上海市 上海位于长江入海口，黄浦江与吴淞江的汇合处，有枕江负海之势。公元前6世纪上海属吴国东境，名华亭，此为上海最初的地名。大约在公元前3世纪，这里成为楚国宰相春申君的封地，因此黄浦江也称春申江，申即成了上海的别称。因吴淞江口一带称沪渎（一种捕鱼工具）江，所以上海又简称沪。上海作为行政区划出现，大约从元朝开始，1292年设上海县，当时渔业、盐业和棉纺织工业都勃然兴起。以后的几百年里，上海各种经济发展，港口繁荣。鸦片战争以后，上海被辟为通商口岸，从此上海成为列强对中国进行经济侵略的重要据点、西方冒险家的乐园，城市畸形发展。1930年设上海市。

今天上海市已是人口超过2000万的全国最大的工商业城市和全国最大贸易港口，工业门类齐全，生产水平高，产品质量好，经济实力雄厚，智力资源丰富，科技队伍强大，商业繁荣，是我国现代化建设的重要基地，也是我国建立的第一个自由贸易区。

上海发展旅游业有其特点和优势。首先，上海是我国海陆空交通枢纽，又是我国三大进出境口岸之一，并处在西太平洋环线的要冲，与国内及世界各国交通联系十分方便，每年有大批游客从此入境，还有来自150多个国家和地区的海员登陆，他们在上海参观、游览、购物，成为一股不可忽视和稳定的客源。其次，上海以其生产的产品质量好、品种齐全、样式新颖，吸引着国内外旅游者，使上海成为我国最大的购物中心，并计划建成太平洋西岸最大的经济贸易中心之一。再次，浦东新区高速开发，促进上海市经济与旅游业的发展，浦东新区将成为一个新型的旅游区。最后，上海北接苏州、无锡等太湖风景区，南临杭州湾，到苏杭等地的游客，许多以上海为落脚点，直接促进了上海旅游业的发展。

上海游览的内容十分丰富。作为名胜古迹游览点有明代建成的豫园、玉佛禅寺、龙华寺和有1 000多年历史的龙华塔；作为革命纪念地可凭吊、参观的有高桥镇“太平天国烈士墓”、嘉定汇龙潭的小刀会革命烈士纪念碑，中共一大会址，以及孙中山故居、宋庆龄墓、周公馆、鲁迅故居和鲁迅墓等。

外滩是上海的象征，宽阔的黄浦江以及沿江风格各异的建筑，对岸高耸的电视塔，使外滩成为游人必游之地。特别是入夜，华灯初上之时，夜色诱人，人流如潮。浦东作为上海开发新市区，兴建速度惊人。东方明珠广播电视塔、杨浦大桥、南浦大桥、卢浦大桥、江底隧道等新建筑都构成了新的主要游览点。

《上海市城市总体规划（2017—2035年）》，提出上海主动融入长三角区域协同发展，构建上海大都市圈，打造具有全球影响力的世界级城市群。上海大都市圈包括上海、苏州、无锡、常州、南通、嘉兴、宁波、舟山、湖州。

四、长江文化传承保护

长江文化，以长江流域特殊的自然地理和人文地理占优势，以生产力发展水平为基础的归趋性文化体系，是长江流域文化特性和文化集结的总和和集聚，包括四川、重庆、湖北、湖南、江西、安徽、江苏、浙江、上海、云南、贵州、广西、广东、福建等省区，这些地区是长江水系的干流或支流流经区，在文化体系上同属中国南方文化体系。长江文化和黄河文化是中华文明最具代表性和影响力的两支主体文化。长江经济带覆盖沿江11省市，横跨我国东中西三大板块，人口规模和经济总量占据全国“半壁江山”，生态地位突出，发展潜力巨大，应该在践行新发展理念、构建新发展格局、推动高质量发展中发挥重要作用。

2020年11月14日，习近平总书记在全面推动长江经济带发展座谈会上强调，要贯彻落实党的十九大和十九届二中、三中、四中、五中全会精神，坚定不移贯彻新发展理念，推动长江经济带高质量发展，谱写生态优先绿色发展新篇章，打造区域协调发展新样板，构筑高水平对外开放新高地，塑造创新驱动发展新优势，绘就山水人城和谐相融新画卷，使长江经济带成为我国生态优先绿色发展主战场、畅通国内国际双循环主动脉、引领经济高质量发展主力军。“要把长江文化保护好、传承好、弘扬好，延续历史文脉，坚定文化自信。”

保护好长江文物和文化遗产。在国家大力推进长江经济带发展的大背景下，更应保护好长江文物和文化遗产，深入研究长江文化内涵，使其在提升文化自信、促进文化繁荣、助力民族复兴中发挥更大作用。长江文化中，既有江南水乡古镇、南京石头城、扬州唐城等物质文化遗产，也有南京金箔锻制技艺、古琴艺术，扬州漆器髹饰技艺、宜兴紫砂工艺等非物质文化遗产。这些都是中华优秀传统文化的重要组成部分，是增强文化自信的生动载体，必须注重沿江城市的协同联动，实施珍贵历史遗迹的抢救性保护，强化数字化保护工程建设，保护好长江文物和文化遗产。

修复好长江流域历史文化街区。长江流域广大、人口众多，上中下游地理环境和地域人文特色丰富多样，是中华文明博大精深的标志性象征。其中，历史文化街区镌刻着历史的鲜明印记，是留存长江记忆的公共文化空间。今天，对长江流域历史文化街区进行修复是当代人努力建设人与自然和谐共生的现代化应有的文化使命担当。历史文化街区需要保护构成历史风貌的文物古迹、历史建筑，也要保存构成一个区域整体风貌的相关要素，比如道路、街巷、院墙、小桥、溪流、驳岸乃至古树等。另外，历史文化街区也是大量居民生活的空间。除了要保护古迹建筑等实体形式，还要保护它所承载的文化，保护非物质形态的内容，尽可能保留历史信息、注重风貌协调，保护历史记忆与生活融合、与发展结合的丰富性。作为一个城市的魂与脉，历史文化街区的修复改造必须采取严格谨慎的态度，尤其要防止把“修复”变成“破坏”。

思考与练习

1. 了解本区著名的风景名山，掌握其所在位置及景观特点。
2. 本区著名的宗教名山有哪些？了解其主要胜迹。
3. 楚汉及三国文化遗迹分布在哪些地区？主要内容是什么？
4. 了解本区一些古城的主要胜迹和风景旅游城市的风景名胜。
5. 上海市发展旅游业的优势何在？

第7章

华南旅游区

华南旅游区位于我国最南部，包括福建、台湾、广东、海南和广西五省区，还包括香港特别行政区和澳门特别行政区，面积60余万平方公里。北与长江旅游区诸省接壤，南与菲律宾、马来西亚、印度尼西亚、文莱等国隔海相望，西南是我国与越南的边界线，处于我国东南前哨的位置。本区自然景观及人文资源都有其独特之处，与其他各区差异较大。作为我国热带作物的主要产区，在全国经济中占有重要地位。

第一节　自然地理概况

本区属东南丘陵区，部分纬度偏南，气温高，长夏无冬，或夏长冬暖；植被四季常青，是我国大面积的南亚热带和热带区域，自然景观具有明显的南亚热带和热带特征。

一、破碎的低山丘陵地形

华南旅游区地形以海拔500米左右的低山丘陵为主，除台湾岛外，既没有高大的山脉，也没有大面积的平原。东部闽、粤二省早在加里东运动时就成为陆地并有花岗岩侵入，新构造运动时参差隆起，使平原、丘陵、低山交错分布，花岗岩地貌发育，地表外形浑圆，球状风化明显。西部广西盆地，海浸时间长，沉积了很厚的石灰岩，后隆起，在湿热气候条件下，岩溶地貌普遍发育。

武夷山和南岭两条山脉构成华南地形的骨架。武夷山以北东—南西走向绵延于闽、赣二省之间，长550公里，平均海拔1 000~1 100米。位于福建西北部的黄岗山，海拔2 158米，是武夷山最高峰，也是东南丘陵地区第一高峰。山体宽度十几公里到几十公里，构成福建西部的天然屏障。该山两侧地理景观明显不同，冬季武夷山阻挡了西北风进入，夏季使东南气流抬升致雨，因而福建省比江西省温暖多雨。南亚热带常绿树种占优势，地表水自成体系，河流水量丰富，含沙量小，独流入海，武夷山构成福建诸水与长江水系的分水岭，也是自然地理上的重要界线。

南岭横亘在广东北部至广西东北部，东接武夷山，西接云贵高原，长约1 000公里，自东向西包括大庾岭、骑田岭、萌诸岭、都庞岭和越成岭五大主体山地，海拔一般在1 000米左右，最高峰苗儿山，海拔2 142米，位于广西东北部。南岭山体不完整，由于河流的长期侵蚀切割，形成许多宽谷，山口海拔也较低，为南北交通提供了方便，自古就是南北往来的交通孔道，京广铁路即通过折岭（骑田岭）山隘，灵渠是通过都庞岭与海洋山之间的湘桂隘道。南岭是我国自然地理上一条重要分界线，南岭以南终年草木青翠，呈现南亚热带景观。南岭还是长江水系和珠江水系的分水岭。武夷山和南岭多红层盆地和丹霞地貌，碧水丹山，形成著名的风景观赏胜地。除以上两大山地外，福建还有戴云山、玳瑁山，广东有罗浮山、大云雾山、云开大山，广西有大凉山、六万大山等。山地受岩性构造和气候的影响，侵蚀切割作用强烈，地表显得支离破碎，全区没有大面积的平原，平原只限于河流两侧和河口三角洲。河谷平原面积都很小，与丘陵交错分布，形成丘陵与宽谷交错的地貌。面积较大的珠江三角洲平原有1万平方公里，韩江三角洲平原仅2 000平方公里，此外还有泉州平原、湛江平原等。平原面积虽占比例很小，但水热条件好，农业发达，是华南“鱼米之乡”。珠江三角洲是我国商品粮生产基地之一。

华南大陆海岸线长达9 000多公里，而且十分曲折，曲折率居全国首位，这是地表切割破碎在海岸形态上的反映。大部分海岸属山地型，由花岗岩构成，多溺谷港湾和半岛，岛屿星罗棋布。本区岛屿不仅多，而且类型齐全，大陆岛不少于2 000个，地形上也属于低山丘陵性质的山岛，多数由花岗岩组成，球状风化和石蛋地形最常见。岛周围港湾水深，形成天然良港，台湾、海南、金门、南澳、厦门等岛屿多属此类。

海南岛是我国第二大岛，山地占全岛1/3，主要分布在中南部。五指山因五峰耸立，形似五指而得名，是海南著名山峰。

台湾岛面积3.5万余平方公里，是我国第一大岛。它是个年轻的大陆岛，其地质基础奠定于2亿多年以前直至第三纪末喜马拉雅运动，原始中央山脉再度上升，其两侧山脉也随之上升，并产生了一系列巨大的南北走向断层，东海岸由于断层作用形成雄伟的海岸悬崖，台东与中央山脉之间形成著名的台东地堑纵谷。第四纪以来，台湾岛仍表现为缓慢地间歇隆起。在地形上，台湾岛山地占全岛面积的2/3，平原仅占1/3。山脉集中分布在岛的中部和东部，以中央山脉为骨干，自东向西分布有台东、中央、雪山、玉山、阿里山等诸列平行山脉，3 000米以上的高峰多达62座。中央山脉海拔多在3 000米以上，山势连绵而雄伟，构成台湾的“屋脊”。玉山山脉主峰玉山海拔3 950米，为台湾最高峰，也是我国东部最高山峰。山地高峻，多悬崖峭壁，自然景观垂直变化十分明显。平原主要分布在西部沿海，由扇形地和三角洲连接而成，以台南平原面积最大，其耕地面积和居民均占全岛的40%，是全省最大的农业区和人口稠密区。

本区海洋岛属珊瑚礁类型，由2万多岛屿、沙洲、沙滩和礁滩组成，面积不大，大部分呈圆形或椭圆形。岛周环有宽50~100米的沙堤，中部为低于2~5米的盆地或封闭式潟湖。东沙、西沙、南沙、中沙四组岛屿皆属此类。

华南具有开展海上游览、海岸观光、海上体育活动等的优越条件。

二、丰富的水资源

华南地区水系多，河网密度大，汛期长，河流水量丰富，含沙量小。主要河流属于珠江、闽江和韩江三大水系，其中以珠江水系最大，其流域面积占全区面积的56%，长度虽仅2 100多公里，但流量为黄河的八倍，江水清莹。西江和北江上各有一处小三峡：西江的榕峡、大鼎峡、羚羊峡；北江的育仔峡、香炉峡、飞来峡，皆景色秀丽。珠江口水面宽阔，分别从崖门、磨刀门、横门、虎门等处入海。扼虎门口内的虎门，是清末林则徐查禁鸦片、设置炮台、抗击英军入侵的历史纪念地，今遗迹尚存。

闽江源于武夷山区，全长577公里，上游蜿蜒在武夷山地，林木繁茂，有“绿色金库”之称；中游切穿闽中山地，两岸峭壁挺拔，表现为峡谷形态；下游流经福州市入东海，全江景色壮观秀丽。

此外，沿海的北仑河、钦江、鉴江、榕江、韩江、漳江、晋江等均为独流入海河系。本区河流终年都有航运之利，可充分开发沿江旅游活动。台湾岛上的河流流程短、落差大、流速急，多险滩瀑布。主要河流有浊水溪、浕水溪、淡水河、大甲溪、大肚溪等。

本区地下水资源丰富，特别是闽粤二省，温泉总数占全国1/10，而且开发利用率较高。广东较有名的温泉有从化温泉、和平温泉、龙川温泉等。从化温泉位于距广州80公里的东北部，水温41℃~67℃，属重碳酸钠泉，矿化度适中，泉水沿山崖飞泻，形成百尺瀑等罕见的温泉瀑布。附近重峦叠嶂，流溪河蜿蜒流淌，茂林修竹，景色秀丽，是著名的温泉疗养胜地。龙川矿泉属含重碳酸钠的碳酸泉，俗称天然苏打水，可饮用并有很高疗效。福建南半部温泉较集中。福州市内有一条南北长5公里、东西宽1公里的温泉带，约占市区面积的1/7；泉水出露点很多，日开采量可达2万吨，早在唐代已开始利用。“五代留古迹，三山负盛名”，即指福州鼓山温泉。广西东部温泉较多，象州温泉早在300年前就被列为象州八景之一，闻名遐迩。台湾岛从南到北，都有沿断层线分布的温泉，著名的温泉有阳明山、北投、金山、乌来、关子岭、四重溪等100余处，水温一般在

50℃~70℃，水中含有硫黄等物质，景区风景秀丽，是旅游和疗养佳地。

三、高温多雨的热带、亚热带季风气候

华南位于低纬地区，约有 1/3 的陆地面积处于太阳直射范围内，故终年气温较高，大部分地区年平均温度高于 20℃，最热月均温在 23℃~28℃，夏季长达八九个月。冬季武夷山和南岭成为天然屏障，抵挡或削弱了北方冷气流，使冬季气温较暖，最冷月均温在 10℃以上，有的地区可超过 15℃。台湾省、海南岛南部及西沙、南沙一些岛屿 1 月均温可达 20℃以上。因而华南地区四季交替不明显，没有真正的冬季，一般年份冬季不见霜雪，特别是南部。本区年降水充沛，雨季长，多数地区年降水量在 1 400~2 000 毫米，台湾岛山地迎风面降水可高达 5 000 毫米，火烧寮曾记录达 8 000 多毫米的年降雨量，为我国最多雨的地区。在地区分布上，大致是平原少于山地，沿海岛屿少于内陆，背风坡少于迎风坡；在时间分配上，有 70%~80% 的降水量集中在 5~10 月，具有半年雨半年干的热带季风气候特征。台风影响大是华南气候上的重要特色之一。台风每年在此登陆 10 次以上，台风雨占华南降水量的 10%~26%，强度很大，是导致华南水、风灾害的重要原因。华南气候有利于全年开展旅游活动，尤其可发展冬季避寒旅游。

华南全区南北跨度很大，由北纬 28°30′ 向南直到北纬 4° 附近，所以南北气候有所不同。一般在南岭山区和福建北纬 26° 线以北地区属中亚热带湿润季风气候；此线以南，雷州半岛以北地区属南亚热带湿润季风气候；雷州半岛和海南岛中部、北部则为暖热带湿润季风气候；台湾岛、海南岛南部和南海诸岛北部为中热带湿润季风气候；南沙群岛为常热带湿润季风气候。

第二节　经济地理概况

一、人口、民族和侨乡

华南地区是我国人口最稠密的地区之一。汉族占全区人口的 87%，少数民族有壮族、瑶族、黎族、苗族、彝族、侗族、仡佬族等族。壮族是我国人口最多的少数民族，约 1 600 多万，集中分布在广西境内，1958 年成立了广西壮族自治区；瑶族分布在广西和广东省的北部；黎族居住在海南岛；苗族大多分布在桂、湘、黔交界地带。

台湾省现有居民 2300 余万人（2022 年），是我国人口密度最大的省份之一，城镇人口占全省人口的 70% 左右。台湾人口中 97% 以上是汉族，这些居民多数是由福建、广东两省移至台湾后繁衍的，其中 80% 原籍为福建漳州、泉州一带，

通行闽南方言；其他原籍为广东梅县、潮州等地。因此台湾居民的风情、语言等均与大陆闽、粤两省相同，可以说台湾文化是大陆文化，特别是闽南和粤东文化的延伸。少数民族主要是高山族，这是台湾的土著居民，现有人口约30万。他们又分成9个习俗与语言不同的族群，多数居住在中央山脉地区及东南部岛屿上，仍保持本民族原有的习俗与语言，性情豪放，热情好客，能歌善舞。

华南地区是个多民族融洽共居的地区，各少数民族都有自己的服饰、语言、生活习惯、风俗礼仪、民族节日和民族艺术、歌舞等；各地汉族居民，在语言、风俗上差异也很大。因此华南地区成为我国最富有特色的人文地理区，构成发展旅游业的一项重要的旅游资源。

华南地区是我国历史上旅外华侨最多的地区之一。我国在海外华侨约6 000万，其中60%以上是广东人，其次为福建人。广东的潮汕、梅县地区，广州附近的新会、中山等市、县，海南省以及福建的厦门、晋江、福清、南安等地，向来以侨乡著称。华侨在世界上分布的范围很广，他们久居海外，向往祖国，新中国成立后，大量侨汇为祖国经济建设作出了贡献。他们中的许多人返乡省亲探友，同时亲眼目睹祖国的发展变化，游览祖国的名山大川，这是本区发展旅游不可忽视的一个方面。

二、历史与经济状况

华南地区的开发大约自秦统一全国后开始。为开发岭南，秦始皇首先在广西兴安县开凿灵渠，先后设置南海郡、象郡、闽中郡等，对岭南进行行政管理并移民。汉代又划分为九郡，所辖范围波及雷州半岛及海南岛。两晋南北朝时期，中原战乱，大批汉人自北方迁入，闽、粤一带人口大量增加，中原比较进步的生产工具和生产技术也随之传入，使此地农业经济比较快地发展起来，手工业和商业也有较大发展。隋唐时期，我国经济重心南移，华南通往内地的道路以及海外贸易商路的相继开通，更促进了华南经济的发展，广州、泉州等地都成为对外贸易口岸。宋代福建人口猛增、农业手工业的发展，促成了商业的繁荣和海外交通的发展。泉州成为当时全国最大的对外贸易港之一，所谓海上丝绸之路就是从泉州出发的。以后直到清朝初年，华南经济发展一直较稳定，其发展水平逐渐超过中原，接近长江流域各地。鸦片战争以后，华南首当其冲，开始了半殖民地的经济发展道路，广州、汕头、惠阳、琼州、厦门、梧州等地先后被辟为通商口岸或商埠，成为帝国主义侵略掠夺我国的前哨基地。民族经济惨遭破坏，粮食生产不能自给，广大农民濒于破产，工业落后，工业品、日用品大量进口，资金外流，城市仅依靠商业和港口畸形发展，特别是福建省成为我国沿海没有一寸铁路、交通最闭塞、经济发展水平最低的省份。

台湾最早的居民直接来自中国大陆的东南沿海地区。我国古文献中关于台湾的记载很多：吴主孙权在公元230年，派遣将军卫温、诸葛直率军到过台湾；隋朝时称台湾为“流求”，隋炀帝三次派人前往台湾；唐以后，东南沿海人民为逃避战乱，开始移民澎湖、台湾；南宋时，有军民屯戍澎湖；元时改称“琉求”，在澎湖设“巡检司”，管理其民政，至此台、澎已成为中国行政区的一部分；明朝还增设游兵，在基隆、淡水两港驻屯军队，1638年第一次有计划地大批向台湾移民。

1544年葡萄牙船队途经台湾，称其为“福摩萨”。1604年前荷兰“东印度公司”舰队侵入澎湖，至1624年台湾沦为荷兰殖民地，直到1662年郑成功率部收复台湾，台湾沦陷38年。1683年清政府进军台湾，从此台湾置清政府管辖之下，1855年正式划为中国的一省份。1894年甲午战争后清政府将台、澎割让给日本，从此日本占领台湾达50年之久。抗战胜利后，台湾才回到祖国怀抱，但1949年后台湾再次与大陆分离。

台湾是祖国领土不可分割的一部分，实现祖国的统一，是海峡两岸中华民族的共同愿望。经过努力，海峡两岸人民不仅开始通航、通邮、探亲，而且在经济、文化、科技等领域开始了广泛的交流与合作，在统一的大道上又迈出了可喜的一步。

华南地区受惠于湿热的气候条件，农业生产在全国具有特殊意义。珠江三角洲、潮汕平原已成为我国高产、稳产水稻区。珠江三角洲还是我国三大桑蚕产区之一，“桑基鱼塘”“蔗基鱼塘”“果基鱼塘”是当地农民在长期生产实践中总结经验创造性地综合利用土地的耕作方式，取得了很高的经济效益，并构成该地区独特的农村景观。海南岛和雷州半岛是我国发展热带作物的主要种植区。本区亚热带、热带经济作物和水果种类十分丰富：甘蔗、苎麻、黄麻、油棕、椰子、腰果、咖啡、橡胶以及香蕉、柑橘、菠萝、阳桃、荔枝、龙眼等在全国都居重要地位。

台湾是个富饶的宝岛，土地肥沃，水资源和热量资源丰富，历史上一向以种植农业为主，据统计，种植作物有70种之多，享有“米仓”“糖库”“水果之乡”的美誉。水稻、甘蔗、茶叶被称为“台湾三宝”，是外销的主要产品。亚热带和热带水果种类繁多，香蕉、菠萝、柑橘、龙眼、木瓜等全年均可生长、收获。海洋资源也十分丰富，沿海鱼类不下500种，还有虾、蟹、贝类、藻类等海产品。

华南地区工业以轻工业为主，制糖、罐头等食品工业较为发达：珠江三角洲各县、市，广西的贵港和梧州等都是制糖中心；广州、厦门、福州、南宁、汕头等地均有大规模水果罐头厂，产品运销国内外。造纸工业在全国占重要地位。重工业中钢铁、机械、电力、石油、水泥、化工、木材等部门也有发展。广州、韶关、柳州、三明已发展成华南的重工业基地。本区手工业和工艺品生产历史悠久，有许多传统产品，如福州脱胎漆器、寿山石刻、广州牙雕、佛山陶瓷、肇庆端砚、新会葵制品、海南椰壳雕等。福建、广东已建自由贸易区。台湾以轻纺工业为支柱，电子电器、电力、汽车、造船以及重化等工业也都发展迅速。工业集中于西部，形成以台北、台中、高雄为中心的弧形工业带。

华南的交通历史上主要靠水运，铁路少、运输能力低。目前水运仍担负着区内物资交流和对外联系的任务，广州、湛江、汕头、海口、福州、北海、高雄、基隆等均为重要港口，广州和湛江已成为我国远洋运输基地。华南各河均有运输之便，以珠江干流西江运量最大。华南是全国公路交通最发达的地区之一。铁路方面有京广、京九、鹰厦、湘桂、黔桂等线分别与华中、华东、西南等省区连接。本区航空运输发展迅速，广州是我国大型航空中心之一。

台湾交通发达，岛上铁路、公路四通八达，铁路总长 4 500 余公里，90% 集中在西部平原区。公路有环岛公路、南北高速公路，以及多条东西向横贯公路和通向各旅游风景区的专线公路。桃园机场规模大、设备先进，是远东地区最大的航空站之一。台湾沿海各港口有环岛航线，远洋航线可直达日本、东南亚各国和美国等地。高雄港位于岛之西南，是台湾最大商港，港口两山夹峙，地势险要。基隆港位于岛之北端，三面环山，外有岛屿罗列，形成天然屏障，为台湾第二大港。

第三节　区内主要旅游资源

华南五省区自然地理环境独特，构成南亚热带优美的自然风光；众多的少数民族，构成富有南国特色的民族风情，所以本区自然和人文两大类旅游资源都十分丰富。本区风景名胜区众多，其中国家级风景名胜区有 20 多处（不包括台湾省）。两广，特别是广东省，是自太平天国革命以来近代以及第一次国内革命战争、第二次国内革命战争的发祥地，有不少革命遗址、遗迹，是进行爱国主义教育的课堂。

一、热带性森林景观

华南旅游区的自然植被是终年常绿的热带雨林、季雨林和南亚热带常绿阔叶林，它们与地带性的砖红壤和赤红壤构成华南自然景观的基本特征。

华南植物种类丰富，广东仅维管束植物即在 5 000 种左右，是我国植物种类最多的地区之一。其中以热带区系植物为主，多属热带亚洲成分，如龙脑香科各种。自中生代起，本区一直处于比较稳定的热带性气候环境中，受第四纪冰川影响不大，所以这里成为我国许多喜温植物的出生地和古热带区系成分的避难所，保存了大批较古老的植物种属，如苔类、蕨类植物，裸子植物中的苏铁、银杏科，以及被子植物中的木兰科、樟科等。

华南常绿阔叶雨林、季雨林型特征明显，表现在植被的季相变化不明显，常年青翠，花果期长，终年花开不断，各季都有果实成熟。自然林中具有多层结构，林冠参差不齐。乔木高大，通常有三个至四个亚层；下有灌木层，层间植物很丰富，其中藤本植物有几百种，还有附生植物、寄生植物等。茎花现象很普遍，板根和支柱根现象也多见。

华南五省区大部分地区覆盖着季雨常绿阔叶林，南亚热带景观突出，盛产荔枝、龙眼、橄榄、香蕉、柑橘等果类。雷州半岛、海南岛和台湾省以热带雨林和季雨林为主，热带景观显著，是我国发展热带作物垦殖事业的重要基地，盛产热带水果，如波罗蜜、香蕉、菠萝、椰子等；海南岛东南部已开垦大面积橡胶、胡椒等热带作物种植园。因此华南自然景观与黄河、长江流域各区迥然不同，高大的棕榈科植物，巨形叶聚生于不分枝的茎顶，树干笔直高大，耸立于滨海、公园、村落，构成特殊的风貌，是华南热带景观的标志。此外，榕属、杜英属植物的板根和支柱根，沿海红树林为适应海潮环境生长的呼吸根，和红树林海滩等都是华南独有的景观。

武夷山区是华南生物资源丰富的地区之一，素以“生物标本的模式产地”闻名于世，有植物 3 000 多种，树木 1 000 余种，原始自然植被有铁杉、银杏、肉桂、黄杨木等珍贵树种。武夷山自然保护区保护了亚热带生态系统和自然景观。三明市莘口自然保护区重点保护格氏栲和米槠林等树种。为研究亚热带常绿阔叶林的演替及其综合利用提供了基地。

广东省肇庆鼎湖山保存了世界少有的南亚热带原始季雨林，高等植物达 1 200 余种，占全省同类植物总数的 25%。这里以热带成分的常绿树种占优势，层次结构复杂，生态多变，有鼎湖冬青等珍贵树种。藤本植物种类很多，附生植物和板根现象也很多见。森林中动物种类丰富，构成南亚热带典型的森林生态系统，被誉为“回归沙漠带上的翡翠”，是我国最早建立的自然保护区，并已被列入世界生物圈保护区网。鼎湖山区沟深谷幽，飞瀑流泉，岩溶发育，是一处旅游佳地。

广西花坪是我国亚热带山地原始林区代表之一，高等植物有 1 000 余种，具有经济价值的植物资源有 300 多种，并有我国被称为“活化石”的孑遗植物银杉树。广西的金茶花树是世界上仅有的黄色茶花品种，有“茶花皇后”之美誉。广西苗儿山自然保护区重点保护珍贵树种铁杉。左江花山岩画文化景观已成为我国第 49 处世界遗产。

广州市的华南植物园是中国科学院四大植物园之一，汇集了 3 200 多种植物，成为普及植物学知识的热带、亚热带植物博物馆和实验园地。园内分棕榈植物区、孑遗植物区、竹园、阴生植物区、药用植物区、果子植物区、苗圃区等。

台湾森林面积占全岛的1/2，植物资源极其丰富，统据计，维管束植物有1 180属，约4 000种，而且多古木奇树。红松、台湾扁柏、台湾杉、铁杉、台湾五针松，合称为“阿里山五木”，是著名良材。乌龙茶、红茶在国际市场上被誉为“外销产品中的不倒翁”。樟脑和樟油产量曾独占世界市场。

台湾的花卉种类繁多，四时不谢。樱花、紫荆花满山遍野；兰花种类繁多，曾被评为“群芳之冠”，有许多珍稀品种，如“月下美人”“蝴蝶兰”等。恒春热带植物园位于恒春半岛南部，建园于20世纪初期，为海拔150~250米的东南倾斜坡地，共有植物千余种，分8个区域，是世界著名的热带实验林场之一。

台湾森林中栖息着许多珍禽异兽，如云豹、水豹、台湾黑熊、黑尾鸽、蓝鹇等。台湾有“蝴蝶王国”之称，蝴蝶数量之大，种类之多，居世界之冠。兰花与蝴蝶并列为台湾享誉世界的名产，也是台湾极有旅游价值的生物资源。

二、典型的丹霞地貌景观

丹霞地貌发育在厚层砾岩、砂岩分布地区。此类岩石岩性坚硬，透水性较强，岩层近于水平，垂直节理比较发育。在河流、沟流和崩坍作用下，形成顶部平坦、崖壁陡峭的台地、方山和石峰，其峰林形态类似岩溶峰林，故有“假岩溶”之称。但丹霞地区多狭窄的V形嶂谷和U形槽谷，峰顶和四壁常具折线状转折形态，峰岭堆叠，排列紧凑，既成岭又成峰。此类地貌主要分布在广东北部山地和福建武夷山地区。

广东北部仁化盆地的丹霞山，发育了典型的丹霞地貌。它由红色砂岩、砾岩构成，为早第三纪代表地层，称“丹霞层”。锦江由北向南纵贯盆地，切割丹霞层，形成岗丘。河面与岗丘高差200~400米，临江拔起，色渥如丹，灿若明霞。岗丘间有两三百米深的峡谷。在钙质丰富的岩层区，发育了岩洞。丹霞山有20多座岗丘和36个岩洞，形成奇峰异洞风景秀丽的风景区，与西礁、罗浮、鼎湖合称为广东四大名山，是我国国家级风景名胜区。

金鸡岭是广东乐昌坪石镇一处丹霞地貌景观。山顶三块大石堆砌得体，高6米，长20米，状似欲啼雄鸡，故名金鸡石。附近还有老鹰岩、狮子岩、姐妹岩、一线天等红砂岩峰林景物，被列为广东八大名景之一。

在武夷山脉北段东南坡形成一处典型丹霞地貌风景区，称武夷山风景区。其位置在福建省北部、闽江上游，方圆60公里的山岭溪谷地区。自然风景被概括为“三三六六”：“三三”是一条三三九曲的溪水，“六六”是六六三十六座峰峦。九曲溪依山而流，山回溪折，折复绕山，山溪相环，所谓“曲曲山回转，峰峰水抱流”；36 峰均由红色砂砾层构成。第一峰为大王峰，雄踞于九曲溪口，还有亭亭玉立的玉女峰，岩壁如削的仙钓台，以及四曲的大藏峰等。诸峰秀拔奇伟，千姿百态。倒映于九曲溪碧波之中，构成碧水丹山的天然美景。武夷山气候温暖湿润，动植物资源十分丰富，异木奇花，奇兽珍禽，遍布山野，所产岩茶驰名中外。

武夷山开发的历史已很久远。自秦汉以来，各代帝王、名士、学者不断来山祭祀、游览、讲学，等等，故而寺院、书舍、亭台、楼阁等多达 300 余处。山麓有汉代古迹遗址、宋代古窑等古迹。36 峰上摩崖石刻共有 700 余处。乘竹筏观览九曲风光，沿江可见“空谷传声”“金鸡晓月”“太公钓鱼”“虹桥架壑”“玉女临汝”等佳景，故而历代赞：“武夷山水天下奇，人间仙境在武夷。”

三、秀丽的岩溶地貌景观

广西远在距今 4 亿 ~2.25 亿年前是一片汪洋大海。大约在古生代晚泥盆纪至二叠纪，于海底沉积而形成质地十分纯净的以石灰岩为主的碳酸盐类岩层，厚度 3 000~6 000 多米。二叠纪末期起广大西部地区缓慢而间歇性地上升成为陆地，三叠纪后广西全境成为陆地。在其后的地质构造运动中，原有沉积岩层普遍发生了轻微的褶皱和断裂，这就为流水侵入和溶蚀石灰岩深部提供了有利的通道。加之自三叠纪以来，这里长期处于湿热的气候条件下，加速了流水对石灰岩的溶蚀力，促进了岩溶地貌的发育、形成，因此广西成为我国石灰岩分布面积大、岩溶发育最典型的区域。广西的岩溶地貌大致有四个类型：峰丛、峰林、孤峰和残丘。桂西北红水河上游一带发育了典型的峰丛地貌，山体巨大，峰峦重叠，基部相连接，相对高度五六百米；峰林地貌以漓江沿岸、桂林至阳朔一带为典型。峰林以圆锥形和圆柱形为多，溶洞也极发育；孤峰峰峦低矮，孤立于岩溶平原上；而在广西盆地中心岩溶平原上，散布着石灰岩残丘。其中桂林山水已形成著名的山水游览区。（见图 13）

图 13　桂林附近的岩溶景观

桂林山水指桂东北漓江沿岸，以桂林为中心、北自兴安南至阳朔一线的岩溶风景区，山、水、洞为桂林风景之“三绝”。陈毅同志诗云：“水作青罗带，山如碧玉簪。洞穴幽且深，处处呈奇观。桂林此三绝，足供一生看。”桂林市及漓江沿岸有几百座石峰，高度不大，但呈现出“四野皆平地，千峰直上天”的态势；孤峰如塔，陡峭如削。象鼻山、骆驼山、宝塔山、老人山等千姿百态，造型逼真。石山以青黛色和灰褐色为基调，并生有树木花草，色彩上给人以碧玉之感。漓江发源于桂林市北苗儿山，自北而南流经石灰岩地区，泥沙含量极低，据测每吨水含泥沙仅 67 克，因而清澈碧透、逶迤流转于千峰万壑间，映得群峰碧翠，倒影清明，舟行江中犹如画中行。洞穴幽雅深邃，仅桂林市区 144 平方公里内竟有洞穴 300 余处，大小、深浅、形状等各不相同，以庐笛岩、七星岩最为著名。洞内石笋、石钟乳、石柱、石幔、石花构成所谓“白玉长廊”“雪山倒影”“群龙戏水”等各种景物，琳琅满目，五彩缤纷。整个风景区富有“阳川百里尽是画，碧莲峰里住人家”的诗情画意。游人至此无不流连忘返，琢磨寻趣。桂林是有 1 700 多年历史的古城，旅游活动在唐朝已盛极一时。现被列为我国历史文化名城，是我国的旅游热点城市之一。

广东省肇庆市北的七星岩也是一处岩溶风景区。七座陡峭的石灰岩山峰列如北斗七星状，故名。湖泊总面积约 460 平方米，景区以湖岩石洞取胜，银湖黛峰，交相辉映，具有“桂林之山，杭州之水”的自然美。

四、旖旎的海滨风光

华南濒临东海和南海，海岸线长，又有众多的岛屿，为开展海滨和海上各项旅游提供了优越的条件。红树林海岸是华南独特的海岸景观。福建、台湾、广东和海南岛的红树林海岸普遍发育，总面积约 1.67 万公顷。红树林是热带、亚热带盐生木本植物群丛，生长在海岸潮间沙滩上。高潮时树冠漂在水面，浓绿葱郁。它对于防止海岸崩塌、降低泥沙流量、维持航道水深都起着积极作用。海南岛琼山县东寨港红树林自然保护区就是为保护红树林海岸景观和它的生态环境而建立的。深圳湾和珠江口沿岸泥滩上也有保存尚好的红树林。珊瑚礁海岸是华南又一特有的海岸景观。一般珊瑚岛四周高中间低，形成一个干涸的潟湖，平静的湖水，高大的椰子树，构成华南热带海岸风光。

海南岛南部从崖城到三亚市的一段海岸，面对浩瀚的南海，颇有特色。天涯海角是久负盛名的海滨旅游地，这里前海后山，在山海之间的沙滩上耸立着一系列花岗岩球状风化和侵蚀构成的浑圆形怪石，有如屏风，有如覆舟，可卧可立，可坐可依，在其中两块巨石上题刻“天涯”和“海角”，另一参天石柱上题刻“南天一柱”，故有“天涯海角”之称。在距此 1 000 米的海中，由几块巨大柱石组成“海中柱石”观览地，站在柱石可饱览“天涯海角”全景。三亚港南5公里的“鹿回头”，因动人传说而吸引游人，实为一突出岸边的岩石，因形似金鹿站立海边回头观望得名。附近的大东海辽阔、平静，沙滩延伸约千米，1月均温达20.7℃，可谓“水暖、沙白、滩平”，是理想的冬泳胜地。此外还有太平山瀑布、小洞天、榆林落笔洞等游览点。海南岛北部的海口市秀英海湾宽达数百米，沙滩洁白，潮差小，水流平缓，海水清洁，盐分不大，又无礁石、鲨鱼之害，风力、风向、风速都适宜帆板活动，是理想的帆板训练场。

三沙市是2012年6月成立的地级市，管辖西沙群岛、中沙群岛、南沙群岛的岛屿及其海域，拥有中国最大的海域面积和最小的土地面积。该市有美丽的岛礁可供观赏。还可游览西沙甘泉岛唐宋居住遗址和北礁古代沉船遗址，以及西沙纪念碑等人文景点。

台湾岛海岸线全长1 140公里，有多种海岸类型：北部山地岬湾海岸，富于奇特的造型，有观赏价值；东部为世界罕见的典型断层海岸，除少数平原外，都是高峻突兀的基岩海岸，岸壁高达1 800米，山峰海拔多在1 500~2 000米，崖下波涛汹涌，崖上云雾缭绕，景色无比壮观，苏澳至花莲的“清水断崖”列为“台湾八景”之一，上摩危岩，下临汪洋，甚为惊险；西海岸多为沙质和泥质海岸，岸线平直，海滩绵长，缺乏良港、海湾，却具有开辟理想的海滨浴场的条件；南部为珊瑚礁海岸，多姿多彩。新北市野柳海洋公园前一突出海中的细长岬角，由砂岩堆积而成，受海洋长期侵蚀风化，形成陡直的海蚀崖及宽平的岩床。海滩上奇岩怪石密布，有女王头、梅花石、卧牛石等48景。还有海岸植物及贝壳等，是个天然的海洋公园。

五、壮丽的山湖风景

台湾名山众多，有“五岳、三尖、十峻、十崇、九嶂、八十四峰”。著名的台湾“八景”“十二胜”中多数是山景，如阿里云海、玉山积雪、清水断崖、鲁阁幽峡、大屯春色等。高大的中央山脉峰峦起伏，云雾缭绕，景色壮丽；雪山白雪皑皑，是热带风光中的奇景；鲁阁幽峡是一条长20公里的大理石峡谷，两岸悬崖峭壁，气势雄伟险峻；阳明山群山四合，春光明媚，一年四季风晴雨雾，气象万千。

阿里山是台湾最著名的山地风景区，位于嘉义县东北，其森林、云海和日出合称三大奇观。森林面积30 000多公顷，由山麓到山顶分别生长着热带、温带、寒带的十几种林木。有3 000多年树龄的红松，被誉为“神木”。云海是黄昏时的壮丽景色，白云如浪翻滚，将山谷、林海遮得若隐若现，人立山峰如置身海上仙山之中。阿里山观日出，景色壮观，气象万千，使人流连驻足。

日月潭为玉山和阿里山间的断裂盆地积水而成的天然湖，湖面海拔 760 米，水域面积 900 多公顷，水深 30 米。环湖重峦叠嶂，郁郁葱葱；湖面水平如镜，湖水湛蓝，潭中一小岛——光华岛。因北半湖状如日轮，南半湖似上弦月，故称潭为日月潭。青山、白云、碧水相互交映，变化多端。春夏秋冬、晨昏景色各有不同。周围山地还有潭北山腰的文武庙，潭南青龙山麓的玄元寺等名胜古迹可观赏。

六、进行革命和爱国主义教育的课堂

自 100 多年前太平天国革命以来，华南各省人民不断起来反抗清朝的腐朽统治和奴颜婢膝的对外政策，以及帝国主义的侵略。第一次国内革命战争时期，两广又成为全国革命的根据地，保留了许多革命遗迹、遗址，建立了相应的陈列馆，是向广大群众进行爱国主义教育和革命思想教育的好课堂。

广州市花都区是太平天国领导人洪秀全的家乡，现在复原重建了洪秀全故居，展示出他的革命历史事迹。洪秀全教学私塾旧址也保存完好。

虎门要塞是鸦片战争前夕林则徐抗英设置炮台的地方，现保留沙角炮台和威远炮台遗址。在销烟池旁陈列了当年的池板、木柱等遗物，并建人民抗英纪念馆。在广州三元里村口山冈上为纪念三元里人民抗英斗争中牺牲的烈士们，竖立着“三元里人民抗英斗争纪念碑”。

辛亥革命前的广州起义失败后，百余名起义将士英勇牺牲，为纪念其中 72 烈士，在白云山下黄花岗建立黄花岗 72 烈士墓。为纪念中国革命的伟大先行者孙中山先生，广州及附近地区保留、修复和新建了各种类型的纪念建筑物和纪念性场所，诸如在其故乡中山市翠亨村复原故居，并兴建陈列馆；广州市越秀公园南麓建中山纪念堂，堂西有纪念馆；由孙中山领导创建的黄埔军校保留了旧址。北伐战争时期和第二次国内革命战争时期的纪念地有：北伐誓师大会会场遗址、省港罢工委员会旧址、广州农民运动讲习所及纪念馆、广州公社旧址及广州起义史料陈列室等。

福建是中国老革命根据地之一，革命遗址有上杭县古田村的古田会议旧址及会议陈列馆、龙岩红四军司令部旧址、闽西革命烈士纪念碑、闽侯县有祥谦陵园。

台湾许多城、镇都有郑成功庙（祠）。台南市郑祠正殿塑有郑成功之神像；台南铁砧山南坡上的剑井，相传是郑氏为解军士干渴，拔剑插地，甘泉涌出之地。

七、其他

粤港澳大湾区 由香港、澳门两个特别行政区和广东省广州、深圳、珠海、佛山、惠州、东莞、中山、江门、肇庆九个珠三角城市组成，总面积 5.6 万平方公里，2022年末，总人口已达8600多万人，是中国开放程度最高、经济活力最强的区域之一，在国家发展大局中具有重要战略地位。2016年3月，《中华人民共和国国民经济和社会发展第十三个五年规划纲要》正式发布，明确提出“支持港澳在泛珠三角区域合作中发挥重要作用，推动粤港澳大湾区和跨省区重大合作平台建设”；同月，国务院印发《关于深化泛珠三角区域合作的指导意见》，明确要求广州、深圳携手港澳，共同打造粤港澳大湾区，建设世界级城市群。2018年10月23日，港珠澳大桥正式通车。2019年2月18日，中共中央、国务院印发《粤港澳大湾区发展规划纲要》。

北回归线标　北回归线横贯华南地区广东、广西和台湾三省区，因此北回归线标成为该区特有的观赏游览点。现在广东封开、汕头和台湾嘉义分别建立了北回归线标。汕头北回归线标是近年新建，造型别致，寓意深刻。嘉义北回归线标于1909年设置为一塔形石碑，四面均刻“北回归线标”“北纬23°27′44″51和东经120°24′46″05”的字样。游人来此游览和拍照，寓意北回归线从脚下通过。

鹅銮鼻灯塔　位于台湾岛之南端，1883年建，高18米，白色圆柱形建筑，周边110米，四层，光力可达20海里，是远东最大灯塔，有“东亚之光”的美称。登塔眺望，台湾海峡、巴士海峡、太平洋海天一色，波澜壮阔。

八、主要城市及游览区

广州市及珠江三角洲游览区　珠江三角洲面积1万平方公里，河道纵横，水运便利，人口众多，市镇林立，经济发达，是广东省经济的核心地区。国务院批准成立的珠江三角洲经济开发区包括三角洲地区的四市12县，面积占全省面积的10.1%，人口稠密。三角洲平原及周围山水名胜、文物古迹众多，这里集中了广东省四大名园、国家级风景名胜区西樵山、著名的佛山祖庙、中山故居以及虎门炮台等。

有“花城”之称的南国名城广州市，坐落在三角洲北端。地域内有低山、丘陵、台地和平原多种地形。市北和东北为一系列东北—西南走向的低山丘陵，白云山自东北逶迤市内，止于越秀山。中部是散布在山地边缘或错落于平原之上的台地，南部为珠江三角洲平原。大约3 000年前，广州一带已有人类从事渔猎和耕种活动。广州城的历史最早始于秦始皇三十三年，至今已有2 200多年。三国时属吴国，广州之名相传始于吴黄武五年（226年）。唐代在此设置了“市舶使”及“蕃坊”，成为我国对外贸易的中心。广州又名穗，别称羊城，据传说古时有五位仙人，穿五色衣，骑五色羊，携谷穗降临广州，并祝福“愿此阛阓，永无饥荒”。现五羊纪念石雕立于越秀公园内山冈上，造型含蓄，富有诗意，被视为广州市徽。

广州气候寒暑适中，雨量丰富，四季百树常绿，花开不绝。以越秀山为中心的越秀公园是市内最大公园；华南植物园是华南地区科研基地，也是一处绿海芳菲的大公园。市北郊白云山一带历史上就集中了羊城八景中的“白云晚望”“蒲涧濂泉”“景泰僧归”等胜景。广州作为我国历史文化名城，名胜古迹遍及市区。东晋始建的光孝寺，现为全国重点文物保护单位；南朝始建、宋代重建的六榕寺，以花塔著名，登塔顶可俯瞰全市风光；唐代建的怀圣寺是我国最早的清真寺之一，具有伊斯兰教建筑风格；耸立于越秀山顶的镇海楼，建于明朝，现为广州博物馆。楼内展出的古广州城区变迁示意图，展示了广州城垣发展的历史。此外还有陈家祠堂（陈氏书院）、岭南第一楼等。广州是个具有革命传统的英雄城市，供人凭吊的纪念地很多，如黄花岗、红花岗、烈士陵园、中山纪念堂等。

广州是广东省和华南最大的工业基地，轻工业产品以其独特的岭南民族色彩和艺术风格而享誉国内外。广州历来是我国商业名城，市场繁荣，购销活跃，具有华南地区贸易中心和购销中心的地位。广州地处祖国“南大门”，毗连港澳和深圳、珠海经济特区，与我国港澳和海外联系便捷，是我国南方最大的面向国际市场的对外口岸，外来游客进入我国的重要口岸之一，也是全国华侨最多的城市之一。这些都为广州市的经济发展和旅游业发展提供了最有利的条件。每年春秋两季的出口商品交易会吸引了大批外商和各地游客。自实行对外开放政策以来，广州在旅游设施的建设方面，走在国内前列。

广州市周围的佛山、东西二樵山、肇庆鼎湖山、从化温泉等旅游点，距广州市都在100公里左右，交通方便，当日可往返，丰富了广州市的游览内容。佛山市是我国著名陶瓷产地，生产历史悠久，工艺精美，石湾艺术陶器，造型别具一格，色彩丰富润丽。市内佛山祖庙为明代建筑，殿堂设计巧妙，构思奇特，技艺精湛，砖雕和灰塑富有地方民间工艺色彩。南海市的西樵山，是座较大的死火山，现有圆锥形火山口和火口湖，峰、洞、岩、泉胜景40余处，尤以流泉飞瀑著名，为全国重点风景名胜区。与西樵山齐名的罗浮山（又名东樵山），在广州以东博罗县内，故享有“南粤名山有二樵”的盛誉。新会天马村有一处奇特的自然保护区——“鸟的天堂”，这是天马河中一个面积约1.07公顷的小岛，岛上生长一株有400多年树龄的大榕树，无数气根由树枝下伸入土，长成树干，覆阴面积达1万平方米，使其成为鸟类栖息的天堂。数以千计的各色鹭鸶，漫天翱翔，怡然自得。因巴金写了《鸟的天堂》游记，而得此名。树旁设有观鸟亭，以供观赏。

深圳市地处珠江口东岸，距广州约150公里，南连香港新界，横跨深圳河上的罗湖桥，成为自香港入境的主要通道。深圳面积2 000平方公里，靠山临海，地形复杂，有山地、丘陵和平原，海岸线长195公里，东南海岸曲折陡峭，海湾内岛屿星罗棋布，西南海岸分布着广阔的浅海、滩涂。气候温和，雨水充沛，农业生产基础较好。

1980 年设置的深圳经济特区在深圳市南部，面积 307 平方公里。以其优越的地理位置和自然条件，发展与国际的经济交流，取得了显著成效。作为“中国旅游之窗”，其旅游业更具有“外向型”和“开放型”的特点。20 世纪 80 年代中期，除建成一批为归侨和港澳同胞回乡居住或度假的花园住宅区和现代化大型游乐场所，如西丽湖度假村、香密湖度假村、石岩水库度假村、小梅沙海滨度假营等为主体的旅游体系外，1989 年先后建成“锦绣中华”“世界之窗”和“中国民俗文化村”等微缩景区，以及西丽湖放养式动物园等一批不同档次的旅游景点，成为吸引港澳同胞的旅游胜地。

2019 年 2 月，中共中央、国务院印发《粤港澳大湾区发展规划纲要》，要求深圳发挥作为经济特区、全国性经济中心城市和国家创新型城市的引领作用，加快建成现代化国际化城市，努力成为具有世界影响力的创新创意之都。2019 年 8 月，中共中央、国务院明确支持深圳建设中国特色社会主义先行示范区。2020 年 10 月 11 日，中共中央办公厅、国务院办公厅对外发布《深圳建设中国特色社会主义先行示范区综合改革试点实施方案（2020—2025 年）》，赋予深圳在重点领域和关键环节改革上更多自主权，支持深圳在更高起点、更高层次、更高目标上推进改革开放。

珠海市位于珠江口西岸，南接澳门，东与深圳、香港隔珠江口相望，背山面海，海滨地区港湾相连，湾上绿树成荫，风光绮丽，具有“城市连风景，风景连城市”的南国乡土特色。自设立特区以来，利用优美的自然风光和南临澳门、接近香港的自然条件，大力发展出口加工业和旅游业，建成了一批大型园林式宾馆、海滨度假村、石景山游乐中心、海滨公园和具有广东园林风格的九州城购物中心等旅游活动设施和服务设施。

汕头市 位于潮汕平原、韩江三角洲西侧的汕头市是广东省第二大城市，粤东、闽西南的门户，历来是华侨出入的重要口岸，著名侨乡。海岸线长 128 公里，曲折并多岛屿，海滨有良好的天然浴场。礐（què）石是汕头市著名风景区，群山多姿，怪石遍布，峡谷清幽，林木葱郁；妈屿岛上建有妈祖庙，祀奉传说中的护海水神。

福州市 自汉封闽越王都至今已有 2 100 多年历史，唐代改设福州都督府，始有福州之名。宋时因市内“编户植榕”，绿荫满城，暑不张盖，故有“榕城”之美名。1684 年即清康熙年间在福州设置海关，鸦片战争后成为“五口通商”口岸之一，之后兴建了居中国造船业之冠的马尾船厂。新中国成立后，福州经济结构起了显著变化，现代工业兴起，鹰厦、南福铁路的建成改变了福州闭塞的状况，促进了福州与内地省区的经济联系。现在福州是我国东南沿海重要商港和造船基地之一。

福州市地处闽江下游，“右旗左鼓”有扼江控海之势。东部“鼓山高耸闽江头”，海拔 977 米，是一座花岗岩山地，山巅巨石如鼓，每当风雨大作时，便簸荡有声，故名鼓山。山腰的涌泉寺是我国“十大名刹”之一，始建于五代。以涌泉寺为中心，全山有胜景 160 余处，古迹众多。山路上古树参天蔽日，山泉清冽潺潺，巉岩苍翠陡峭，山谷云蒸霞蔚，峰回路转，步移景异，使人目不暇接。市内西北的西湖，是一处可与南京玄武湖、扬州瘦西湖媲美的风景游览地。市内的屏山、于山、乌山海拔不高，但也石奇坡转，林木苍翠，风光旖旎，多石刻古迹。

福州气候宜人，夏无酷暑，冬无严寒，街头花木锦簇，芬芳醉人，自然风光绮丽，又是福建省文物古迹集中区之一，这都是该市旅游业大发展的基础。

闽南金三角旅游区 福建南部以厦门、漳州和泉州三城市为中心的三角地区，是福建面向世界发展经济的门户，人们誉称为闽南“金三角”，这里是我国对外开放最早的地区之一。早在公元 6 世纪，泉州就与南洋有海运往来，宋元以后泉州成为中国最大的贸易海港、古代海上丝路的起点，后为漳州月港代替。鸦片战争以后，厦门被辟为五口通商口岸之一，开始兴起，直到 1933 年设厦门市。

闽南“金三角”位于北纬 25° 以南，依山面海，以海滨冲积平原和低丘为主，气候终年温暖湿润，沿海港湾众多，岛屿棋布，海上交通发达。厦漳泉三角地区是福建经济比较发达地区，在这不足全省 5% 的土地上，工农业产值占全省的 30% 以上，对外贸易出口额占全省 60%。福建籍华侨中有 80% 祖籍是厦漳泉地区。几百万华侨遍布世界各地，他们爱国恋乡，侨资雄厚，一方面可构成该区旅游业稳定而可靠的国外客源，另一方面可以投资兴办各种企业、事业，支援山乡建设。集美学村是爱国华侨陈嘉庚先生的故乡，自陈嘉庚先生办集美学校以来，文教事业迅速发展，现已建成各类学校齐全的文化城。该区自然风光兼山海岩洞、名园花木诸种神秀，既具民族风格又具闽南地方特色，很受海外侨胞的喜爱。

厦门市建在福建省南部沿海的厦门岛上，市区还包括鼓浪屿以及大陆沿岸的集美等地。“集美海堤”将厦门岛与大陆相连。厦门是一座具有闽南风情的海滨城市。厦门岛丘陵起伏，东南的五老峰五峰并列，高耸天际，构成“五老凌霄”胜景；峰麓的南普陀寺是建筑考究的千年古刹、佛门圣地，藏经丰富。鼓浪屿有“海上花园”之称，其面积 1.71 平方公里，与厦门市隔一鹭江海峡，岛上层峦叠嶂，林木葱茏，建筑精巧别致，环境幽雅，是避暑、疗养和游览胜地。日光岩海拔 96 米，为全岛最高点，其上有明代民族英雄郑成功操练水师的“水操台”旧址，并建有郑成功纪念馆。南麓海滨是著名的菽庄花园，它以《红楼梦》中“怡红院”为蓝本，利用天然地形，借山藏海，巧为布局，构成十景，成为江南名园。1980年党中央确定在市西北的湖里区建设厦门经济特区和东渡新港，1984年中央又将整个厦门岛列为经济特区，这对厦门地区的经济发展与旅游业都起着巨大的推动作用。

海南省包括海南岛、三沙群岛（西沙、中沙、南沙）的岛礁及其海城、陆地面积3.54万平方公里。海南经济特区，是中国面积最大的经济特区和唯一的省级经济特区。海口市自北宋开埠以来，已有上千年的历史。海口于1926年12月9日建市，1950年4月23日解放。1988年4月13日，海南建省办经济特区，海口成为海南省省会。海口市是国家“一带一路”倡议支点城市，北部湾城市群中心城市，是海南省政治、经济、科技、文化中心和最大的交通枢纽，著名景点有环球100、火山口公园、冯小刚电影公社、海口骑楼老街等。2018年10月16日，国务院《中国（海南）自由贸易试验区总体方案》正式对外发布，海南经济特区三十而立之年，再担改革开放新使命。海南省拥有东寨红树林、东郊椰树林、东山岭风采、南海猕猴岛、仙境鹿回头、东方夏威夷——亚龙湾、天涯海角、海南民俗风情、红色文化、博鳌亚洲论坛会址等旅游资源。海南岛2010年开始实施《海南国际旅游岛建设发展规划纲要》，科学确定六大功能组团，根据各地生态环境特点和资源优势，高标准规划建设热带特色农业、林业、生态旅游、热带滨海旅游等项目。至2020年初步建成世界一流的海岛休闲度假旅游胜地。海南省提出“国际旅游岛”，就是要把海南建成为旅游国际化程度高、生态环境优美、文化魅力独特、社会文明祥和的世界一流的海岛型国际旅游目的地。

九、香港特别行政区和澳门特别行政区

香港和澳门分别位于我国广东省珠江口东西两侧。

香港包括香港本岛、九龙半岛和“新界”三部分，总面积1 061.8平方公里。香港岛面积75.6平方公里，是一个山岛，地势高峻，山峦陡峭，太平山海拔552米，为岛上最高峰；平原很少，地面径流奇缺。香港气候热而湿润，年均温22℃，年雨量2 200毫米。现有人口741余万，其中97%以上为中国血统居民。

香港在鸦片战争前是个偏僻的渔村，属广东省新安县（现为深圳市）管辖。1842年8月29日，英国迫使清政府签订《南京条约》，割让香港岛，1860年10月24日英国再次迫使清政府签订《北京条约》，割去九龙半岛界限街以南部分。1898年6月9日，英国第三次迫使清政府签订《展拓香港界址专条》，“租借”深圳河以南、九龙界限街以北的“新界”，租期99年，至此英国侵占了整个香港地区。香港问题是一个历史遗留下来的问题，恢复行使对香港的主权是中国政府

和中国人民的神圣责任。经过中英两国政府协商，1984年签订了两国关于香港问题的联合声明，中华人民共和国政府已于1997年7月1日对香港恢复行使主权，使香港成为我国最大的一个特别行政区。《中华人民共和国香港特别行政区基本法》体现了"一国两制""港人治港""高度自治"的方针，它的实施保证了香港的政治稳定和经济繁荣。

香港经济是以加工制造业、贸易、金融、房地产以及旅游业为主要支柱的多元化轻型结构，第三产业在经济总产值中占有相当大的比重。其经济有灵活多变、适应性和竞争力强的特点，纺织和成衣是主要工业部门。近年来各种装配业发展突出，工业所需原材料均需进口，工业产品80%出口到美国、西欧等地。钟表、成衣、蜡烛、塑料花、手电筒和假发等出口居世界第一位，对外贸易在世界居前列，在亚太地区仅次于日本。旅游业是创汇第二大行业。

香港港口优良，与美国的旧金山、巴西的里约热内卢合称为世界三大天然良港，新机场规模宏大，是现代化国际机场之一。优越的地理位置，良好的港口条件，使香港成为亚洲地区重要的贸易转口港，转口的国家和地区多达150多个，近百年来，香港已逐渐发展成一个国际性的现代化大城市，成为亚洲和太平洋地区的贸易、金融、交通、旅游和通信中心之一。

澳门位于珠江口西南岸，毗连珠海市，包括澳门半岛和氹（dàng）仔、路环两个岛，总面积27.3平方公里，其中半岛面积仅5.24平方公里，南北长4公里，东西宽1.8公里，为一丘陵地形，最高处东望洋山海拔91米。全澳门最高山峰在路环岛上，高度174米。澳门年平均温度约22.3℃，7月均温28.5℃，年降雨量2 000毫米，属亚热带季风气候。

16世纪葡萄牙人开始在澳门定居，鸦片战争后，相继侵占了整个澳门地区。澳门现有人口67万，其中仅有3%是葡萄牙等外籍居民。中、葡两国经过协商，于1987年正式签订了关于澳门问题的联合声明，中华人民共和国政府已于1999年12月20日对澳门恢复行使主权。至此，港澳两个历史上长期遗留下来的问题，都得到圆满解决。

澳门经济基础薄弱，技术力量缺乏，主要经济部门有加工工业、旅游、建筑、商业和渔业，其经济发展的重要支柱是对外贸易。加工工业主要有纺织、制衣、玩具、人造丝花及电子、彩瓷、塑胶等。

港澳现有居民绝大多数是我国同胞，他们与内地有着广泛的联系，特别是我国实行经济开放政策以来，许多港澳人士向内地投资，促使双方经济往来更为频繁，每年都有许多人到内地省亲访友、旅游和办理商务等。港澳扼守着华南的出口，因而也是国外旅游者进入我国的南大门。澳门机场的启用，使我国台湾地区和外国旅游者经澳门入内地者大量增加。

港澳两地旅游业都很发达，虽地域狭小，但它们能利用本地优势，充分开发旅游资源，使其内容广泛而丰富多彩。香港是个自由港，对世界各国正常工商业投资与货品销售都实行充分的开放政策，提倡自由经营、自由竞争。同时还实行外汇黄金自由贸易、自由经营的政策。香港又是个国际会议中心，每年举行各种国际性和地区性会议达几百次。以上这些都对香港旅游业的发展起着促进作用。在这里可以观赏东西合流、新旧对应的城市风光及园林风景，品尝世界各地的美味佳肴，购买廉价商品，欣赏东西方文化艺术，参加各种有趣的娱乐活动，等等。著名的景点有：2005 年新建成的迪士尼游乐园、亚洲最大的水陆游乐场海洋公园、有东方夏威夷之称的浅水湾，以及维多利亚公园、香港动植物公园、黄大仙祠和宋城等。

澳门是世界上庙堂密度最大的地区，共有庙宇 30 多座，妈祖阁、观音堂、莲峰庙是澳门三大古刹。妈祖阁创建于明朝，背山面海，依山而筑，供奉渔民世代奉祀的海神。观音堂具有寺庙与园林相依的传统东方色彩。其他一些寺庙、教堂、修道院也各有特色。

大三巴牌坊原为圣保罗大教堂，始建于 1602 年，19 世纪毁于火灾。现仅存 68 级石阶及具牌坊式的巴洛克式正立面，成为澳门的标志。澳门博彩业历史悠久，一向以此吸引游客，故有“东方蒙地卡罗”及“亚洲拉斯维加斯”的美誉。

思考与练习

1. 桂林山水是如何形成的，其景观特点是什么？
2. 仁化丹霞山属何种地貌？它的形成及景观特点是什么？
3. 本区著名的海滨旅游区有哪些？
4. 珠江三角洲地区集中了哪些类型旅游资源？
5. 闽南金三角所在位置及主要旅游资源。
6. 台湾岛及主要风景资源。
7. 港澳两大特区的旅游业状况如何？

第8章

西南旅游区

第一节　自然地理概况

西南旅游区行政区划包括四川、云南和贵州三省和重庆市，总面积113万平方公里。它的西、南分别与缅甸、老挝、越南三国接壤。自然地理区域分为四川盆地、云贵高原和横断山脉三个地理单元。

一、四川盆地

四川盆地位于四川省的中东部，约以广元、雅安、叙永、奉节的连线为界，面积18万平方公里，是个典型的盆地地貌，震旦纪以来为一稳定的大型凹陷区，后成为一个湖盆，中生代堆积了厚达数千米的红层，故有“红色盆地”之称。“四川运动”使盆地周围构造得以完成，盆地内部地层也发生了大规模的形变，为今天盆地的三个地貌区奠定了基础。

盆地东部形成平行岭谷地貌区，由20余条东北—西南向平行褶皱背斜山岭组成，海拔700~1 000米。向斜谷地海拔在200~500米，“嘉陵江小三峡”就是长江支流嘉陵江切穿背斜层时形成的峡谷。盆地中部为方山丘陵区，其面积占盆地面积的一半，海拔多在700米以下，丘陵起伏，大河蜿蜒，曲流发达，地表破碎，平地少。盆地西部为平原地貌，俗称成都平原，面积约7 200平方公里，平均海拔500~600米，微向东南倾斜。平原上河网密布，都江堰水利工程使平原得以灌溉，成为沃野千里的“天府之国”。

长江横贯四川盆地中部，先后接纳岷江、沱江、嘉陵江和乌江四大支流，以及众多的小河，江面宽阔。在万县以东，长江穿越巫山山脉，形成著名的三峡。嘉陵江、岷江等河段也形成一些久负盛名的小三峡。

四川盆地属亚热带湿润季风气候，较长江中下游温暖。其特点是冬暖、春早、夏热、无霜期长，全盆地无霜期可达290~350天。夏季长而酷热，是全国热中心之一，7月均温多大于26℃，极端高温高于40℃。春季开始比长江中下游早一个月左右，所以盆地内可种植荔枝、龙眼、柑橘等粤闽一带的植物。但由于盆地地形，四周高山环绕，中间地势低陷，水网发育，风力微弱，湿气不易散发，故而盆地内湿度大，云雾多，日照少，年平均日照数仅有 900—1 300 小时，为全国最少地区，而湿度和云量又冠于全国，成都、重庆年雾日均在百天左右。

二、云贵高原

云贵高原是我国西部高山高原向东部低山丘陵的过渡地区，主要包括贵州全省和云南省东部哀牢山以东的大部分地区。云贵高原西邻高耸的横断山脉南段，东南接湖广丘陵，南与印支半岛国家为邻。海拔高度在 1 000~2 000 米，由西向东倾斜。高原上有乌蒙山、大娄山、哀牢山、武陵山、苗岭等许多山脉，使高原地形崎岖。贵州省北部、中部山地构成长江流域和珠江流域的分水岭。云南高原上分布许多小型山间盆地和宽谷，当地称“坝子”，是云南人烟稠密的农耕地区，被称为高原上的“谷仓”。高原上还有东西和西北—东南走向发育的断层，沿断层线形成湖泊，滇池、洱海、抚仙湖等都是较大的构造湖。

贵州省除边缘小部分外，是一个明显高原，碳酸盐类岩石分布的面积占全省总面积的 70% 以上，而且沉积厚度大，质地纯。在温湿气候的作用下，岩溶水的循环不断加深，反映在地貌上则多深邃的峡谷、幽深封闭的圆洼地、深陷的漏斗和溶水洞，并且多伏流、古河道等。云南东部也发育为岩溶高原。砚山县平远街洼地，是滇东南最大的岩溶洼地。路南石林是一处古热带岩溶地貌。

本区河流众多，有元江、乌江、南盘江、北盘江、柳江等，河流径流丰富，含沙量少。地下暗河、伏流、岩溶湖遍布，成为本区枯水季节河流的重要补给水源。

云贵高原气候冬暖夏凉，四季如春。由于青藏高原的屏障作用，冬季很少直接受北方冷空气侵袭，1 月均温大部分地区在 5℃以上；夏季受西南和东南两方面季风控制，7 月均温在 22℃ ~26℃。年降水量约 1 000 毫米，空气湿润，多云雾，日照时数较少，“天无三日晴”是对贵州天气的描述，而云南天气有“无云四季春，云遮天变冷，一雨寒气生”的特点。云南的云很有特色，云南之名即从“彩云南现”而来。这里植物四季常青，生长繁茂，全年都具备开展旅游的气候条件。

三、横断山脉地区

横断山脉是青藏高原东侧若干条南北走向山脉的总称，它是受青藏高原隆起挤压而形成的。横断山脉在本区主要分布在四川西部和云南西部，主要山脉有大雪山、沙鲁里山、宁静山、他念他翁山、怒山、伯舒拉岭、高黎贡山等。海拔一般在3 000~5 000米，有的高峰超过7 000米，并有现代冰川分布，著名的四姑娘山、贡嘎山都是超过6 000米的高峰。山脉之间穿行着许多河流，如大渡河、雅砻江、金沙江、澜沧江、怒江、独龙江等。它们具有山地性河流特征，河流急剧下切，比降很大，形成山高谷深的峡谷区，山岭和谷底的高差可达2 000~3 000米，故有“仰望山接天，俯看江如线”的奇景。本区河流水能资源丰富，是我国水能资源最丰富、最集中的地区，仅怒江国境线的水能就相当于黄河水系的4/5。

该区气候受地形影响，垂直变化明显，低地为热带、亚热带气候；随着地势的升高，气温随之下降，一些高山上常年积雪，年降水量在400~1 000毫米，南部多、北部少。

第二节 西南旅游区的旅游胜迹

西南旅游区自然和人文旅游资源都十分丰富。高山大川、峡谷瀑布、火山温泉、石林洞乡、热带风光、珍稀动植物，自然形态无所不包；宗教寺庙、石刻佛塔、历史胜迹遍布四省市。多民族风情也是构成本区旅游资源丰富多彩的重要方面。在国家级风景名胜区中，本区占近1/4。

一、天然动植物园

西南地区地形变化大，气候复杂多样，为各种植物的生长创造了良好的条件。植被区系和群落组成十分复杂。植物种类丰富多彩，云南省素有“植物王国”和“植物区系的摇篮”之称。西南是我国第二大林区，植被覆盖率高，树种远远多于东北，木材蓄积量约占全国的1/7，而且林型多，有以冷杉、云杉为主的山地暗针叶林，也有木荷、丝栗等喜湿科属优质林木，还有樟、楠等次生常绿阔叶林和以槭、桦为主组成的落叶阔叶林、针阔叶混交林。

西双版纳受惠于东南与西南两种季风，一月均温在12℃~16℃，终年无霜雪，热带林木生长茂密，森林覆盖率达56%。有许多热带经济林木，如橡胶、油棕、咖啡、香茅等。本区其他经济林木还有油桐、油茶、漆树、乌桕等，茶、竹分布广泛。药用植物种类之多，在全国首屈一指，其中有许多珍贵药材，如天麻、杜仲、黄连、川芎、当归、贝母、党参，等等。

繁茂的植物也为动物的栖息、繁殖提供了多种多样的环境，因此动物种类多达1 000余种，冠于全国。其中兽类近200种，约占全国的1/2，为世界的5%；鸟类约550种，占全国的2/5，世界的6%；鱼类200余种；爬行类和两栖类各有60~70种。包括高原高山森林动物，如大熊猫、金丝猴、牛羚；亚热带和温带森林动物，如华南虎、云豹、毛冠鹿、金猫、水獭、大鲵、红腹锦鸡；热带森林动物，如小熊猫、树鼩和多种雉类、画眉。

西南地区动物资源的特点是保留了许多古老遗留的动物种和特有种动物，前者如大熊猫、小熊猫，后者如金丝猴、八绒游蛇等。据统计，该区珍贵、稀有动物达 50 种以上，约占全国的一半，现分别列为国家级一、二、三类保护动物。因此西南旅游区的动植物资源在发展旅游和科学研究方面，都具有特殊的意义。

二、山地峡谷风景区

峡谷风光 长江上游河段横跨我国两个地形阶梯，因此具有落差大、水流急、峡谷多的特点。著名峡谷景区有两处。

（1）虎跳峡风景区：在云南丽江市。金沙江奔腾在横断山脉的高山峡谷之间，山高谷深、水流湍急。在万里长江第一弯的石鼓附近，金沙江急转，切断玉龙雪山和哈巴雪山，形成世界上有名的峡谷——虎跳峡。在 16 公里长的峡谷河段，河水落差竟达 196 米，江水奔腾咆哮，水花飞溅；两岸雪山岿然对峙，超出水面 3 000 米，仰望峰穿云天，俯视水似金线。河面最窄处仅 30 米，相传老虎可一跃而过。峡谷内云雾缭绕，水汽蒸腾，金沙江奔腾咆哮，具有“狂涛卷地、飞瀑撼天”的雄伟气势，构成一幅壮丽的天然奇景。

（2）长江三峡风光：所谓“三峡”，即指长江在重庆奉节以东、穿越海拔 700~800 米的巫山山脉而形成的峡谷险滩。它西起奉节白帝城，东止于湖北宜昌南津关，总长近 200 公里，包括瞿塘峡、巫峡和西陵峡。其中峡谷长 90 余公里，其余为宽谷。江面最窄处不过 100~150 米。由于两岸石灰岩岩层比较坚硬致密，江水切穿形成悬崖峭壁的峡谷，有“西控巴渝收万壑，东连荆楚压群山”的雄伟气势。宽谷地段江面宽、谷坡平缓，是人口集中和农业发达地区，巫山、巴东、秭归等城镇都分布在这里。峡江地区气候受地形影响，多云雾，日照时间短，天气变化无常，故有“巫山云雨”“朝云暮雨”之说。三峡江面狭窄，礁石林立，滩中有滩，大江急流，水势紊乱，历来航行困难。

瞿塘峡自白帝城向东至巫山县大宁河口，长 8 公里，以雄伟险峻见长。峡岸悬崖绝壁，群峰对峙，两岸山峰高达 1 000~1 500 米，江水奔腾，吼声如雷。入口处赤甲、白盐二山壁立如峭，形成“夔门”，故有“夔门天下雄”之誉。峡江两岸山水日月交织成许多自然美景。（见图 14）

巫峡自大宁河口向东止于湖北巴东县官渡口，长 45 公里，也称大峡。它以幽深秀丽而驰名。两岸奇峰突兀，怪石嶙峋，峭壁屏列，绵延不断。其精华为巫山 12 峰，分立两岸，千姿百态，激流鼎沸，雾气腾空。高峻秀丽的神女峰屹立在长江北岸，如神女立江天而远眺，朝迎晨曦，暮送晚霞，加之神话般的传说，使游人倾心向往。

图 14 瞿塘峡白帝城风景区风光

西陵峡是三峡最东段，全部在湖北省境内，长 76 公里。它以滩多水急著称，险滩处水流如沸，泡漩翻滚，汹涌激荡，惊险万分。镶珠嵌玉般点缀在两岸峭壁上的石灰岩溶洞，神奇莫测。

长江三峡是世界上少有的峡谷地貌风景区。新中国成立后，三峡河道经过整治，结束了“千古不夜航”的历史。乘游船观览三峡风光，宛若行进在山水画廊之中，一种大自然美的艺术感染力，足以使游人陶醉。千古传颂的诗作“朝辞白帝彩云间，千里江陵一日还。两岸猿声啼不住，轻舟已过万重山”，使三峡景色更为诱人。三峡两岸有众多历史名胜古迹：白帝城、锁江铁壁、粉壁石刻、巴人悬棺、犀牛望月、屈原故里、昭君故里、黄陵庙、三游洞及其他楚汉文化、三国遗迹等，内容十分丰富，具有发展历史专题旅游，尤其是楚汉和三国专题旅游的巨大潜力，是不可多得的旅游线路。

三峡工程是治理和开发长江的关键性骨干工程，具有防洪、发电、航运等巨大的综合效益。同时也出现了高峡平湖的壮丽景观。沿江多数文物古迹经过复制迁移，得到保护，同时也展现出许多新景观。因此三峡旅游仍不失为一条黄金旅游线。

秀丽的峨眉山旅游区 峨眉山屹立在四川盆地西南部，峨眉市的西南，因其山峰相对如峨眉而得名。山体由古生代花岗岩、变质岩构成，顶部有大面积玄武岩覆盖，山势雄伟高大，主峰万佛顶海拔 3 099 米，高出山下平原 2 500 米。山脉西坡平缓，东坡陡峭，多断崖绝壁、奇峰异石。山上沟谷发育，河溪落差可达千米，第四纪冰川地貌和冰碛物广泛分布。树木茂密，种类多达 3 000 余种，随山地高度的变化而形成垂直带谱，并且多特有种属和孑遗植物，如珙桐、水青树、冷杉、银杏、红杉等，为山地增添了秀色。珍贵动物有小熊猫、弹琴蛙等。峨眉猴群也为游人增加很多乐趣。

峨眉胜景有百余处，最有名的十景是：罗峰青云、双桥清音、圣积晚钟、太平霁雪、白水秋风、九老仙府、洪椿晓雨、象池夜月、灵崖叠翠和金顶祥光。金顶是峨眉最高峰，巍峨壮丽，因顶上建筑多为锡瓦或铜瓦等金属制成，在阳光下放射金光，而得名。金顶上可观日出、云海和宝光，饶有兴味，使人乐而忘返。

峨眉山是我国四大佛教名山之一。自东汉山上修建普贤道场以来，至6世纪发展成全国著名佛教圣地。明清鼎盛时期，全山有梵宇琳宫，大小寺、庵、殿等150余处，迄今保留20多处寺庙。报国寺、伏虎寺、万年寺、仙峰寺、卧云庵等寺内，均珍藏佛经、舍利、铜塔、瓷佛、碑匾、书画等文物古迹。宝光、佛灯等一些自然景观也被冠以佛的神灵。

“人间仙境”九寨沟、黄龙风景区　九寨沟因九个古老的藏族村寨而得名。它坐落在四川省南坪县西南40公里的万山峡谷之中，是由三条主沟和几条支沟组成，总面积600多平方公里，纵深40余公里，平均海拔2 600~3 000米。沟顶和东西两侧的沃诺包漠等山峰高达4 000余米，终年积雪。沟内有高山湖泊108个，由激流或瀑布将其串联在一起。湖水湛蓝、晶莹，湖底水草丛生。沟内和两旁山坡上，原始森林密布，森林面积占沟内总面积的42.6%。瀑布多，其形态和落差随季节的水量而变化。因此，该风景区是一个由湖泊、森林、瀑布、雪峰以及藏族村寨融合在一起的大风景群。其特点是景点集中，富于变化，并保留着天然未凿的原始美。“层层碧海映苍穹，玉嶂青松竹更幽，万树丛中飞瀑布，峰峦积雪几千秋”，概括了九寨沟的自然风光。现已被划为自然保护区，主要保护它的自然景观和大熊猫、金丝猴等珍稀动物。

黄龙风景区位于松潘县雪宝鼎大雪山脚下，是一条长约7~8公里的黄色石灰华山谷。谷内林木繁茂，水源丰富，由于水底钙化物沉积，形成自上而下的钙化流和8群3 400多个彩池以及瀑布群。

九寨沟和黄龙两个景区因位置偏僻，山深林密，人类活动较少，自然环境的原始状态破坏较轻，因而被称为“仙境”“童话世界”，是一处难得的自然风景游览区，其景色令游人惊叹、陶醉。

梵净山风景区　梵净山是武陵山脉的主峰，海拔2 572米，位于贵州省东北部印江、松桃和江口三县交界处。其景观特点是山高、坡陡、谷深、植被繁茂、多溪流飞瀑。山林间有珙桐、鹅掌楸等观赏树木，也有金丝猴、大鲵等珍稀动物，是国家级风景名胜区，也是一处自然保护区。梵净山于2018年被列入世界自然遗产名录。

三、奇异的岩溶地貌景观

西南是我国岩溶地貌发育地区之一。云贵两省和四川省南部山地是碳酸岩类岩石分布区。贵州省碳盐类岩石分布面积占全省面积的73%，云南东部碳酸盐岩石分布面积约占总面积的50%，厚度占地层总厚度的60%左右。第三纪时这里为湿热气候，古热带岩溶很发育，保留有比较典型的峰林、石林等古热带岩溶地貌。在现代地貌发育过程中，有些地方峰林已逐渐遭到破坏，变得浑圆、矮小，但在气候较炎热的云贵高原向广西盆地降落的斜坡上，古峰林得到进一步发育，形成高三四百米的大峰林和较深的圆筒状洼地。贵阳以南到广西邻近地区，以密集高大的峰林、峰丛和圆形洼地为特色，并多跌水和瀑布，黄果树瀑布就发育在这个地区。云南砚山县平远街洼地长30多公里，宽15公里，是滇东南最大的岩溶洼地。

贵州独山仙人洞在贵州省东南独山县，有大小洞穴12个，分两层，通道总长5 000米。岩层较薄，地下水丰富，洞内雾气弥漫，雾点附在石钟乳或石面上，析出钙质，结晶成各种形状的“石针”“石毛”“石枝”，即石幔上能长毛，石笋也可生出“叶”与“花”，石上可结出“石葡萄”，而且由于含有三价铁离子，使其呈现出肉红色，有的因含铜盐及铁而呈浅蓝色。徐霞客在他的《黔游日记》中记述的洞穴有10余处，描述生动，比喻贴切。他把贴附在洞壁呈脊状隆起、似鳞甲的碳酸钙沉积称为“悬龙脊”，把悬挂在洞顶、垂若帷带的钟乳石称为“乳柱”。此外对洼地、盆地、落水洞也都有记述。

四川南部的兴文县境内方圆约5公里，石林成荫似海，溶洞纵横，素有“石海洞乡”之称。阴雨天气，眼前重重叠叠的石头，迷迷蒙蒙，似置身于大海，有巨浪翻滚、烟波浩渺之感；晴天时阳光普照，石顶泛白，似细浪轻漾，波光粼粼。此景以假乱真，故名石海。这里绵延15公里的石林，按其形态命名为“画中人”“七女峰”“石瀑布”“飞来石”“一线天”等。所谓“洞乡”，不仅溶洞多，而且洞连洞、洞套洞、洞上有洞、洞下有洞，大小深浅均不一。有宽敞明亮的天泉洞、小巧玲珑的天龙洞和规模宏大的神风洞、神龙洞等。

距昆明市120公里的石林县，有举世闻名的石林风景区。面积约2.67万公顷，它形成于距今200万~3 000万年以前。当时该地区海拔比现在低，气温高，石灰岩溶蚀作用非常强烈，故形成典型的峰林。游览区面积80多公顷，包括大、小石林区和石林湖区。游览区内到处怪石嶙峋，奇峰危岩，造型千姿百态，有的似笋如柱，有的如塔似人。“母子偕游”“凤凰梳翅”“万年灵芝”“阿诗玛”等，都以其酷似的形态和优美的传说引人入胜。石峰间还有溶沟构成的曲折回廊、晶莹的溶蚀湖及地下溶洞等，景物丰富瑰丽，移步换景有声有色，某些动态情趣的造型，附以民间故事和优美的传说，把游人带入迷离和变幻的奇妙境界，因而石林也被誉为“造型地貌博物馆”。

此外，贵州安顺龙宫、织金洞等，都是以岩溶地貌，溶洞景观为主的国家级风景名胜区。

四、瀑布与温泉旅游区

黄果树瀑布风景名胜区 黄果树瀑布是我国第一名瀑，位于贵州省镇宁布依族苗族自治县，北盘江支流打帮河上源白河上。瀑布高差66米，水帘宽20米，丰水期水帘可增到30~40米，最大洪峰可达2 000立方米/秒。因瀑布发育在石灰岩溶地区，壁面已后退，远离断层破碎和溶蚀严重地带，表面并覆盖有石灰岩凝析层，十分坚硬稳定。瀑布底角是一个椭圆形的犀牛潭，深15米。水自悬崖上直泻而下，如白练自天而降，拍石击水，响声如雷，令人惊心动魄；激起的水柱高百余米，仿佛云雾，经阳光照射，现出美丽的彩虹，十分绮丽。夜间水珠凝结下降，如蒙蒙细雨，落在黄果树公路上，人们称此为“夜雨洒金街”。现已发现该地是由18个地上和4个地下瀑布组成的瀑布群。瀑布群附近有多个玲珑剔透、幽深情绝的岩溶洞穴、溶洞泉和面积10公顷的石笋山，形成我国最大的瀑布之乡。

安宁温泉 安宁温泉亦叫碧玉泉，位于云南省安宁市城西北约5公里处，泉水从石灰岩裂隙中溢出，晶莹甘芳，出水量每天约6 000吨，属弱碳酸泉，水温在42℃~45℃，温热宜人，可饮可浴，具有理疗效果。此处山川幽美，林木葱郁，元代以前即建有露天塘池，明代已成名胜地。明代文学家杨慎为其题写了“天下第一汤”后，更成为昆明附近一处旅游避暑佳地。

五、滇池与西山、苍山与洱海风景区

滇池位于昆明市西南，古称“滇南泽”，又名昆明湖，是高原上的一个断层陷落湖，南北狭长约40公里，面积340平方公里，蓄水量16亿立方米，湖水由螳螂川北流经普渡河入金沙江。滇池北端东西两岸有金马、碧鸡二山夹峙，碧鸡山通称“西山”，绵延40余公里，海拔高达2 500米，群峰起伏，与一池碧水相映，构景上互为衬托。全山除山石嶙峋的罗汉崖外，均为茂密的林木覆盖，景色秀丽。由昆明遥望西山，白云缥缈，犹如一少女侧卧在滇池畔，青丝飘洒在波光浪影之中，被人们誉为“睡美人山”。登西山胜境俯瞰滇池，万顷波光，风帆点点，景致极佳，故滇池被称为高原上的一颗明珠。西山成为昆明市郊的游览区已有几百年历史，名胜古迹遍布层林叠翠的山间，寺庙殿堂盘踞于悬崖峭壁之上，构筑惊险，巧夺天工。三清阁至龙门一线集景观建筑之大成，为滇中第一胜景。

登龙门瞰滇池，堤岬岛屿，若隐若现，海天一色，气象万千。

苍山在云南大理西部，东为洱海，西滨漾鼻江，长 50 公里，有 19 峰。主峰马龙峰高达 4 122 米，山上积雪难融，有“苍山春雪”之美景。由于地质构造的原因和流水的侵蚀切割形成了“溪谷深千仞，悬崖高万丈”的十八溪名胜，以及悬瀑、飞泉胜景。“叶榆三百六十寺”，遍布苍山洱海之间。苍山东麓即是浩瀚的洱海，状若榆叶，又似人耳，故得名。面积 260 平方公里，也是一个断层湖泊，深度很大，蓄水量多于滇池。湖水通过西洱河经下关市，在平坡会合漾鼻江，最后入澜沧江。洱海中有三岛、四洲、五湖、九曲之景，洱海观月也是大理四景之一。

云弄峰下的蝴蝶泉为一奇景。古老的蝴蝶树身从泉上横过，浓荫翠盖。每当春末夏初，几十种蝴蝶“连须钩足”，成条条蝶线，从树尖倒垂至泉面，犹如条条彩带，五彩缤纷，此即一年一度的蝴蝶盛会。泉周用大理石栏杆围绕，正中石匾上刻郭沫若书的“蝴蝶泉”三字。

六、主要游览城市

蓉城成都市 成都位于四川盆地西部的成都平原，海拔 500 米左右，现为四川省省会，人口 2 126 万。成都在公元前 4 世纪已成为蜀国都城，至今已有 2 300 多年历史。自汉代以来一直是西南地区政治、经济、文化的中心。五代后蜀主孟昶曾下令在城内遍植芙蓉，故得蓉城之名。成都平原历来是我国蚕丝产地之一，东汉时成都蜀锦已负盛名，蜀汉时设管理织锦之官，驻地叫锦官城，故成都又有锦城之称。1 000 多年前的成都花会遗风流传至今，每年农历二月十五日，在青羊宫举办一年一度的成都花会。

成都在其 2 000 多年的历史发展中，留下了众多的文化古迹。杜甫草堂、武侯祠、王建墓等古迹古建都已定为全国重点文物保护单位，其内保留的珍贵的拓片、木刻、石刻、泥塑、碑碣、匾联等文物，极有历史和观赏价值。此外还有人民公园、南郊公园、文化公园、望江楼公园等游览佳地。

杜甫草堂是著名现实主义诗人杜甫的故居，诗人曾在其草庐中写下诗篇 240 余首。自宋代建园立祠纪念杜甫以来，经历代修建，现草堂总面积约 20 公顷，除大廨、诗史堂、工部祠等建筑外，还有幽雅的庭园。建筑布局紧凑，祠堂与古典园林艺术互相融合，富于诗情画意。

武侯祠是为纪念三国时蜀汉丞相武乡侯诸葛亮而建的祠宇，建于 6 世纪。明初时与纪念蜀先主刘备的“汉昭烈庙”合并，构成“君臣合庙”的特殊格局。现祠为清康熙年间重建。建筑宏伟肃穆，前三重是昭烈庙，后两重是诸葛亮殿，殿内塑有孔明、刘关张及 20 多尊文官武将的塑像，形象生动。祠内最珍贵的“三绝碑”，由唐名相裴度撰文，书法家柳公权书写，金石家鲁建刻字。

王建墓为五代前蜀主王建（847—918 年）的陵墓（永陵）。此墓于 1942 年发掘，出土文物有彩画、石刻等，是研究五代历史和文化的珍贵实物资料。

望江楼是为纪念唐代女诗人薛涛而建，现已辟为公园。内有一口古井，相传薛涛汲井水制作诗笺，所以称薛涛井。该园以竹出名，翠竹万株，集国内外竹 130 余种，佛竹、人面竹、方竹等都是珍贵竹种，似一竹的博物馆。

山城重庆 重庆市坐落在嘉陵江与长江会口处，两江环绕如带，山城矗立其间。市区内高差百米，街道及建筑均依自然地势，高低错落，参差栉比，素有山城之特点。夜晚登上市鹅岭公园九层观赏楼，可尽情欣赏山城夜景，灯火层叠，倒影江中，景色壮美。重庆附近山丘起伏，雨量丰富，热量、湿气均不易散发，夏季十分炎热，是长江沿岸三大火炉之一；冬季温暖多雾，又有“雾都”之称。重庆是长江上游水陆交通枢纽，西南最大的工业城市。重庆于 1997 年批准设立直辖市。

早在周朝初年，周武王封姬姓于此称巴子国，重庆是古代巴子国的都城，当时称江州；因嘉陵江（古称渝江）流经，古代又称渝州；南宋光宗即位前，曾被封于此为“恭王”，后当了皇帝，故取名“重庆”，为双重喜庆之意。明朝时设重庆府，1929 年设市，属四川省，1997 年改为直辖市。重庆所在的地理位置，使其在古代及近现代历史上都具有重要的地位。抗日战争时期，国民党政府迁都于此，定为“陪都”；我党也在重庆建立“中共中央南方局”和“八路军重庆办事处”，现旧址为“红岩革命纪念馆”。美蒋反动派杀害共产党和革命爱国志士的“中美合作所”“白公馆”“渣滓洞”，已改建为革命烈士陵园和美蒋罪行展览馆，成为进行革命爱国主义教育的场所。

渝州十二景是重庆的风景名胜地。南、北温泉公园是著名游览地和消夏疗养胜地；缙云山游览区距重庆 60 公里，缙云九峰峥嵘排空，云雾缭绕，岚光滴翠，环境清幽，故有“川东的峨眉”之誉，年平均温 15.4℃，也是重庆地区的避暑佳境。原建于南宋时的缙云寺，是一佛教圣地。

重庆市西北的大足石刻，是我国晚期石刻艺术的代表作。从晚唐到两宋，规模宏大，气势雄伟，造像 5 万余尊，以佛教造像为主，并有道教、儒教造像和历代历史人物造像。人物造型优美、生动，技术精湛，其中北山和宝顶山两处的摩崖造像被列为全国重点文物保护单位。

春城昆明 昆明位于云南东部高原最大的“坝子”中，三面环山，南临滇池，海拔 1 894 米。北面梁王山、乌蒙山、牯牛寨山等阻挡了南下的冷空气，南面直接受到印度洋暖湿气流的影响，冬季气候温和，晴朗而短暂，1 月均温为 9.1℃；夏季又因地势较高，形成多云温凉的雨季，7 月均温仅 20.1℃，年较差只有 11℃，是座冬暖夏凉、四时如春的春城。

昆明在西汉时属益州郡，隋时因滇池（当时称昆池）而称昆州，唐代为南诏国的拓东城，9 世纪改名善阐城，元代在云南设昆明千户府，此为昆明地名之始。1276 年千户府改为昆明县，以后逐渐演变为云南政治经济中心。昆明是多民族聚居的西南边陲重镇，除汉族外有白族、回族、纳西族、彝族、傣族、水族、景颇族、哈尼族等几十个少数民族。

昆明及附近地区有许多山水名胜和古代建筑。圆通山（亦叫螺峰山）“螺峰叠翠”，为昆明胜景之一。建于山南麓的圆通寺金碧辉煌，自元朝建寺以来，成为城区最大古刹。筇竹寺以其 500 罗汉优美的造型而饮誉中外。大观楼是昆明最著名旅游胜地，初建于清康熙年间，因毁于战火又重建，以其长联闻名遐迩。清代孙髯以 180 字描绘了昆明风景和云南历史，情景交融，浑然一体，词丽句美，惊动一时，被誉为“海内长联第一佳者”。此外，黑龙潭、金殿、西山森林公园、龙门三清阁等都是昆明郊区著名的游览地。

筑城贵阳 贵阳市坐落在贵州省中部群山环抱的小盆地里，古称筑城，现为贵州省省会。人口已达 622 万，其中少数民族占很大比例。

贵阳的主要风景名胜有花溪、甲秀楼、黔灵山、东山等。黔灵山在贵阳市西北，风景秀丽。山上古木参天，山麓有黔灵湖，山腹有古佛洞、泉亭、洗钵池，山顶有宏福寺。寺内建有大殿、方丈、斋堂、客堂、藏经阁等宏伟建筑。后山还有麒麟洞和圣泉。新中国成立后在园内建立了解放贵州烈士纪念碑。

思考与练习

1. 西南旅游区三大地理单元自然环境各有何特点?
2. 为什么说西南旅游区是个天然动植物园?
3. 本区有哪些著名的峡谷风景区?
4. 举出本区主要的岩溶风景区及其景观特点。
5. 概述九寨沟、黄龙风景区的位置及景观。
6. 西双版纳和大理两地区主要的少数民族及风景名胜。
7. 本区主要的文化景观有哪些?

第9章

青藏旅游区

青藏旅游区位于我国西南部，西部和南部以国界线与印度、尼泊尔、不丹、缅甸等国毗连。行政区域包括青海和西藏两省区。该区面积190多万平方公里，人口950多万，西藏自治区96%以上的居民为藏族，其他民族有汉族、回族、土族、蒙古族、满族、哈萨克族、门巴族、珞巴族、纳西族等。

第一节　青藏地区的地理概况

青藏地区的地形以高原为主体。地理上的青藏高原，除青藏两省区外，还包括四川西部、云南西北部横断山脉，以及甘新边缘山地等，面积达250万平方公里，平均海拔在4 000米左右，有“世界屋脊”之称。高原上绵延着数条高1 000~2 000米的巨大山系，并有无数座高逾七八千米以上的高峰，地势高峻，气势雄伟。高山上终年积雪，冰川发育。青藏高原上的山脉有东西和南北向两组，构成了高原地貌骨架。东西向山脉主要有五条：自北向南有阿尔金山与祁连山、昆仑山、喀喇昆仑山和唐古拉山、冈底斯山和念青唐古拉山以及喜马拉雅山脉；南北向的山脉主要分布在青藏高原东南部，由一系列平行延伸的高山和深谷组成。

阿尔金山与祁连山以1 700公里长度横亘于高原北缘，海拔都在4 000米以上，主峰均超过6 000米。阿尔金山两侧为大断裂带，北坡陡峭，南坡平缓，气候干燥，剥蚀作用强烈；祁连山西段地势高，平行谷岭紧密相间，现代冰川广泛发育，东段山势较低，广阔的谷地是优良牧场和农业区。昆仑山脉自帕米尔向东延伸，长达2 500公里，平均海拔5 500~6 000米，最高峰慕士塔格峰海拔7 546米。山势西部险峻，东部渐缓。喀喇昆仑山和唐古拉山是世界第二高山脉，有四座8 000米以上的高峰，乔戈里峰海拔8 611米，为世界第二高峰。冈底斯山和念青唐古拉山，自西向东长1 400公里，超过6 000米的高峰有25座，该两山为内外流域的分水岭，南坡受印度洋季风影响，降水较多，切割剧烈，山麓适于发展牧业。喜马拉雅山横亘于高原南侧，长2 600多公里，山势挺拔高峻，高峰林立，有 7 000 米以上高峰 40 座，8 000 米以上高峰 10 座，称为“世界第三极”的珠穆朗玛峰海拔 8 844.43 米。山体为古生代石灰岩，在冰川作用下，山峰周围现代冰川、冰斗、角峰、刃脊广泛分布。山峰呈一金字塔状，顶上有旗云飘动，谓之“珠峰旗云”。雪线以上，冰塔林广布，还有冰洞、冰面溪流等奇特景色。山地北坡以缓坡与藏南谷地相接，地势和缓，形成许多低山丘陵和盆地。

东南部即横断山脉，岭谷并列，山高谷深。自西向东主要有伯舒拉岭、他念他翁山、宁静山、沙鲁里山、大雪山、邛崃山等，其山间夹峙着怒江、澜沧江、金沙江、雅砻江、大渡河等长流。南部谷岭高差更大，山势陡峭，山体切割比较破碎，多急流险滩。

在以上山脉之间，分布着高原、盆地和谷地。昆仑山和冈底斯山之间是藏北高原，其高原形态完整，地面坦荡，湖泊星罗棋布。阿尔金山、祁连山与昆仑山之间是柴达木盆地，这是个陷落最深的巨大构造盆地，面积 22 万平方公里，海拔 2 600~3 000 米，是个典型的高原盆地。柴达木为蒙语“盐泽”之意，盆地内多咸水湖和盐土沼泽，沉积了大量食盐和钾盐，成为一个盐的世界。盆地及周围山地蕴藏丰富的金属和非金属矿藏。因此柴达木盆地被誉为“高原上的聚宝盆”。南部冈底斯山和念青唐古拉山以南、喜马拉雅山以北为藏南谷地。这是一个宽阔低缓地区，地势平坦开阔，河道迂回曲折，宽谷地段是人口集中、工农业发达的地区；峡谷段水力资源丰富。该谷地地处印度板块与亚欧板块相互碰撞的缝合线位置，地热资源丰富。羊八井地热田即位于拉萨市西北 90 公里的山间盆地，海拔 4 000 米，面积 15 平方公里。有高温的沸泉、热泉、温泉、热水湖、水热爆炸穴、喷气孔等，湖面水温 40℃以上，沸泉水温最高达 92℃，是我国大陆上开发的第一个温热气田。整个盆地热气蒸腾，与高山、冰川映衬辉照，构成一幅绝妙的高山自然景色。

青藏高原上冰川、冻土广泛分布，冰川面积 3.4 万平方公里，占我国冰川总面积的 80%。西昆仑山是青藏高原冰川分布最多、规模最大的地区。喀喇昆仑山是中、低纬度最大的冰川作用中心。喜马拉雅山冰川面积在我国境内约 4 840 平方公里。大面积冰川及广泛的积雪，形成座座高山固体水库，夏季消融，补给河流，是干旱地区的主要水源。山岳冰川形态丰富，冰川作用形成的冰蚀地貌和冰碛地貌，是本地区自然景观的特点之一。

青藏高原是我国河流、湖泊最多的地区之一，亚洲和我国的许多大河都发源或流经这里。主要河流有金沙江、黄河、澜沧江、怒江、雅鲁藏布江、森格藏布河（印度河上游）等，河水主要来源于高山冰雪。雅鲁藏布江是西藏主要河流，在本区境内长约 1 700 公里，流经地区在海拔 3 000 米以上。在其下游向南的大拐弯处，峡谷深达 5 300 多米，谷底水面宽 80~200 米，最窄处仅 74 米，是世界上海拔最高的大峡谷。该江支流多，沿江地区自然条件较好，是人口聚居区，也是西藏的政治、经济、文化的中心地带。

青藏高原上湖泊数以千计。总面积 3 万多平方公里，约占全国湖泊面积的 1/3 以上。以内陆湖、咸水湖为多，集中分布于藏北高原。青海湖位于青海省东北部，面积 4 500 多平方公里，最深处 32.8 米，盐分含量最高，达 20‰，是我国最大的咸水湖。湖中有五个小岛，以海心山岛最大。位于湖西岸的鸟岛，面积仅 0.11 平方公里，但空气凉爽干燥，水草丰美，鱼群云集，是鸟类栖息、繁殖的理想环境。每逢盛夏，几十种候鸟云集岛上，飞翔雀跃，鸟鸣鼎沸，生机盎然，为青海湖一奇观，现已建为鸟岛自然保护区。纳木错在藏北高原东南部，是我国第三大咸水湖。湖滨牧草丛生，为优良牧场，周围和湖中野生禽兽和鱼类丰富，是个渔牧场所。

青藏高原因地势高，形成了独特的高原气候，年均温大都低于 5℃，藏北高原和高山的上部年均温度在 0℃以下，比同纬度平原地区低 16℃ ~18℃，夏季气温一般在 8℃ ~18℃，冬季气温不太低，故年较差不大，但日较差较大，一般在 14℃ ~15℃。由于海拔高，空气稀薄洁净，少尘埃和水汽，大气透明度好，故成为全国太阳辐射能量最多的地区，年总辐射量大部分地区在 160 千卡 / 平方厘米，而相近纬度的上海仅 113 千卡 / 平方厘米。全年日照时数在 2 200~3 600 小时，拉萨日照时数为 3 005 小时，素有“日光城”之称。日照充足，太阳辐射强，为太阳能的利用提供了有利条件。高原降水量集中在 4~9 月，有明显的雨季和干季，大部分地区年降水量在 50~900 毫米。地区分布差异很大，一般由东南向西北逐渐减少，东南部降水可达 1 000 毫米，柴达木盆地西部降水仅 13.6 毫米。高原上风季持续时间长，大风多，最大风速达每秒 40 米以上，尤其集中于夏季，是我国大风最多的地区之一。不过，风能作为一项取之不尽的动力资源可充分利用。高原气压仅及海平面气压的一半，空气稀薄，含氧量少，初来的人会产生高山反应。

第二节　青藏旅游区主要旅游点

青藏旅游区自然景观与国内其他地区有明显不同：广阔的高原、绵延的山脉、高耸的雪峰、碧蓝的天空，别有一番风姿，是难得的登山、探险、考察、摄影、写生的旅游地。西藏是以藏民为主的行政区，1951 年西藏和平解放，1965 年建立了西藏自治区。藏民基本上都信奉喇嘛教，因此西藏成为我国近现代史上寺庙和教徒最多的省区，全区有大小寺庙 2 000 余座。有著名的宫堡式建筑群布达拉宫，有唐代古刹大昭寺，有高原夏宫罗布林卡，还有黄教名寺扎什伦布寺等在世界上知名度很高的庙宇梵宫。这些宫、寺，作为文化景观资源，具有浓厚的民族特色、宗教气氛和神秘的情趣。

拉萨市 位于雅鲁藏布江支流拉萨河北岸，海拔 3 650 米，是座历史古城。秦时属古羌之地，7 世纪初，藏王松赞干布统一西藏后即把拉萨定为首府。641 年，文成公主进藏后，即修建寺庙。现拉萨旧城是以唐代建筑大昭寺为中心发展起来的，目前仍是西藏的政治、经济和文化中心。西藏自治区成立以来，拉萨的经济、文化以及城市建设都发生了翻天覆地的变化，城区面积扩大近 10 倍，人口达到 58 万。高原景观、藏族风情及建筑吸引着世界游人。青藏铁路的运营，对拉萨以及西藏的经济、旅游业发展都具有重要意义。拉萨的旅游资源以与宗教活动相联系的古代建筑群为主，如布达拉宫、大昭寺、哲蚌寺、罗布林卡等。

布达拉宫坐落在拉萨市西北，玛布日山上。初建于 7 世纪，后毁于兵燹，又于 1645 年达赖五世时重建。布达拉宫是著名的宫堡式建筑群，由无数宫殿组成，依山垒砌，共 13 层，高 110 米，全部为土木结构，装饰华丽，雕梁画栋，飞檐金顶，气势雄伟壮观。建筑风格体现了汉藏文化的融合，建筑艺术上充分展现了藏族劳动人民高度的智慧和才能。宫内有许多佛殿、经堂，藏有大量壁画、敕书、印鉴等文物，以及许多珍贵的历史史料，是西藏地区的文物重地和最完整的艺术宝库。

大昭寺位于拉萨市中心，据传是藏王松赞干布为纪念文成公主进藏和在西藏宣传佛教而建立的第一座庙宇，具有唐代建筑风格，同时也吸收了印度、尼泊尔的建筑艺术特色。殿高四层，上覆金顶，色彩艳丽壮观。寺内有 300 多尊铜像、塑像，以及描述佛教故事和再现西藏古代生活的壁画。

罗布林卡汉译为珍珠花园，为历代达赖喇嘛的避暑行宫。园内有宫殿，也建有亭台池榭，培植花木和饲养鸟兽，新中国成立后辟为人民公园。

日喀则 是西藏第二大城市。市周围土地肥沃，农牧业发达，历来是西藏的粮仓和农牧产品的集散地。日喀则位于雅鲁藏布江中游宽谷中，江水平缓可通航，乘船观赏沿江风景，可作为日喀则一项有情调的旅游内容。著名的扎什伦布寺是全国重点文物保护单位。寺内有很多珍贵文物、经书、塑像、壁画等。

西宁市 位于青藏高原东北部的湟水谷地，四周群山环抱，湟水蜿蜒其中，扼青藏高原的东方门户。西宁是有 2 000 多年历史的古城，是青海省的政治、经济中心，也是兰青和青藏铁路的起点。自然景观有与动人传说相联系的日月山和倒淌河，也有建筑宏伟壮丽的塔尔寺、清真大寺等。塔尔寺是喇嘛教黄祖宗喀巴的诞生地，于明朝建寺。依山势而筑，殿宇层叠，其中以大金瓦寺、大经堂、小金瓦寺等建筑最有名。寺中的酥油花、壁画、堆绣被誉为“三绝”，具有高度的艺术水平和独特的艺术风格，是西北地区佛教活动的中心。

格尔木 位于柴达木盆地南缘，格尔木河畔，是因西部大开发而兴起的新型城市，青藏铁路的运营使其成为内地联系新、藏的门户，西部交通枢纽。

思考与练习

1. 了解本区最突出的自然地理特点及开发潜力最大的旅游项目。
2. 掌握本区主要的高峰和极高峰的位置。
3. 掌握主要河流和咸水湖景区。
4. 认识喇嘛教在本区的重要性，掌握主要的宗教建筑和其他胜迹。

参考书目

［1］中国科学院地理研究所旅游地理组［M］. 旅游地理文集 . 北京：中国科学院地理研究所，1982.

［2］陈正祥 . 中国文化地理［M］. 北京：三联书店，1983.

［3］张维华 . 中国长城建置考［M］. 北京：中华书局，1979.

［4］罗哲文 . 长城［M］. 北京：北京出版社，1979.

［5］朱偰 . 中国运河史料选辑［M］. 北京：中华书局 .

［6］丁文魁，许耀明 . 风景名胜研究［M］. 上海：同济大学出版社 .

［7］陈传康 . 旅游地理（论文集油印本）.

［8］郭来喜 . 中国旅游资源的基本特征和旅游区初探［M］. 北京：科学出版社，1988.

［9］H. 罗宾逊 . 旅游业规划 . 旅游经济，1984（3）.

［10］徐霞客 . 徐霞客游记［M］. 上海：上海古籍出版社，1982.

［11］陆正贤等 . 地学史话［M］. 上海：上海科技出版社，1989.

［12］罗哲文，罗扬 . 中国历代帝王陵寝［M］. 上海：上海文化出版社，1984.

［13］梁容若 . 中国丧葬制度之回顾与前瞻 . 北京师范大学学报，1982（5）.

［14］风沙尘 . 中国江南园林访古［M］. 北京：中国展望出版社，1984.

［15］陶立璠 . 民俗学概论［M］. 北京：中央民族学院出版社，1987.

［16］陈桥驿 . 中国六大古都［M］. 北京：中国青年出版社，1983.

［17］侯仁之，金涛 . 北京史话［M］. 上海：上海人民出版社，1980.

［18］王崇人 . 古都西安［M］. 西安：陕西人民出版社，1981.

［19］承德市文物局 . 承德避暑山庄［M］. 北京：文物出版社，1980.

［20］成一等 . 丝绸之路漫记［M］. 北京：新华出版社，1981.

［21］上海师大等 . 中国自然地理（上、下册）［M］. 北京：人民教育出版社，

1981.

[22] 北京经济学院，暨南大学经济学院等 . 中国经济地理 [M]. 北京：北京经济学院，1981.

[23] 马特勒 . 国际旅游地理 [M]. 黄国英，译 . 郑州：河南人民出版社 .

[24] [日] 浅香幸雄，山村顺次编 . 观光地理学 . 大明堂发行 .

[25] [日] 前田勇编 . 观光概论 . 学文社 .

[26] [日] 末武直义 . 观光事业论 . 法律文学社 .

[27] [日] 盐田正志 . 观光学研究 . 学术选书株式会社发行 .

[28] [日] 铃木忠义 . 现代观光论 . 有斐阁出版 .

[29] 中国经济科学年鉴内部编委会 . 中国经济科学年鉴 1993 [M]. 北京：中国统计出版社，1993.

[30] 郑云山等 . 中外史地知识手册 [M]. 上海：上海人民出版社，1984.

[31] 周进步 . 中国旅游地理 [M]. 杭州：浙江人民出版社，1985.

[32] 雷明德 . 旅游地理学 [M]. 西安：西北大学出版社，1988.

[33] 庞规荃 . 旅游开发与旅游地理 [M]. 北京：旅游教育出版社，1992.

后 记

《中国旅游地理》一书，自1990年出版以来，得到社会的普遍认可，被高等院校各类旅游专业选为基础课教材。2007年经修订后，纳入“普通高等教育‘十一五’国家级规划教材”。

鉴于我国经济形势的快速发展和旅游业发展的新态势，根据教材编写统一要求，对教材再次进行了必要的修订。

此次修订在原教材体例不变和保持原有系统性的原则下，充实新的内容。如我国近年来旅游开发的新进展，数据尽量选用国家发表的新数字。

旅游地理学在我国是仅有40余年历史的年轻学科，笔者愿与同行共同切磋该领域的新问题，为学科发展尽微薄之力。限于个人水平，错误与不足之处在所难免，敬请读者不吝赐教。

本书在编写和修订过程中，多次得到陈传康先生的指导，并撰写序言。陈先生虽已离去，笔者仍十分怀念和感谢。几次修订出版，编审同志都给予多方面帮助，在此一并感谢。

编者

2023年10月

图书在版编目（CIP）数据

中国旅游地理 / 庞规荃，吴承忠编著. -- 8版. --
北京 ： 旅游教育出版社，2024.2
全国高等院校旅游专业规划教材
ISBN 978-7-5637-4525-8

Ⅰ. ①中… Ⅱ. ①庞… ②吴… Ⅲ. ①旅游地理学－中国－高等学校－教材 Ⅳ. ①F592.99

中国国家版本馆CIP数据核字(2023)第005060号

普通高等教育“十一五”国家级规划教材
全国高等院校旅游专业规划教材
中国旅游地理（第8版）
庞规荃　吴承忠　编著

责任编辑	李荣强
出版单位	旅游教育出版社
地　　址	北京市朝阳区定福庄南里1号
邮　　编	100024
发行电话	（010）65778403　65728372　65767462（传真）
本社网址	www.tepcb.com
E - mail	tepfx@163.com
排版单位	北京旅教文化传播有限公司
印刷单位	北京柏力行彩印有限公司
经销单位	新华书店
开　　本	710毫米×1000毫米　1/16
印　　张	15.75
字　　数	242千字
版　　次	2024年2月第8版
印　　次	2024年2月第1次印刷
定　　价	42.00元

（图书如有装订差错请与发行部联系）